Cursus AES

DROIT COMMERCIAL

INTRODUCTION GÉNÉRALE
DROIT DES SOCIÉTÉS

2e édition augmentée

Francis Kessler
Maître de conférences
à l'École de droit de la Sorbonne (université de Paris I) et à Sciences Po,
Avocat, Senior Counsel, Gide Loyrette Nouel, Paris

Irène Politis
Agrégée d'économie-gestion,
PRAG de droit à l'IUT Sénart-Fontainebleau
Université de Paris Est-Créteil (UPEC)

ellipses

Dans la collection « **Cursus AES** »

Sociologie générale, F. Gerard

Sociologie du travail et de l'emploi, B. Balzani et L. Jacquot

Ouvrages dirigés par F. Kessler :

- ***Droit administratif***, F. Bin
- ***Droit commercial***, F. Kessler et I. Politis
- ***Droit fiscal***, A. Lefeuvre
- ***Droit des obligations***, M.-F. Steinlé-Feuerbach
- ***Finances publiques***, S. Kott et C. Moniolle
- ***Institutions de l'Union européenne***, H. Simonian-Gineste
- ***Introduction au droit***, V. Lacoste-Mary et I. Politis

ISBN 978-2-7298-74568

32, rue Bargue 75740 Paris cedex 15

www.editions-ellipses.fr

Avant-propos

Cet ouvrage s'adresse, en premier lieu, aux étudiants de la filière Administration économique et sociale. Ce manuel correspond à l'enseignement qui peut être dispensé en licence 2 ou 3 ou master 1 dans un cours intitulé « droit commercial » ou parfois aussi « droit des affaires ».

Ce livre est également destiné à ceux qui souhaitent connaître les principaux aspects du droit commercial sans toutefois être des spécialistes de la matière, ni même des juristes de formation. Il peut ainsi intéresser tous les étudiants qui suivent un enseignement de droit commercial notamment dans les instituts universitaires de technologie (IUT) ou encore dans les filières de langues étrangères appliquées (LEA), de juriste linguiste, ou bien les étudiants en école d'ingénieurs ou les formations de juristes à Sciences Po.

Décrire le droit commercial est une tâche ardue et même osée en un volume aussi réduit. Ce cours ne doit pas être tenu pour un exposé méthodique et exhaustif de toutes les questions de droit commercial. Il faudrait pour cela plusieurs volumes fort épais, d'un traité ou d'une encyclopédie. L'objet de ce cours, loin de prétendre à l'exhaustivité, est d'apporter aux étudiants les notions générales et le vocabulaire indispensables pour comprendre, avant l'intervention éventuelle d'un juriste spécialisé, les difficultés juridiques soulevées par les situations auxquelles ils pourront être confrontés en pratique.

Issu de nos enseignements respectifs en droit commercial dans la filière AES à l'université de Paris-I, dans le master Droit économique, spécialité Entreprises, Marchés et Régulations à Sciences Po, Paris et au département Techniques de commercialisation de l'IUT Sénart-Fontainebleau à l'université de Paris Est-Créteil, cet ouvrage se veut accessible et pédagogique.

Chaque chapitre est accompagné d'exercices pratiques de mise en œuvre des connaissances acquises ; ce sont, pour l'essentiel, des sujets d'examens proposés à nos étudiants et d'un QCM de vérification des connaissances.

Un certain nombre de conseils méthodologiques doivent permettre aux étudiants de mieux maîtriser la compréhension et la résolution des travaux proposés.

Nous avons volontairement réduit les références à des écrits doctrinaux à une bibliographie générale nécessairement sélective et à des lectures que nous avons retenues pour leur caractère complémentaire à nos propos ou du fait de leur importance.

Toutes les observations (critiques) de nos lecteurs seront bienvenues ; elles peuvent nous être adressées notamment par courriel aux adresses suivantes :

francis.kessler@univ-paris1.fr et/ou irene.politis@u-pec.fr.

Sommaire

Liste des abréviations

a	autres
AJ	actualités juridiques
art.	article
Ass. plén.	Assemblée plénière de la Cour de cassation
BALO	*Bulletin des annonces légales obligatoires*
BODACC	*Bulletin officiel des annonces civiles et commerciales*
BIC	bénéfices industriels et commerciaux
BOCC	*Bulletin officiel concurrence consommation* (revue)
Bull.	*Bulletin des arrêts de la Cour de cassation*
Bull. Joly	*Bulletin Joly* (revue)
CA	cour d'appel
Cah. Dr. entr.	*Cahiers du droit de l'entreprise* (revue)
C. cons.	Code de la consommation
C. com.	Code de commerce
C. civ.	Code civil
Cass. civ.	Cour de cassation, chambre civile
Cass. com.	Cour de cassation, chambre commerciale
Cass. crim.	Cour de cassation, chambre criminelle
Cass. Req.	Cour de cassation, chambre des requêtes
Cass. Soc.	Cour de cassation, chambre sociale

CFE	centre de formalités des entreprises
Chron.	chronique
CJCE	Cour de justice des Communautés européennes devenue CJUE Cour de justice de l'Union européennes
COJ	Code de l'organisation judiciaire
Concl.	Conclusions
Cons. Conc.	Autorité de la concurrence
Contrats Conc. Consom.	*Contrats Concurrence, Consommation* (revue)
C. santé pub.	Code de la santé publique
C. trav.	Code du travail
D.	*Dalloz* (revue)
D. aff.	*Dalloz affaires* (revue)
DH	*Dalloz hebdomadaire* (revue)
DP	*Dalloz périodique* (revue)
Dr. Ouv.	*Droit ouvrier* (revue)
éd.	édition
EARL	entreprise agricole unipersonnelle à responsabilité limitée
EURL	entreprise unipersonnelle à responsabilité limitée
Gaz. Pal.	*Gazette du Palais* (revue)
INPI	Institut national de la propriété industrielle
IR	informations rapides
JCP	*Jurisclasseur périodique* (revue) *E & A* (édition entreprises et affaires), *G* (édition générale), *N* (édition notariale), *S* (édition sociale)
JO ou *JORF*	*Journal officiel*
JOCE	*Journal officiel des Communautés européennes*
NCPC	Nouveau code de procédure civile
NRE	nouvelles régulations économiques

Obs.	observations
OHMI	Office d'harmonisation du marché intérieur
op. cit.	ouvrage cité
RCS	registre du commerce et des sociétés
RDCC	*Recueil des décisions du Conseil constitutionnel* (revue)
Rec.	*Recueil des arrêts de la CJCE*
Rec. Lamy Dr. aff.	*Recueil Lamy droit des affaires* (revue)
Règl.	règlement
Rev. soc.	*Revue des sociétés* (revue)
RFDC	*Revue française de droit constitutionnel* (revue)
RJC	*Revue de jurisprudence commerciale* (revue)
RJDA	*Revue de jurisprudence de droit administratif* (revue)
RJS	*Revue de jurisprudence sociale* (revue)
RTD civ.	*Revue trimestrielle de droit civil* (revue)
RTD com.	*Revue trimestrielle de droit commercial* (revue)
s.	suivantes
SA	société par action
SARL	société à responsabilité limitée
SAS	société par action simplifiée
SASU	société par action simplifiée unipersonnelle
SCS	société en commandite simple
SE	société européenne
SNC	société en nom collectif
TA	tribunal administratif
TFUE	Traité sur le fonctionnement de l'Union européenne (« traité de Lisbonne »)
TVA	taxe à la valeur ajoutée

INTRODUCTION

Le droit français connaît un ensemble de règles baptisé « droit commercial ». Symbole fort, il existe, depuis Napoléon Ier, un Code dit « du commerce ». De même, des tribunaux du commerce sont établis dans un certain nombre d'agglomérations de l'hexagone. Mais ces indices ne suffisent pas à caractériser cette branche du droit, d'autant plus que coexistent d'autres notions qu'il convient de distinguer du droit commercial.

Ainsi, le terme de « droit des affaires » – dont s'occupent notamment « des avocats d'affaires » –, de « droit économique », et leur pendants internationaux « droit international des affaires » par exemple, sont également fréquemment cités dans la vie courante. Ces concepts rendent compte du fait que la vie économique fait intervenir de nombreuses règles de droit, qui n'appartiennent pas au droit commercial *stricto sensu*.

Il faut dès lors, au tout début de cet ouvrage, tenter de définir le droit commercial et par là même de tracer son domaine (I) et ses particularismes (II). Un bref survol historique permettra de comprendre l'origine, parfois fort ancienne, d'institutions-phares de la matière (III). Les sources du droit commercial présentent quelques particularités qu'il convient également de présenter (IV).

I. Définition et domaine du droit commercial

Le *Petit Larousse illustré* définit le commerce comme « l'activité qui consiste en l'achat, la vente, l'échange de marchandises, de denrées, de valeurs ou en la vente de services ». Ce qui est « commercial » est alors relatif au commerce.

Le droit commercial se fait une idée plus large du commerce puisqu'il englobe aussi bien les transactions portant sur des biens que l'industrie. De même l'activité bancaire fait partie du commerce.

En fait, peu importe le secteur d'activité car seul compte la circulation de l'argent. Il faut, pour qu'il y ait commerce au sens des juristes, une sortie d'argent – un achat – en vue d'une rentrée d'argent ultérieure – une vente. Dans le meilleur des cas, la vente se réalise et elle se fait avec une rentrée d'argent supérieure à la sortie d'argent – un bénéfice –, mais ce n'est pas là une condition nécessaire à la définition de l'objet du droit commercial.

Aussi, le droit commercial a d'abord été défini comme étant le « droit des commerçants », c'est-à-dire ceux, personnes physiques ou morales, qui ont fait de l'exercice de cette activité une profession. On fait alors prévaloir ce qui a été appelé la conception subjective du droit commercial.

D'autres auteurs en ont une conception dite « objective » ou « réelle ». Le droit commercial est alors surtout le droit qui régit toutes les opérations de commerce. Cette acception du droit commercial conduit à ce qu'il soit considéré comme un ensemble de règles régissant les activités commerciales, quels que soient les intervenants, même les personnes non commerçantes.

Le droit positif français ne choisit pas directement entre la conception subjective et la conception objective du droit commercial. On remarquera tout au plus une influence grandissante de la conception objective. De fait, le droit commercial s'applique tant aux commerçants dans le cadre de leur activité professionnelle, telles les règles relatives au fonds de commerce, à la capacité commerciale, qu'aux opérations commerciales, que le juriste appelle des « actes de commerce », quels que soient leurs auteurs.

Aujourd'hui, de plus en plus souvent, l'appellation « droit des affaires » voire même celle « droit économique » est utilisée. *Le Vocabulaire juridique* Capitant définit, en effet, les affaires comme étant des

« opérations de toute nature liées à l'exercice d'une activité industrielle, commerciale ou financière » (G. Cornu (dir.), *Vocabulaire juridique*, Paris, PUF, 2000, p. 34). Cependant, le terme de « droit des affaires » ne saurait être entièrement synonyme de celui de droit commercial ; le droit commercial est une composante du droit des affaires. Ce dernier s'étend également au droit public des affaires organisant l'intervention de l'État dans la vie économique, au droit pénal des affaires, regroupant les incriminations spécifiques à la vie des affaires, mais aussi au droit de la distribution, au droit fiscal, au droit de la propriété industrielle, au droit de la consommation, au droit du travail même.

Le droit économique est également défini par le *Vocabulaire juridique* (G. Cornu (dir.), *Vocabulaire juridique, op. cit.*, p. 320) comme étant « l'expression doctrinale qui a trait à l'ensemble des règles de droit gouvernant l'organisation et le développement de l'économie industrielle relevant de l'État, de l'initiative privée ou du concours de l'un ou de l'autre ». L'objet de cette discipline a été dans le domaine économique de mettre en œuvre la reconstruction au lendemain de la seconde guerre mondiale, de faciliter le développement de nombreux services publics ; il est ensuite devenu le cadre de la montée en puissance d'une économie libérale s'ouvrant à l'internationalisation.

Aujourd'hui, l'étude du droit économique se confond souvent avec celle des multiples « autorités indépendantes », telle l'autorité française de régulation des télécommunications (ART) ou l'autorité de contrôle prudentiel (ACP) dans le domaine des banques et des assurances, aux fonctions déléguées par l'État. Le droit économique consiste également de plus en plus souvent dans des règles internationales : la matière économique est maintenant fréquemment régie par le droit communautaire et par le droit des traités économiques internationaux. On constate enfin le développement d'une spécificité du secteur du « commerce de l'argent » qui fait l'objet du Code monétaire et financier.

Le droit commercial constitue le *droit privé du commerce*, il est dès lors dépendant du droit privé commun, le droit civil. Le droit commercial a été établi dans l'intérêt du commerce, en dérogeant au droit civil qui ne pouvait répondre de façon suffisamment satisfaisante aux nécessités de la vie commerciale. Le droit civil porte en effet surtout sur le « patrimoine » et les droits patrimoniaux (de préférence immobiliers) de personnes physiques, et peu sur la production ou la circulation de richesses.

Ainsi, des règles de preuve spécifiques, fondées sur le principe de la liberté de la preuve prévue par le Code de commerce, marquent le droit applicable aux relations commerciales qui relèvent des juridictions spécifiques – les tribunaux de commerce – en première instance.

Autre illustration, le Code de commerce prévoit des modes de paiement spécifiques au commerce, les effets de commerce.

Pour autant, le droit civil trouve à s'appliquer dès lors que le droit commercial n'a pas prévu de règles particulières. S'il y a conflit entre une règle civile (droit commun) et une règle commerciale (droit d'exception), on applique l'adage selon lequel le droit d'exception l'emporte sur le droit commun (*speciala generalibus derogant*).

On notera qu'à l'image des relations entre droit civil et droit commercial, certains droits spéciaux se sont eux-mêmes émancipés du droit commercial et se sont développés selon des logiques propres. Des règles spéciales régissent ainsi certains aspects des activités bancaires, on parle alors de droit bancaire, de l'activité d'assurances – qui connaît même un Code particulier – ou encore de celle du transport, voire de la distribution. De même, les relations entre le commerçant et le non-commerçant sont de plus en plus régies par le Code de la consommation. L'apparition de ces ensembles de règles pourrait laisser penser que le droit commercial voit son champ réduit. En réalité, le droit commercial reste essentiel pour la constitution et la gestion de l'activité de ce que les économistes appellent « l'entreprise ».

De ces différents éléments, on peut donc retirer la définition provisoire suivante : le droit commercial est un ensemble de règles particulières, nées des nécessités de la vie des affaires, qui s'appliquent aux commerçants dans leur activité professionnelle ainsi qu'aux actes de commerce. Le droit commercial englobe par ailleurs les règles législatives propres aux contrats commerciaux et aux groupements de droit commercial. Enfin, le droit commercial comprend les règles sur « les entreprises en difficultés ».

Lectures

- Pirovano A., « Introduction critique au droit commercial », *RTD com.* 1985 p. 219 ;
- Farjat G., *Pour un droit économique*, Paris, PUF, coll. « Les voies du droit », 2004 ;
- Védel G., « Le droit économique existe-t-il ? », *Mélanges offerts à Pierre Vigreux*, Toulouse, coll. « Travaux et recherches de l'IPA-IAE de Toulouse », 1981, p. 76.

II. Particularismes du droit commercial

Le droit commercial est né des nécessités, des besoins du commerce : le droit commercial propose des techniques particulières indispensables à la vie des affaires.

Ainsi, tous les commerçants ont besoin de crédit pour exercer leur activité : ils utilisent alors des procédés particuliers, tels que les effets de commerce (lettre de change, billet à ordre...), ou encore les bordereaux « Dailly » qui correspondent à des cessions de créances professionnelles.

Le droit commercial propose des règles particulières pour répondre à certains impératifs qu'ignore le droit civil. Le droit commercial fait ainsi prévaloir la rapidité et la simplicité dans l'accomplissement des opérations. Le droit civil, au contraire, est un droit protecteur, assurant la sécurité des opérations juridiques et l'égalité des cocontractants.

Ainsi :

- dans le cadre d'une cession de créance, le droit civil prévoit une signification, c'est-à-dire le recours à huissier. Le droit commercial permet, au contraire, une simple notification pouvant s'effectuer par tous moyens (lettre, fax...) ;
- le droit civil limite les moyens de preuve des actes juridiques (au-delà de 800 € notamment) en privilégiant la preuve écrite. Le droit commercial pose au contraire le principe de la liberté de la preuve (article L. 110-3 du Code de commerce) ;
- le droit commercial permet le règlement des litiges commerciaux selon une procédure simplifiée, moins contraignante et plus rapide que devant les juridictions de droit commun.

Pour autant, l'impératif de sécurité juridique n'est pas absent du droit commercial :

- les règles de publicité sont de plus en plus nombreuses et assurent l'information des créanciers, des associés, des salariés ;
- les tiers peuvent le plus souvent s'en tenir à l'apparence d'une situation même si elle n'est pas réelle.

Un certain formalisme est nécessaire pour assurer la sécurité des transactions. On trouve des règles de forme notamment en matière d'instruments de crédits ou en droit des sociétés.

Par ailleurs, même si le droit commercial reste un « droit des forts », le développement du droit de la consommation permet une protection du cocontractant, lorsqu'il s'agit d'une « personne physique agissant pour des besoins non professionnels ».

Inversement, le droit civil a été influencé dans une certaine mesure par des règles de droit commercial, techniquement plus satisfaisantes. Ainsi, le droit des sociétés civiles s'est aligné sur de nombreux points au droit des sociétés commerciales. De nombreuses institutions à l'origine propres au droit commercial sont désormais applicables à la vie civile (le chèque n'est qu'une variété de lettre de change, il existe désormais une « faillite civile », etc.). En outre, il faut noter que le particularisme du droit commercial est souvent tout relatif : les contrats dits « commerciaux », notamment, sont, sous réserve de quelques spécificités que nous présenterons, soumis au même régime que les contrats civils (v. M.-F. Steinlé-Feuerbach, *Droit des obligations*, Paris, Ellipses, coll. « Cursus AES », 2009).

III. Évolution du droit commercial

Le droit commercial bénéficie d'une tradition ancienne ; il s'est toujours adapté à son objet et a été marqué par le développement de l'activité économique. Avec la « globalisation » de l'économie, on note l'influence, grandissante, d'un droit international qui conduit à une transformation du droit interne.

La pratique des marchands et le développement des échanges ont donné naissance progressivement à des règles particulières. Plusieurs étapes peuvent être distinguées.

Déjà dans l'Antiquité apparaît un corpus de règles régissant le commerce entre villes ne connaissant pas les mêmes lois. Ainsi, dans la Grèce antique, le tribunal du Pirée est composé de juges choisis parmi les marchands ; l'arbitrage, une procédure plus souple, plus rapide, et donc mieux adaptée aux besoins du commerce s'y est également développé. Il est possible de faire remonter diverses autres institutions aux Grecs anciens, tel le prêt nautique, une forme de commandite et ancêtre de l'assurance maritime.

Le droit romain distinguait entre le *ius civile*, formaliste et réservé aux citoyens romains, et le *ius gentium*, moins formaliste, plus efficace et applicable à tous. Si cette distinction, toutefois, n'était pas identique à notre distinction entre le droit civil et le droit commercial, elle contient en germe l'idée d'un droit ouvert à tous, sûr et rapide. Ainsi, le *consortium* – originellement une société entre étrangers –, la société de Publicains ou encore la faillite trouvent leurs origines dans le droit romain.

Après une période de régression, de la chute de l'Empire romain d'Occident (476) jusqu'à l'an 1000, à cause des invasions barbares et de la quasi-disparition des villes, le commerce se développe à nouveau au Moyen Âge. Des villes indépendantes sont créées et souvent dirigées par des commerçants ; les foires se multiplient entre le XIe et le XIIe siècle, notamment en Champagne. La foire de Lyon profite, plus tard, du déplacement vers l'est de l'axe de commerce après la guerre de Cent Ans. On assiste, à la même époque à la levée de la prohibition du prêt à intérêt (jusqu'au XIe siècle, l'Église interdisait l'usure de façon générale pour tout chrétien sous peine d'excommunication, mais cette pratique était autorisée pendant les foires). Parallèlement, le commerce maritime se développe. Apparaît alors l'utilisation des lettres de change. Pour trancher les contestations, des tribunaux des foires, ancêtre des tribunaux de commerce, sont institués notamment à Lyon où la première juridiction propre aux marchands est fondée en 1419 et dénommée : « la conservation des foires de Lyon ». Elle est composée de juges choisis parmi les commerçants. En 1563, un édit de Charles IX établit les juridictions consulaires.

À partir du XIIe siècle, les marchands et artisans créent également des regroupements visant à préserver les intérêts du métier (la corporation), en fixant des usages obligatoires pour tous ceux qui en font partie. Des associations, « métiers », « guildes » ou « hanses » sont formées entre artisans, commerçants ou industriels.

Les redécouvertes successives du droit romain et l'activité des notaires vont conduire à l'apparition de la *societas* et à la rédaction des premiers recueils pratiques de droit commercial tels les usages des foires comme « les coutumes, styles et usages des foires de Champagne et de Brie ». On voit également apparaître des commandes, des compagnies, notamment à Venise, puis plus tard des sociétés de capitaux de gestion de moulins. La lettre de change, instrument de crédit essentiel, apparaît à Gênes au XIIe siècle.

Le pouvoir royal ne manqua pas de s'intéresser au commerce, source de richesse. Le droit commercial devient alors national. Louis XIV, sous l'influence de Colbert, édicte deux ordonnances :

- en 1673 : une ordonnance est consacrée au commerce de terre. On parle du « code Savary » (du nom de l'un des rédacteurs) : ce texte réglemente divers domaines tels que la faillite, les sociétés commerciales, les lettres de change. Elle réprime également la banqueroute ;

- en 1681 : une seconde ordonnance est consacrée au commerce maritime. À la Révolution, dans une optique libérale, deux grands principes sont posés :
  - la liberté du commerce et de l'industrie (décret du 17 mars 1791) promu par le député D'Allarde a demandé l'abolition des corporations, jurandes et maîtrises, qu'il considérait comme des privilèges exclusifs ;
  - l'interdiction des corporations, par la loi Le Chapelier du 14 juin 1791 permet le libre accès aux professions commerciales.

Un décret du 2 octobre 1789 a légitimé le prêt à intérêt, tandis que la création de la Banque de France en 1800 a permis l'uniformisation du taux d'escompte et a favorisé le développement de l'escompte.

Pour assurer l'unicité au plan national des règles de droit et l'accessibilité aux citoyens des dispositions légales, la codification est entreprise. C'est ainsi que le Code de commerce adopté en 1807 et entré en vigueur le 1er janvier 1808, s'est développé en France au côté du Code civil. Il consacre un droit des commerçants rattaché à l'acte de commerce. La spécificité d'une justice commerciale accompagne celle du droit commercial. Ce Code comporte 4 livres consacrés au commerce en général (commerçants, livres de commerce, société, effets de commerce, agents de change), au commerce maritime, aux faillites et banqueroutes, et aux tribunaux de commerce. Le Code de commerce reproduit pour l'essentiel des textes de l'Ancien Régime (ordonnance de 1673 notamment). Le terme « commerçant » y apparaît toutefois pour la première fois. Avant, on parlait de marchands, de négociants, de banquiers et d'artisans.

La doctrine a été critique face à la rédaction de ce code jugée de qualité inférieure à celle du Code civil. De fait, le nouveau code s'est vite montré inapproprié à l'arrivée de la révolution industrielle. Ainsi, le droit des sociétés est traité de façon succincte en 30 articles ; le Code de 1807 reste lacunaire sur bien des points.

Le Code de commerce a été remanié dès 1838 par une loi du 28 mars qui opère une refonte du droit des faillites. Au cours des XIXe et XXe siècles, le Code de commerce sera pour l'essentiel vidé de son contenu. Ainsi, à une époque récente, on a constaté que sur les 648 articles d'origine, il n'en restait que 159 dont 33 demeuraient inchangés. Ceci s'explique par le fait que le droit des affaires au cours de cette période a fait l'objet de lois distinctes établissant les institutions nécessaires au droit du commerce contemporain.

De nombreux textes importants ont été promulgués par la suite portant sur les instruments modernes du droit commercial et contribuant au développement du capitalisme naissant. Ainsi :

- en 1838, il a été instauré une protection des brevets ;
- l'année 1865 a vu la réglementation du chèque ;
- la loi de 1867 a unifié le régime des sociétés anonymes (SA) ; plus aucune SA n'a dès lors besoin d'autorisation du gouvernement pour être créée.

La première moitié du XXe siècle est dominée par l'interventionnisme de l'État, mais indirectement au travers de réglementations qui visent à protéger l'épargnant et l'investisseur. Dès la première guerre mondiale, le dirigisme étatique de l'économie se fait plus visible. De plus,

- en 1919, il est institué un registre du commerce ;
- une loi de 1925 crée les actuelles SAR (société anonyme à responsabilité limitée) ;
- l'État s'est transformé en opérateur économique/patron par le biais des nationalisations de 1945 et de 1982. On citera également, la grande loi de synthèse sur les sociétés commerciales de 1966, la réforme du droit de la faillite en 1985 et en 1994, ou encore la loi relative aux clauses abusives de 1995.

Le droit commercial est aussi parfois l'instrument juridique du libéralisme notamment au travers de l'ordonnance n° 86-1243 du 1er décembre 1986 relative à la liberté des prix et de la concurrence ou encore la loi du 2 juillet 1986 sur les privatisations et celle n° 93-923 du 19 juillet 1993 dite « seconde loi de privatisation ». La loi du 1er janvier 1996 sur les abus de puissance économique en constitue un autre exemple.

L'ensemble de ces lois a fait l'objet en 2000 d'une nouvelle codification, destinée à les incorporer dans le Code de commerce. Depuis, toutefois, les textes non codifiés ou partiellement codifiés n'ont pas manqué. On citera notamment la loi de 2001 sur les nouvelles régulations économiques, la loi de 2002 de modernisation sociale, la loi de 2003 sur l'initiative économique, l'ordonnance de 2004 portant simplification du droit et des formalités pour les entreprises ou encore la loi de 2005 pour la confiance et la modernisation de l'économie. L'idée commune à ces textes récents est d'encourager la création et de simplifier le fonctionnement administratif de l'activité commerciale.

Les relations économiques internationales ont amené au développement d'un droit international parallèlement aux règles nationales. Pillet affirmait dès la fin du XIXe siècle que « le commerce international est un pur fait mais un fait qui a donné naissance au droit international tout entier ».

Les traités bilatéraux de commerce ont connu un essor considérable dès le XVIe siècle. Le XIXe siècle est marqué par la conclusion de traités bilatéraux de commerce par toutes les puissances. Ceux-ci contiennent presque tous la clause de la nation la plus favorisée, de type conditionnel, c'est-à-dire fondée sur le principe de réciprocité. Ainsi, le Traité d'alliance et de commerce entre les États-Unis et la France en 1776, le Traité d'amitié, de commerce et de navigation entre France et Royaume-Uni (traité de Jay) en 1794. À partir de 1921, à l'occasion de la conclusion d'un nouvel accord de commerce entre les États-Unis et l'Allemagne, il y a eu insertion de la clause de la nation la plus favorisée de type inconditionnel signifiant par là que son jeu est automatique et sans réciprocité.

La liberté du commerce dans les relations entre États nations a par ailleurs été prescrite par la force. Ainsi, le Royaume-Uni a imposé l'ouverture du marché chinois à ses commerçants par le traité de Nankin de 1842. Ce traité a mis fin à la « guerre de l'opium » : le gouvernement chinois renonce par ce traité à interdire l'importation de l'opium en provenance des Indes britanniques.

Après la Première Guerre mondiale, les États se sont efforcés de développer les échanges par voie de conventions affichant la volonté de développer des échanges. Citons, entre autres, la conférence de Bruxelles en 1920 qui tend à rétablir la liberté du commerce, la conférence de Gênes de 1922 portant sur les conséquences de la Révolution de 1917.

Après la Seconde Guerre mondiale, on assiste au développement du commerce international. Les instruments en sont les accords de Bretton Woods de 1944, ratifiés par 44 États visent à remettre en ordre le système monétaire international et les accords du *General Agreement on Tariffs and Trade* (GATT) de 1947, dont l'objet est de réduire certains tarifs douaniers et quelques autres barrières commerciales.

La création en 1994, de l'Organisation mondiale du commerce (OMC) marque une nouvelle étape dans la généralisation du principe de la liberté du commerce international.

Lecture

Hilaire J., « Histoire et droit des affaires, entre utopie et réalisme », in *Droit et vie des affaires. Études à la mémoire d'Alain Sayag*, Paris, Litec, coll. « Le Droit des Affaires », 1997.

IV. Les sources du droit commercial

Si les sources internes forment l'essentiel des règles (A), les sources internationales gagnent en importance notamment du fait de la « mondialisation » des échanges commerciaux. Les économies sont devenues plus ouvertes et plus intégrées que jamais ; aussi les politiques commerciales, généralement tournées vers l'intérieur et orientées sur l'action correctrice discrétionnaire de l'État sont-elles complétées voire supplantées par les politiques internationales. Les règles nationales s'enchâssent de plus en plus dans le droit économique communautaire (B) et international (C).

A. Les sources internes propres au droit commercial

On ne développera pas dans cette subdivision la discussion sur les sources du droit privé (v. Lacoste-Mary V., Politis I., *Introduction au droit*, Paris, Ellipses, 2e éd., 2009, p. 56). Nous ne nous intéresserons ici qu'aux sources particulières issues du monde du commerce.

La Constitution de 1958 pose le principe que la loi détermine « les principes fondamentaux [...] du régime de la propriété, des droits réels et des obligations civiles et commerciales ».

On notera également que l'activité des tribunaux (la jurisprudence) est abondante en matière commerciale. Cela s'explique par l'importance des enjeux financiers en cause, mais également par la complexité des dispositions légales et réglementaires applicables.

Le droit commercial connaît par ailleurs toute une série d'autres sources originales : les usages, les réglementations professionnelles, mais également les arbitrages ou autres négociations internationales, telle l'OMC (Organisation mondiale du commerce), dont l'importance est fondamentale. On notera enfin que dans le domaine des affaires, la contractualisation tend à se substituer à la réglementation. Le droit étatique *stricto sensu* se fait modeste : il a accepté des normes émanant d'autorités indépendantes, tel le droit de la concurrence et a adopté d'autres modes de fonctionnement. Les pouvoirs publics deviennent des « régulateurs » plus que des décideurs.

1. La loi

Rappelons que le droit civil constitue le droit commun et qu'il doit être appliqué en matière commerciale. Nous verrons ainsi, dans la partie consacrée au droit des sociétés, que le contrat à l'origine de toute société est régi par le droit civil (art. 1832 et suiv. C. civ.).

Il ne subsiste *de facto* plus grand-chose du Code de commerce de 1807. En effet, la plupart des grandes matières étaient contenues dans des lois particulières. Ainsi, les règles du livre III sur les faillites ont été remplacées par la loi sur le redressement et la liquidation judiciaire loi du 25 janvier 1985. Certains textes de loi épars ont parfois fait l'objet de compilations privées tel le Code des sociétés Dalloz qui regroupe les principaux textes relatifs au droit des sociétés.

L'ordonnance du 18 septembre 2000 a procédé à une refonte du Code de commerce. Il s'agit toutefois d'une codification dite « à droit constant », consistant à réunir la plus grande partie des textes à valeur législative applicables au commerce, sous forme d'articles numérotés. Une seconde partie consacrée aux textes réglementaires a été intégrée ultérieurement.

Les règlements émanant du pouvoir exécutif sont forts nombreux en droit commercial à l'image du droit français en général : les décrets d'application, les règlements autonomes (art. 37 de la Constitution) et les arrêtés ministériels, préfectoraux, municipaux.

Du fait de la répartition des compétences entre loi et règlement prévue par la Constitution de 1958, le Conseil constitutionnel intervient de plus en plus en matière commerciale, tout comme les tribunaux administratifs.

On notera enfin que dans son application le droit commercial n'est pas nécessairement simple : ainsi l'inflation législative et réglementaire aboutit à l'application d'un droit mal perçu et parfois difficilement admis par le monde économique, en raison notamment de sa complexité et de son imprécision mais aussi parfois du formalisme contraignant de certaines règles.

Lecture

Monéger J., « De l'ordonnance de Colbert de 1673 sur le commerce au Code de commerce français de septembre 2000 : réflexion sur l'aptitude du droit économique et commercial à la codification », *RIDE* 3/2004 p. 141.

2. Les coutumes et les usages

Les coutumes sont des pratiques générales, constantes, et fixes. Elles résultent de la croyance générale en la force obligatoire d'une règle qui n'est pas écrite, mais que les tribunaux sanctionnent comme une loi. Importantes par le passé, particulièrement dans certaines régions, ces coutumes se perdent en droit commercial moderne.

Il s'agit des pratiques professionnelles qui ont un caractère habituel. Ainsi, la preuve des usages en matière commerciale peut se faire par la production d'une attestation qui porte le nom de rescrit (délivré par les chambres de commerce et les syndicats professionnels). On remarquera que :

- celui qui allègue l'usage doit en établir l'existence;
- le juge peut écarter l'application de l'usage en faisant état de la volonté contraire des parties qui étaient libres de ne pas le suivre;
- la violation de l'usage par le juge ne peut pas donner matière à cassation, ces questions relèvent des juges du fonds.

On peut distinguer d'une part, les usages légaux, auxquels la loi elle-même renvoie, telle « la solidarité des débiteurs est présumée » et d'autre part, les usages conventionnels (ou usage de fait) qui ne s'appliquent qu'à défaut de volonté contraire exprimée par les parties. Les usages ont souvent un caractère supplétif. Ils sont très nombreux. Ainsi, dans les contrats de vente, il est fréquent de renvoyer aux usages de la profession en ce qui concerne les modalités de livraison, l'unité de vente ou les délais de paiement.

3. La réglementation professionnelle

On sait que le droit professionnel, qui organisait une grande partie du commerce avant la Révolution française, a été supprimé et que le droit de la concurrence prohibe aujourd'hui encore les ententes entre membres d'une même profession.

Pourtant, la réglementation professionnelle survit, et même se développe dans certains secteurs de l'activité commerciale. Ainsi, des groupements professionnels, tel le groupement des agents de changes, proposent à leurs adhérents des conditions générales de vente qui constituent une source conventionnelle importante du droit commercial.

Les organismes professionnels peuvent établir des contrats-types qu'ils imposent ou proposent aux intéressés.

4. Les décisions des autorités administratives indépendantes

Depuis la fin des années 1970, de nouveaux organes administratifs ont été créés au sein de l'État afin de veiller à la protection de certaines libertés ou réguler un secteur économique : les autorités administratives indépendantes (AAI).

Leur essor répond à une volonté de distinguer, à côté des administrations traditionnelles, des organes dotés de garanties d'indépendance particulières par rapport au pouvoir exécutif, pour l'accomplissement de leur mission.

Elles constituent ainsi une forme nouvelle de régulation sociale et économique par l'État faisant une plus grande place à la négociation, à la transparence et à l'impartialité.

Ces autorités, qui détiennent un pouvoir d'information, produisent des normes, émettent des recommandations et sont parfois investies d'un pouvoir de sanction, occupent une place importante dans l'ordre juridique et administratif. Pourtant, elles ne correspondent pas à une catégorie précisément définie par la loi. Leur appellation (autorités administratives, autorités administratives indépendantes, autorités publiques indépendantes), leur composition (collégiale ou non), leur statut (selon qu'elles sont ou non dotées de la personnalité morale et qu'elles disposent ou non d'une réelle autonomie financière), leurs pouvoirs sont très divers.

Les AAI se sont multipliées rapidement. On assiste aujourd'hui a un regroupement et une réorganisation de certains de ces organismes. On citera ici des AAI qui interviennent fortement dans le monde des affaires :

- la Commission nationale de l'informatique et des libertés (CNIL) instituée en 1978 ;
- l'Autorité de la concurrence devenue, depuis 2008, l'Autorité de la concurrence ;

- l'Autorité des marchés financiers (AMF) créée en en 2003 ;
- l'Autorité de contrôle prudentiel (ACP), créé en 2007, qui surveille les risques dans l'ensemble du secteur financier banques ou d'assurances ;
- la Commission nationale d'aménagement commercial (CNAC), qui traite des décisions d'installation des commerces et des hôtels.

Il existe également des autorités de régulation des autorités de régulation sectorielles notamment le Comité de régulation de l'énergie, l'Autorité de régulation des activités ferroviaires, l'Autorité de régulation des jeux en ligne, l'Autorité de régulation des télécommunications.

Ces AAI ont en commun « d'agir au nom de l'État sans être subordonnées au gouvernement et de bénéficier, pour le bon exercice de leurs missions, de garanties qui leur permettent d'agir en pleine autonomie, sans que leur action puisse être orientée ou censurée, si ce n'est par le juge » (Rapport public 2001 du Conseil d'État).

Lecture

Dumas R., « Réflexions sur les rapports entre les "néodéontologies" commerciales et le droit », *Revue de la recherche juridique. Droit prospectif* 2006/3, p. 1387.

B. Les sources communautaires

Le droit communautaire est constitué par l'ensemble des règles qui régissent la structure, les compétences et les activités de l'Union européenne. L'ordre juridique communautaire est distinct de l'ordre juridique interne des États membres. Il ne l'influence pas moins.

La Cour de justice de l'Union européenne a affirmé à plusieurs reprises deux principes :

- l'applicabilité directe de certaines normes de droit communautaire ;
- la primauté du droit communautaire sur le droit national : la règle communautaire prime sur la règle nationale contraire. Pour la France, la Cour de cassation, par l'arrêt Jacques Vabre du 24 mai 1975, puis le Conseil d'État par l'arrêt Nicolo du 20 octobre 1989, reconnaissent la primauté du droit communautaire sur les lois françaises, même antérieures.

Cette influence du droit communautaire est particulièrement sensible dans le domaine du commerce.

Le Traité sur le fonctionnement de l'Union européenne (TFUE) comporte de nombreuses dispositions dont l'objet est essentiellement d'organiser des libertés économiques (liberté de circulation des biens, des personnes, des capitaux, des services).

Il en résulte toute une série de règles qui s'applique au monde des affaires. Ainsi en est-il du droit fiscal, en particulier de la taxe sur la valeur ajoutée (TVA), du droit des assurances, ou encore de la protection des consommateurs. Ces règles aussi nombreuses que précises ont une forte influence sur le droit commercial national. Ce droit communautaire n'est pas toujours visible pour le praticien. Il résulte le plus souvent de directives d'harmonisation des législations nationales. Une fois transposé en droit interne, le contenu de ces directives devient du droit national.

Ainsi en est-il de la *libre circulation des marchandises* entendue comme « tout bien appréciable en argent et susceptible de former l'objet d'une transaction commerciale » (CJCE, 10 décembre 68, Commission c/Italie, aff. 7/68, Rec. 61). La libre circulation des marchandises conduit à l'interdiction des mesures nationales qui pourraient instaurer des obstacles tarifaires ou non tarifaires au commerce intracommunautaire telle l'interdiction des droits de douane, l'interdiction des taxes d'effet équivalent à un droit de douane, l'interdiction des impositions intérieures discriminatoires (art. 110 TFUE), l'interdiction des mesures d'effet équivalent à des restrictions quantitatives (MEERQ) (art. 34 et 35 TFUE).

L'intervention communautaire est nécessaire afin de faciliter la *liberté d'établissement* mais aussi d'en corriger les excès. Tout naturellement, les règles régissant la constitution, l'organisation, le fonctionnement et la dissolution de certaines sociétés ont fait l'objet de directives de coordination portant sur le contrôle de la régularité des constitutions, le régime des nullités, les mesures de publicité :

- 1re directive sur la constitution des sociétés, la validité des engagements sociaux du 9 mars 1968 (*JOCE*, L. 65 14/03/68) ;
- 2e directive relative à la constitution de la société anonyme ainsi qu'au maintien et aux modifications de son capital du 13 mars 1976 (*JOCE*, L. 26 du 13/01/77) ;
- 3e directive sur les fusions de sociétés anonymes du 9/10/78 (*JOCE*, L. 295 du 20/10/78) ;
- 6e directive sur les scissions du 17 décembre 1982 (*JOCE*, L. 378 du 31/12/82) ;
- 11e directive concernant la publicité des succursales du 21 décembre 1989 (*JOCE*, L. 395 du 30/12/89).

Le droit communautaire a également abordé le droit comptable par la :

- 4e directive relative aux comptes annuels du 25 juillet 1978 (*JOCE*, L. 222 du 14/08/78) dont l'objectif est d'offrir aux tiers une vision commune des sociétés par des outils harmonisés de présentation de la situation financière des sociétés ;
- 7e directive relative aux comptes consolidés du 13 juin 1983 (*JOCE*, L. 193 du 18/07/83). Le droit boursier et le droit des valeurs mobilières européennes se sont également développés.

La pratique communautaire s'est tout d'abord préoccupée des sociétés par actions pour s'intéresser progressivement à d'autres formes de sociétés ou groupements. Des formes juridiques nouvelles résultent du droit communautaire telle la société européenne (Règlement CE n° 2157/2001 du Conseil du 8 octobre 2001). Nous verrons notamment que cette société européenne (SE) est dérogatoire des règles habituelles en ce qu'elle n'est pas rattachée, au point de vue de la nationalité, à l'État de l'Union dans lequel elle fixe son siège statutaire. En particulier, la SE pourra ensuite transférer son siège à l'intérieur de l'Union sans s'exposer aux conséquences d'un changement de nationalité ou d'une dissolution. De façon générale, l'influence le droit communautaire ne cesse de s'accroître.

Une place particulière revient au *droit communautaire de la concurrence* et aux politiques qui en découlent. Le moteur en est la Commission européenne qui agit sous le contrôle de la Cour européenne de justice : la direction générale de la Commission chargée de la concurrence (la DG Concurrence, anciennement DG IV) se trouve dans une position quasiment unique au sein du système de la communauté européenne. En effet, dans le domaine de la politique de la concurrence, la Commission possède un pouvoir d'application directe de cette politique qui ne dépend pas des gouvernements des États membres.

La Commission européenne, avec l'appui des tribunaux européens, a mis en place un cadre pour la politique de la concurrence en Europe. Ce cadre est fondé sur un concept et des bases juridiques de promotion de l'ouverture du marché et de renforcement des institutions communautaires.

Ainsi, les accords anticoncurrentiels d'une certaine importance économique sont interdits et frappés de nullité. L'autre objet principal du droit européen de la concurrence est de réprimer les abus des entreprises qui détiennent une position dominante sur un marché et étouffent les concurrents ou portent préjudice aux consommateurs.

Les principes positifs développés par les institutions communautaires sont devenus un cadre juridique commun partagé par les droits nationaux des États membres. Le droit évoluera désormais dans le cadre du réseau constitué par les administrations nationales et communautaires qui partagent la responsabilité de l'appliquer. L'essentiel du débat s'appliquera également à l'Espace économique européen, avec ses trois pays associés (Islande, Liechtenstein, Norvège) à ceux de l'Union européenne, et parfois à la Suisse et leurs politiques de concurrence étroitement coordonnées et appliquées.

Lecture

Fréget O., Herrenschmidt F., « Réflexions sur les pratiques d'influence et le droit de la concurrence : Lobbying, "négociations réglementaires" et/ou capture réglementaire? », *Concurrence* 2006, n° 3, p. 40.

C. Les sources internationales

Les sources internationales du droit commercial sont nombreuses et gagnent en importance. Ces évolutions découlent de la nature même des affaires. Le droit commercial a dû, de tout temps, répondre aux exigences du commerce international. La globalisation grandissante des échanges renforce la dimension internationale du droit du commerce.

On ne compte plus aujourd'hui les forums de coopération, tant ils sont nombreux, diversifiés et enchevêtrés les uns dans les autres. Les institutions économiques internationales, elles-mêmes, sont devenues peu à peu des acteurs incontournables de la scène économique internationale.

1. L'arbitrage international

Le droit international peut être utilisé par des « arbitres » lors de litiges. L'arbitrage est la façon de régler d'avance les imprévus dans les contrats et de choisir d'un commun accord la clause d'arbitrage, le droit applicable et l'arbitre qui va trancher. On considère qu'un arbitrage commercial est international lorsque les parties résident dans des pays différents. Selon la définition économique moderne, on qualifie également un arbitrage commercial d'international lorsque l'intérêt économique en jeu dépasse les frontières d'un pays. Par exemple, deux industriels, un de Lyon et l'autre de Grenoble, fabriquent une machine pour un client japonais. L'arbitrage de leur différend peut être considéré comme international du simple fait qu'il y aura un transfert de devises au Japon.

Il y a trois formes d'arbitrage international : l'arbitrage *ad hoc*, l'arbitrage institutionnel et l'arbitrage assisté. La clause d'arbitrage *ad hoc* est rédigée par les parties au contrat. S'il y a un litige, les parties appliquent elles-mêmes la clause, choisissent l'arbitre et gèrent le processus d'arbitrage. Il existe un modèle de clause d'arbitrage *ad hoc* comme celui du règlement d'arbitrage de la Commission des Nations unies pour le commerce international.

Les parties à un contrat international peuvent également convenir d'un arbitrage institutionnel. Dans ce cas, la clause d'arbitrage charge une institution de choisir l'arbitre et de gérer l'arbitrage de A à Z selon son règlement. Le règlement de l'institution fait alors partie intégrante du contrat.

Il y a par ailleurs des organismes professionnels indépendants dont la vocation exclusive est l'arbitrage institutionnel. La plupart de ces organismes relèvent de chambres de commerce locales ou internationales. La Chambre de commerce internationale est le plus grand centre d'arbitrage international. Elle gère entre 350 à 400 causes par année.

La troisième possibilité est un compromis entre l'arbitrage *ad hoc* et l'arbitrage institutionnel : l'arbitrage assisté. Les parties rédigent elles-mêmes la clause d'arbitrage et nomment un centre d'arbitrage pour l'appliquer. Le centre gère l'arbitrage non sur la base de son règlement, mais sur celle de la clause d'arbitrage. Toutes les grandes institutions acceptent de participer à cette forme d'arbitrage.

Lectures

- Ancel J.-P., « La Cour de cassation et les principes fondateurs de l'arbitrage international », in *Mélanges offerts à P. Drai, Le juge entre deux millénaires*, Paris, Dalloz, 2000, p. 161 ;
- De Ly F., « La pratique de l'arbitrage commercial international et la vente internationale », *Revue de droit des affaires internationales / International Business Law Journal*, 2001, n° 3/4, p. 465 ;
- Pluyette G., « Définition de l'arbitrage international », *Revue de jurisprudence de droit des affaires*, 2011, n° 7, p. 563.

2. Les usages internationaux

Le commerce international, en raison des différences dans les droits nationaux, emploie largement les usages internationaux, notamment dans les contrats types ; la Chambre de commerce internationale établit des règlements ou encore des « INCOTERMS » (contraction d'INternational COmmercial TERMS). Les incoterms déterminent les obligations réciproques du vendeur et de l'acheteur dans le cadre d'un contrat d'achat/vente international. Ils précisent les responsabilités respectives mais ne définissent pas le moment où est transférée la propriété. Ils fixent le partage des coûts. Ils fixent également la division des risques.

LECTURE

Nourissat C., « Entrée en application des nouveaux Incoterms 2010 de la Chambre de commerce internationale le 1er janvier 2011 », *Revue Lamy Droit des Affaires*, 2011, n° 57, p. 50.

3. Les traités internationaux

La France a signé des traités avec de nombreux pays, telle la convention de Genève sur les conflits de lois en matière de lettre de change et de chèque. La France est également partie à des conventions multilatérales gouvernant le commerce, tels le GATT et l'OMC.

Selon les règles de l'Accord général sur les tarifs douaniers et le commerce (GATT) de 1948 (article I), tout pays membre doit, sauf exceptions limitativement énumérées, accorder à tous les autres membres les mêmes privilèges en matière de tarifs douaniers ou de politiques commerciales que ceux accordés à la nation la plus favorisée avec laquelle il négocie. Il s'agit du principe de la nation la plus favorisée. Les restrictions quantitatives sur les subventions à l'exportation ou à l'importation sont généralement interdites par l'accord (art. XI et XVI), sauf dans certaines circonstances. Enfin, l'accord du GATT condamne aussi le dumping, c'est-à-dire la vente à l'étranger de produits à un prix inférieur à celui pratiqué dans le pays exportateur (art. VI). Des droits antidumping peuvent être imposés aux pays ayant recours à une telle pratique si, de ce fait, des industries locales doivent en pâtir, être menacées ou encore ne peuvent s'établir.

Le 15 avril 1994 a été signé l'acte final constituant l'Organisation mondiale du commerce (OMC). L'OMC englobe le GATT comme cadre institutionnel unique régissant le commerce international à l'échelle mondiale. Il inclut, en effet, l'Accord général sur les tarifs et le commerce dans sa version 1994, qui contient quelques nouvelles règles relatives à l'application des divers articles du GATT ainsi que l'ensemble des nouveaux accords novateurs négociés au cours de l'« Uruguay Round ». Pour joindre les rangs de l'OMC, les États non membres du GATT doivent accepter l'ensemble des dispositions dites de l'« Uruguay Round » – la ronde la plus complète de négociations sur le commerce jamais engagées et ratifiées, entamées en octobre 1986 et achevées à la fin de 1993 : on parle de l'approche de l'« adhésion en bloc ». L'Organisation mondiale du commerce s'occupe des règles régissant le commerce entre les pays, à l'échelle mondiale ou quasi mondiale. Au cœur du système se trouvent les accords de l'OMC, négociés et signés par la majeure partie des puissances commerciales du monde. Ces documents constituent les règles juridiques de base du commerce international. Il s'agit essentiellement des contrats, aux termes desquels les gouvernements sont tenus de maintenir leur politique commerciale à l'intérieur de limites convenues. Bien qu'ils soient négociés et signés par des gouvernements, leur objectif est d'aider les producteurs de biens et de services, les exportateurs et les importateurs à exercer leurs activités, tout en permettant aux gouvernements de répondre à des objectifs sociaux et environnementaux. L'objectif primordial du système est de contribuer à favoriser autant que possible la liberté des échanges, tout en évitant les effets secondaires indésirables.

Sous la gouverne de l'OMC, les réductions de tarifs acceptées par ces États sur un vaste éventail de produits industriels et de matières premières ont été menées en cinq étapes annuelles égales à partir du 1er janvier 1995. Les membres qui le désiraient pouvaient réduire leurs tarifs plus rapidement. C'est aussi la première fois que les produits et les politiques agricoles étaient inclus. De nouvelles dispositions sont également prises pour garantir la sécurité des plantes, des animaux et de la nourriture. En outre, le commerce des services tombe désormais sous la réglementation internationale. Il en est ainsi notamment des aspects commerciaux des droits de propriété intellectuelle tels que les brevets, les droits d'auteur et les marques de commerce. Finalement, le mécanisme de règlement des différends est renforcé de sorte que les décisions prises par les jurys de l'OMC devront être appliquées par les pays trouvés coupables de violation des règles de l'OMC.

En ce sens l'OMC influe considérablement sur l'activité commerciale des opérateurs commerciaux nationaux.

L'autre acteur majeur du droit international du commerce est la Commission des Nations unies pour le droit commercial international (CNUDCI), créée par l'Assemblée générale en 1966 (résolution 2205 (XXI) du 17 décembre 1966).

La CNUDCI joue un rôle important dans la mise en place de ce cadre. Son mandat est d'encourager l'harmonisation et la modernisation progressives du droit commercial international en élaborant des instruments, législatifs ou non, dont la Commission encourage l'utilisation et l'adoption dans un certain nombre de domaines clefs du droit commercial : le règlement des différends, les pratiques en matière de contrats internationaux, les transports, l'insolvabilité, le commerce électronique, les paiements internationaux, les opérations garanties, la passation de marchés et la vente de marchandises. La négociation de ces instruments est un processus international auquel participent de nombreux acteurs, dont les États membres de la CNUDCI, qui représentent des traditions juridiques et des niveaux de développement économique différents, des États non membres, des organisations intergouvernementales, et des organisations non gouvernementales.

De plus, la CNUDCI a créé de nombreuses conventions internationales formant un droit uniforme destiné à harmoniser le droit. On citera à titre d'illustration :

- la Convention sur la prescription en matière de vente internationale de marchandises (New York, 1974) qui institue des règles uniformes régissant le délai dans lequel une procédure judiciaire découlant d'un contrat de vente internationale doit être entamée. Elle a été modifiée par un Protocole adopté en 1980 lorsque la Convention des Nations unies sur les ventes a été adoptée. La Convention originelle et la Convention telle que modifiée sont entrées en vigueur le 1er août 1988 ;
- la Convention des Nations unies sur les contrats de vente internationale de marchandises (Vienne, 1980) qui édicte un corpus détaillé de règles juridiques régissant la formation des contrats de vente internationale de marchandises, les obligations de l'acheteur et du vendeur, les recours en cas de rupture du contrat et d'autres aspects du contrat. La Convention est entrée en vigueur le 1er janvier 1988 ;
- ou encore les lois type qui sont des textes législatifs qu'il est recommandé aux États d'incorporer dans leur droit national.

Lectures

- Lamy P., « L'OMC : quelles sont les prochaines étapes », *Les Petites Affiches*, n° 116, 12/06/2001, p. 1 ;
- Pic P., Léger I., « Le nouveau règlement d'arbitrage de la CNUDCI (2010) », *Revue de l'arbitrage* 2011-1, p. 50.

Partie I

Présentation du droit commercial français

Le droit commercial repose sur un acteur central : le commerçant (chapitre I), qui utilise comme outil principal le fonds de commerce (chapitre II). Le droit commercial régit également l'activité commerciale, dans un cadre complexe et changeant (chapitre III).

Chapitre I
Le commerçant

Si la liberté du commerce est, pour le commerçant, de principe (section I), il n'en reste pas moins que l'exercice du commerce est encadré (section II).

Section I : La liberté du commerce

Le principe de liberté du commerce (§ 1) peut parfois être assorti de conditions (§ 2).

§ 1 : Le principe de la liberté du commerce

Issu du décret d'Allarde des 2 et 17 mars 1791 selon lequel « il sera libre à toute personne d'exercer telle profession, art, ou métier qu'il trouvera bon », le Conseil constitutionnel du 16 janvier 1982 (Décision n° 82-132 DC, *JORF* du 17 janvier 1982, p. 299 sur les nationalisations) y voit une « règle de valeur constitutionnelle ». De même, le Conseil d'État a réaffirmé à de nombreuses reprises que le principe de la liberté de commerce et de l'industrie est garanti par la loi (CE 22 juin 1951, Daudignac arrêt n° 00590 02551).

Ce principe se traduit par :

- la liberté d'entreprendre. Elle est favorisée par les pouvoirs publics. Ainsi l'ANCE (Agence nationale pour la création d'entreprises) a été créée en 1979 par les pouvoirs publics pour aider les projets de création d'entreprises ; la « loi Madelin » du 11 février 1994 (loi « initiative et entreprise individuelle ») visait à aider le développement des entreprises individuelles ; la loi sur l'initiative économique du 1er août 2003 tend à favoriser la création de petites et moyennes entreprises ; tel est encore le cas de la loi n° 2008-776 du 4 août 2008 de modernisation de l'économie ;
- la liberté d'exploiter le commerce. Le principe de la liberté du commerce engendre celui de la libre concurrence. Afin de le protéger, il existe des règles destinées à sanctionner la concurrence déloyale et à lutter contre les pratiques anticoncurrentielles individuelles ou collectives.

Toute personne a la liberté de créer et ensuite d'exploiter son entreprise. Elle doit cependant, pour accéder à la profession commerciale, respecter les limites tenant tant à l'activité qu'aux personnes ; elle doit aussi respecter des règles d'ordre public du droit des affaires et du droit social.

Lecture

Kdhir M., « Le principe de la liberté du commerce et de l'industrie, mythe ou réalité », *D.* 1994, chron. p. 30.

§ 2 : Les conditions d'exercice du commerce

La loi du 2 mars 1791 a proclamé qu'« il sera libre à toute personne de faire tel négoce ou d'exercer telle profession qu'elle trouvera bon ». L'accès à la profession commerciale suppose toutefois le respect des conditions édictées par la loi tenant à l'activité (A) et aux personnes qui se proposent d'exercer le commerce (B).

A. Conditions tenant à l'activité

Il existe des commerces interdits ou réservés et des commerces réglementés :

- les commerces interdits ou réservés : les commerces interdits sont contraires à l'ordre public (commerce de la drogue, maison de prostitution, etc.). Les commerces réservés sont ceux qui sont soumis à un monopole d'État (tabacs, timbres-poste, etc.) ;

- les commerces réglementés : ce sont ceux qui nécessitent soit la détention d'un diplôme (opticien, pharmacien, etc.), soit une autorisation administrative (débit de boissons, agence de voyage, etc.) ou un agrément / autorisation par une autorité administrative indépendante.

Ainsi, l'exercice légal d'une activité dans le secteur des jeux d'argent et de hasard en ligne suppose une « licence d'exploitation », puisque l'opérateur qui dépose sa demande doit répondre expressément à toutes les conditions imposées par le cahier des charges. Seule l'ARJEL (Autorité de régulation des jeux en ligne) est en mesure d'apprécier si l'opérateur s'est conformé à toutes les demandes. Une fois la licence délivrée, l'ARJEL contrôle alors l'activité même du site et en premier lieu que celui-ci n'accepte que des joueurs originaires de France. L'Autorité vérifie également que des sites étrangers n'accordent pas aux joueurs français la possibilité de s'inscrire, afin de ne pas concurrencer illégalement les sites autorisés en France, les détenteurs de licence d'exploitation sont ainsi également protégés.

●●● B. Conditions tenant aux personnes

Ces conditions correspondent à deux préoccupations : d'une part, protéger l'individu qui n'a pas la pleine capacité car le commerce est une activité à risques (protection du commerçant) d'autre part, sauvegarder l'intérêt général en écartant des personnes dont l'activité ne paraît pas souhaitable (protection des tiers).

1. Les incapacités

Pour avoir la qualité de commerçant, il faut être capable. La capacité juridique est l'aptitude légale à avoir des droits et des obligations et le pouvoir de les exercer.

a. Les mineurs

Le mineur ne peut exercer le commerce, car il ne peut ni agir seul, ni être représenté. L'article L. 121-2 du Code de commerce prévoit en effet : « le mineur, même émancipé, ne peut être commerçant ».

Cependant, il peut accomplir des actes isolés de commerce, le législateur ayant aboli l'interdiction posée anciennement par le Code de commerce. En revanche, il ne pourrait pas signer une lettre de change ; l'article L. 511-5 du Code de commerce l'interdit.

Un mineur peut également créer une entreprise individuelle à responsabilité limitée (EIRL) ou une société unipersonnelle, avec l'autorisation de ses deux parents, ou de son administrateur légal sous contrôle judiciaire (art. 389-8 C. civ.).

b. Les majeurs incapables

Les solutions applicables à l'incapable majeur n'ont jamais fait l'objet d'une transcription dans le Code de commerce. Les solutions acquises en droit civil ont, en conséquence, été transposées en droit commercial.

Les majeurs en tutelle : ils ne peuvent ni exercer le commerce personnellement, ni par le biais de leur représentant légal. Les actes passés seraient alors nuls de plein droit. Le jugement de mise en tutelle d'un commerçant doit être inscrit au registre du commerce. Le majeur en tutelle conserve la possibilité (avec son représentant légal) de mettre son fonds de commerce en location-gérance (voir *infra*) : ainsi, il restera propriétaire du fond, puisque la seule chose qui lui est interdite, c'est d'effectuer des actes de commerce.

Lorsque la personne protégée a seulement besoin d'être assistée, l'ouverture d'une curatelle altère sa capacité à effectuer des actes de commerce. En principe, elle pourrait exercer à titre habituel des actes de commerce et avoir la qualité de commerçant. Toutefois, en pratique, la nécessité d'une assistance permanente du curateur constitue un obstacle assez difficile à surmonter.

Les majeurs sous sauvegarde de justice : ils peuvent être commerçants car ils conservent l'exercice de leurs droits. Les actes qu'ils passent seront cependant plus fragiles et pourront être rescindés pour lésion (v. Steinlé-Feuerbach M.-F., *Droit des obligations*, Ellipses, 2009, p. 48).

2. Les interdictions ou condamnations pénales

Les personnes qui ont été condamnées à certaines peines peuvent également se voir interdire l'exercice d'une profession commerciale.

Le régime d'incapacité qui interdisait de plein droit à certaines personnes condamnées définitivement pour crime ou certains délits (escroquerie, abus de confiance, recel, etc.) d'exercer une activité commerciale ou industrielle, de diriger, d'administrer, de gérer ou de contrôler une entreprise commerciale ou industrielle ou une société commerciale a été abrogé par la loi n° 2008-776 du 4 août 2008 de modernisation de l'économie.

Désormais, la peine automatique est remplacée par une peine complémentaire que les tribunaux peuvent prononcer au cas par cas, sous réserve toutefois que la personne en cause soit reconnue coupable d'une des infractions (crime ou délit) limitativement énumérées par la loi (le crime, le vol, l'extorsion, l'escroquerie, le blanchiment, le détournement, le recel, le faux et l'usage de faux, la corruption, etc.).

Les contrevenants à cette interdiction sont passibles d'un emprisonnement de deux ans et d'une amende de 30000 € ; en cas de récidive, la peine d'emprisonnement peut être portée à cinq ans et la confiscation du fonds de commerce ou des marchandises peut être prononcée.

Par ailleurs, dans le cadre d'une procédure collective, suite à une cessation de paiements, le tribunal peut prononcer l'interdiction de diriger, gérer, administrer ou contrôler, directement ou indirectement, toute entreprise commerciale ou artisanale, toute exploitation agricole et toute personne morale.

3. Les incompatibilités

Il est interdit d'exercer le commerce :

- aux fonctionnaires agents ou ouvriers des services publics de l'État, des départements, communes, offices, établissements publics (Ord. n° 59-244 du 4 févr. 1959, art. 8 ; L. n° 83-634 du 13 juil. 1983, art. 25 ; art. L. 324-1 C. trav.) ;
- aux notaires (Décr. n° 45-2590 du 19 déc. 1945, art. 13) ;
- aux avocats (L. n° 90-1259 du 31 déc. 1990, art. 25 ; Décr. n° 91-1107 du 27 nov. 1991, art. 111) ;
- aux huissiers de justice (Ord. n° 45-2592 du 2 nov. 1945, art. 32, mod. par Décr. n° 55604 du 20 mai 1955 et n° 56-222 du 29 févr. 1956, art. 1. 2) ;
- aux administrateurs judiciaires et mandataires-liquidateurs (art. L. 811-10 et L. 812-8 C. com.) ;
- aux architectes ou aux experts-comptables.

La règle est la même pour les pharmaciens qui ne peuvent pas exercer d'activité commerciale sous la forme d'une entreprise individuelle pour un commerce autre que leur pharmacie.

En cas de méconnaissance de ces interdictions, des sanctions professionnelles peuvent être prononcées.

4. Le statut des commerçants étrangers

La loi du 24 juillet 2006 a supprimé « la carte commerçant étranger » pour lui substituer un double dispositif dont le critère déterminant est la résidence ou la non-résidence de l'étranger sur le territoire national.

- obligation de détenir une carte de séjour temporaire pour les commerçants étrangers qui souhaitent résider en France (art. L. 313-10, 2° C. étrangers) ;
- obligation préalable de déclaration auprès des services préfectoraux pour les commerçants étrangers ne souhaitant pas résider en France (art. L. 122-1 et L. 122-2 du Code de commerce).

Le non-respect de ces dispositions est sanctionné pénalement d'un emprisonnement d'un an et d'une amende.

La carte de séjour n'est toutefois pas exigée pour :

- les ressortissants d'un État membre de la Communauté européenne ou d'un État partie à l'accord sur l'Espace économique européen (qui doivent tout de même se faire enregistrer auprès du maire de leur commune de résidence dans les 3 mois de leur arrivée) ;
- les étrangers qui peuvent se prévaloir d'une convention qui les en dispense (notamment les ressortissants d'Algérie) ;
- les étrangers titulaires de la carte de résident.

La carte de séjour est délivrée par la préfecture du département où l'étranger souhaite exercer son activité (le titulaire de la carte d'identité de commerçant est tenu, dans le délai de trois mois à compter de la date de remise de cette carte, de déposer à la préfecture qui l'a délivrée un extrait de son immatriculation au registre du commerce et des sociétés ou au répertoire des métiers ; à défaut, la décision d'attribution de cette carte devient caduque).

Pour l'obtenir, l'étranger doit notamment pouvoir justifier (Arrêté du 12 septembre 2007 relatif aux documents à produire pour la délivrance de la carte de séjour temporaire autorisant l'exercice d'une activité commerciale, industrielle ou artisanale) :

- d'un projet d'entreprise comportant au moins un budget prévisionnel pluriannuel ;

- d'un engagement écrit de cautionnement d'un établissement de crédit couvrant les besoins financiers inhérents au démarrage de l'activité projetée ; ou
- d'une attestation d'un établissement de crédit en France ou de La Poste indiquant que l'étranger est titulaire d'un compte dont le solde créditeur permet de couvrir les besoins financiers inhérents au démarrage de l'activité projetée.

Le préfet apprécie au regard de ces éléments la viabilité et la pérennité du projet d'entreprise et consulte à cet effet la chambre de commerce et d'industrie ou la chambre des métiers du lieu de l'implantation projetée.

Les ressortissants des États-Unis, de la République Centrafricaine, du Congo-Brazzaville ainsi que des républiques du Gabon, du Mali, du Togo et du Sénégal bénéficient de procédures simplifiées.

5. Les clauses contractuelles de limitation d'activité

Une personne peut, moyennant rémunération la plupart du temps, renoncer par contrat à exercer certaines activités commerciales pendant un certain temps.

Il existe deux types de clauses contractuelles qui empêchent d'exercer le commerce :

- les clauses de non-rétablissement, insérées dans un contrat de vente d'un fonds de commerce. Elle interdit au vendeur de s'établir (ou de se rétablir) à proximité du fonds de commerce qu'il vend ;
- les clauses d'exclusivité, insérées dans un contrat et qui obligent un commerçant à ne vendre exclusivement qu'un certain type de produit.

Ces contrats sont soumis aux règles du contrôle de la concurrence.

Section II : L'exercice du commerce

L'exercice du commerce suppose la qualité de commerçant (§ 2), celle-ci engendre des droits et des obligations (§ 2). Le commerçant peut être entouré de son conjoint (§ 3) ou de collaborateurs (§ 4).

§ 1 : La définition du commerçant

Quel point commun y a-t-il entre l'épicier de quartier et la multinationale étasunienne de la grande distribution *Wal-Mart* représentant des dizaines d'actionnaires, plusieurs milliers de salariés et au capital de plusieurs milliards de dollars ?

Peu de choses aussi bien du point de vue de la gestion que de la vie quotidienne. Néanmoins, ces deux entreprises sont considérées comme des commerçants au sens du droit commercial.

Ce statut de commerçant mène à l'application de règles particulières de droit commercial mais également à des obligations comptables et fiscales particulières.

Le commerce peut être exercé par deux catégories de personnes : des personnes physiques, que l'on appelle des commerçants individus ou simplement « commerçants » (A), et des personnes morales de droit privé telles les sociétés commerciales, les groupements d'intérêt économique, certaines associations et les établissements publics à caractère industriel ou commercial. Le commerçant est alors une personne morale (B).

●●● A. Le commerçant, personne physique

Selon l'article L. 121-1 du Code de commerce, « sont commerçants ceux qui exercent des actes de commerce et en font leur profession habituelle ». Deux conditions doivent donc être remplies cumulativement, l'accomplissement d'un acte de commerce (1) et le caractère habituel de cette tâche (2).

1. L'accomplissement d'actes de commerce

La qualification de commerçant suppose l'accomplissement d'actes de commerce, qui doivent alors s'effectuer suivant des conditions matérielles déterminées, la doctrine juridique utilise le terme de « comportement commercial » pour désigner cette condition.

Les articles L. 110-1 et L. 110-2 du Code de commerce dressent une liste d'actes de commerce, mais celle-ci n'est pas exhaustive : la jurisprudence n'hésite parfois pas à ajouter à l'énumération du Code de commerce, afin de saisir les aspects modernes de la commercialité, en ayant recours aux conceptions générales censées fonder cette énumération, telles que les notions d'entremise ou de spéculation.

En revanche, ne sera pas commerçant celui qui n'accomplit pas d'actes de commerce. Cette solution permet en principe d'exclure de la qualité de commerçant les agriculteurs, les auteurs, les artistes, et les personnes exerçant une profession libérale. On peut, à la lecture des articles L. 110-1 et L. 110-2 du Code de commerce, distinguer les actes de commerce par nature, les actes de commerce par la forme, les actes de commerce par accessoire. Il existe, enfin, des actes mixtes.

a. Les actes de commerce par nature

Un acte est commercial par nature si son objet est commercial.

• Les activités de distribution

La loi répute acte de commerces :

- tout achat de biens meubles pour les revendre, soit en nature, soit après les avoir travaillés ;
- tout achat de biens immeubles aux fins de les revendre, à moins que l'acquéreur n'ait agi en vue d'édifier un ou plusieurs bâtiments et de les vendre en bloc ou par locaux ;
- toute entreprise de fournitures.

L'acte peut donc porter indifféremment sur des meubles ou des immeubles. Mais l'achat ne saurait être qualifié d'acte de commerce s'il n'a pas été fait dans l'intention de revendre. Inversement, la revente ne constitue un acte de commerce que si elle a été précédée d'un achat. En conséquence, la vente de produits agricoles par l'exploitant ne constitue pas, par exemple, un acte de commerce.

• Les activités industrielles

« La loi répute actes de commerce [...] toute entreprise de manufactures, [...] ». Toute activité de transformation de matières premières ou de produits doit donc être qualifiée de commerciale.

• Les activités de service

Sont visées par l'article L. 110-1 du Code de commerce :

- les activités de transport ;
- la location de meubles ;
- les établissements de spectacles publics ;
- les opérations de change, les activités bancaires ;
- les activités d'assurances ;
- les services des intermédiaires ;
- les agences et bureaux d'affaires.

En revanche, ne sauraient être qualifiées d'activités commerciales les professions libérales, organisées en ordre professionnel ou non, et recevant des honoraires pour leurs prestations. De même, l'achat pour revente effectué par des sociétés coopératives agricoles n'emporte pas compétence du tribunal de commerce, dès lors que les actes concernés sont effectués au profit des agriculteurs coopérateurs (Cass. com., 18 décembre 2001, *Bull. IV*, n° 201).

b. Les actes de commerce par la forme

Un acte est commercial par la forme à partir du moment où il est désigné comme tel par la loi. Sont actes de commerce par la forme certains titres de paiement (les lettres de change, par exemple) et tous les actes relatifs aux sociétés commerciales (tous les contrats de sociétés énumérés par le législateur). Pour tous ces contrats, même d'objet civil, libéral, etc., l'acte est commercial par la forme car voulu ainsi par la législation.

c. Les actes de commerce par accessoire

Ce sont des actes de commerce qui sont par leur nature des actes civils mais que l'on qualifie d'actes commerciaux car ils sont accomplis par un commerçant dans l'exercice de sa profession (Req., 29 jan. 1883, *DP* 1883, p. 514). Ainsi en est-il de l'acquisition de matériel ou d'un cautionnement.

La chambre commerciale de la Cour de cassation a décidé que l'individu non encore commerçant qui achète un fonds de commerce est traité comme un commerçant (Cass. com., 19 juin 1972, *JCP* 1973 II 17356, note Calais-Auloy).

L'autre condition requise est que pour devenir commercial par accessoire, l'acte civil doit être conclu pour un acte de commerce. Sont dès lors exclues du droit commercial les opérations totalement étrangères au commerce, c'est-à-dire celles qui se rattachent à la vie domestique ou familiale du commerçant.

Il faut noter que la jurisprudence considère que tous les actes accomplis par un commerçant sont présumés l'être pour les besoins de son commerce (Cass. com., 14 février 1956, *RTD com.* 1957, p. 413, obs. Jauffret).

d. Les actes mixtes

L'acte passé entre un commerçant et un non commerçant est qualifié d'acte mixte, c'est-à-dire commercial pour l'une des parties, civil pour l'autre. Il est alors soumis aux règles suivantes :

- la clause compromissoire (la désignation d'un tribunal compétent) ne sera pas valable ;
- la clause attributive de compétence territoriale ne sera pas non plus valable ;
- la compétence du tribunal est définie par la qualité du défendeur à l'action ;
- le système de preuve applicable variera en fonction de la qualité de celui contre lequel la preuve est faite :

Défendeur	Demandeur	Tribunal compétent	Système de preuve
Commerçant	Non-commerçant	Au choix du demandeur : tribunal civil ou tribunal de commerce	Preuve contre un commerçant : preuve libre
Non-commerçant	Commerçant	Tribunal civil (sauf clause prévoyant la compétence du tribunal de commerce)	Preuve contre un non-commerçant : les règles du droit civil s'appliquent (exigence d'un écrit au-delà de 800 €)

Il a ainsi été jugé qu'à l'égard d'un garagiste qu'« en sa qualité de commerçant, les actes de commerce peuvent se prouver par tous moyens » (Cass civ. 1, 8 février 2000, *Bull. I,* n° 35, p. 23).

2. L'exercice d'une profession habituelle

Pour avoir la qualité de commerçant, il faut d'abord exercer le commerce à titre habituel. Quelques actes isolés ne donnent pas à celui qui les accomplit la qualité de commerçant.

En droit français, il n'y a pas d'attestation officielle de la qualité de commerçant. L'immatriculation au registre du commerce ne peut pas être utilisée pour définir la qualité de commerçant. De même, le paiement d'une fiscalité commerciale ne prouve pas la qualité de commerçant, elle ne vaut que comme présomption. La preuve de l'exercice habituel de la profession est libre, et peut se faire par tout moyen.

Le commerçant est en effet celui qui accomplit des actes de commerce de manière répétée (« habituelle »), en vue d'en tirer ses ressources (en totalité ou en partie).

La constatation du nombre et de la durée des actes qui constituent l'habitude et la profession de commerçant est une question de fait dont la solution dépend de la libre appréciation des juges du fond (Cass. com., 10 févr. 1981, *Bull. IV*, n° 75 ; Cass. com., 11 juill. 1984, *Bull. IV*, n° 229).

L'on notera, enfin, que l'on appelle « paracommercialisme » le fait que des particuliers, seuls ou au travers d'associations par exemple, procèdent à des actes habituels de commerce, sans en supporter les charges sociales et fiscales et sans être inscrits au registre du commerce.

●●● B. Le commerçant personne morale

L'article L. 210-1 alinéa 2 du Code de commerce dispose que « sont commerciales à raison de leur forme et quel que soit leur objet, les sociétés en nom collectif, les sociétés en commandite simple, les sociétés à responsabilité limitée et les sociétés par actions ».

En conséquence, tous les actes accomplis par ces sociétés sont en principe des actes de commerce. Ainsi, la convention, qui a pour objet l'organisation de la société commerciale en transférant son contrôle ou en en garantissant le maintien à son titulaire, est un acte commercial et relève de la compétence des tribunaux de commerce (Cass. com., 26 mars 1996, *Bull. IV*, n° 93, p. 78).

Pour les autres personnes morales, notamment les autres formes de sociétés, elles ne seront commerçantes que si elles accomplissent des actes de commerce à titre d'activité habituelle.

Il a ainsi été jugé à propos d'une société civile immobilière que « attendu qu'appréciant les éléments de preuve qui lui étaient soumis, la cour d'appel retient que la société SEP AP Promotion avait pour objet statutaire "l'acquisition et la revente, éventuellement après aménagement et travaux, d'un ensemble d'immeubles à usage d'habitation à savoir acquisition d'un terrain en vue de la construction et de la vente d'un ensemble d'immeubles à usage d'habitation" et que l'achat de biens immeubles lorsque l'acquéreur agit, comme en l'espèce, en vue d'édifier un ou plusieurs bâtiments et de les vendre par blocs ou par locaux, ne constitue pas une activité commerciale au sens de l'article 632, alinéa 2, du Code de commerce devenu L. 110-1 du Code de commerce » (Cass. com., 24 septembre 2002, n° 9910921).

La Cour de cassation a également considéré « qu'une personne morale, même si elle est de statut civil, peut être tenue pour commerçante dans l'exercice d'une activité habituelle consistant en la pratique répétée d'actes de commerce. Tel est, par exemple, le cas pour les Caisses de Crédit agricole, dans leur pratique des opérations de banque, même si elles sont autorisées légalement à accomplir par ailleurs des actes relevant du droit civil » (Cass. com., 17 juillet 2001, *Bull. IV*, n° 142).

Il faut également noter que les services publics industriels et commerciaux (SPIC) exploités par l'État, par des collectivités territoriales ou des établissements publics administratifs ne constituent jamais des actes de commerce. Ces personnes morales ne peuvent être commerçantes. En revanche, un établissement public industriel et commercial (EPIC), telle la SNCF, ou une société dont l'État ou d'autres personnes morales de droit public seraient actionnaires, tel Air France, peuvent accomplir des actes de commerce.

§ 2 : Les droits et obligations des commerçants

Exercer une profession commerciale fait acquérir le statut de commerçant et les droits qui y sont attachés (A). Ce statut entraîne un certain nombre d'obligations (B). On notera que la qualité de commerçant peut toucher jusque dans des décisions les plus personnelles. Ainsi, selon l'article 1394, alinéa 4, du Code civil, si l'un des époux est commerçant lors du mariage ou le devient ultérieurement, le contrat de mariage et ses modifications doivent être publiés, à son initiative et sous sa seule responsabilité, dans les conditions et sous les sanctions prévues par les dispositions législatives et réglementaires relatives au registre du commerce et des sociétés (art. L. 123-9 C. com.).

●●● A. Les droits des commerçants

La qualité de commerçant confère diverses prérogatives :

- le droit d'être électeur et éligible à l'élection des juges des tribunaux de commerce et des membres des chambres de commerce et d'industrie ;
- le droit de prévoir des clauses compromissoires dans les contrats passés avec d'autres commerçants : ces clauses permettent, par exemple, le recours à l'arbitrage en cas de différend ;

- le droit de stipuler des clauses attributives de compétence territoriale dans les contrats conclus avec d'autres commerçants ;
- le droit de bénéficier du système de la liberté des preuves entre commerçants, et d'invoquer sa propre comptabilité à l'égard d'un commerçant ;
- le droit au renouvellement du bail commercial ;
- le droit de bénéficier de la procédure collective qui permet, en cas de cessation de paiements (c'est-à-dire lorsque l'actif disponible ne permet plus de faire face au passif exigible) d'arrêter les poursuites individuelles des créanciers. Si la survie de l'activité menée par le commerçant est compromise, une liquidation judiciaire sera ordonnée. La procédure fait ainsi disparaître pour l'avenir l'intégralité des dettes.

●●● B. Les obligations des commerçants

La qualité de commerçant engendre deux obligations principales : celle de s'inscrire au registre du commerce et des sociétés (1), et celle de tenir une comptabilité en règle (2). Elle conduit également à l'application d'une fiscalité particulière (3).

1. L'inscription au registre de commerce et des sociétés

Le registre du commerce et des sociétés est un document où sont inscrites toutes les personnes qui font du commerce. Toute personne physique ou morale française ou étrangère exerçant une activité commerciale sur le territoire français doit s'inscrire au registre du commerce. Les « auto-entrepreneurs » sont toutefois dispensés de cette formalité : ils doivent s'inscrire sur un registre spécial.

Cette publicité est organisée en vue de communiquer un minimum d'informations sur le commerçant, personne physique ou morale. Pour ce faire, a été créé, dès 1919, un registre local tenu au greffe de chaque tribunal de commerce. Ces informations sont centralisées dans un registre national tenu par l'Institut National de la Propriété Industrielle (INPI).

Il nous faut d'abord examiner les formalités d'inscriptions (a) avant d'en présenter les effets (b).

a. Les formalités d'inscription

L'instauration du Guichet unique des entreprises, depuis 2011, a notamment pour but de faciliter les démarches d'inscription au registre du commerce et des sociétés (RCS) pour le commerçant, en l'accompagnant dans la constitution du dossier. Le commerçant peut s'adresser directement au centre de formalités des entreprises de la chambre de commerce et d'industrie, qui va ensuite transmettre au greffe du tribunal de commerce le formulaire d'inscription, ainsi que des pièces complémentaires. En effet, le commerçant doit déclarer les éléments de son état civil, les qualités de son conjoint lorsque ce dernier collabore avec lui dans son activité commerciale, le nom de son entreprise, l'objet de son activité commerciale et le nom du propriétaire du local dans lequel il exerce son commerce et pour lequel il a passé un bail (la liste des mentions à fournir figure à l'art. R. 123-37 et s. C. com.).

C'est ensuite au greffe d'effectuer un contrôle formel sur la régularité de la demande d'inscription.

Il procède alors à l'inscription : un numéro d'immatriculation est attribué au commerçant, personne physique ou morale.

L'obligation de s'inscrire s'impose également aux personnes morales. Les sociétés n'acquièrent d'ailleurs la personnalité morale qu'à compter de leur immatriculation. Il n'y a pas de délai obligatoire. Elles doivent indiquer la forme juridique de la société (SNC, SARL, SA. etc.), le montant du capital social, l'objet social, l'adresse du siège, la durée de la société et enfin l'état civil des dirigeants (voir *infra*).

Lorsque le greffier qui reçoit les demandes d'inscriptions considère que le dossier est complet, il l'accepte et attribue au commerçant un numéro d'immatriculation. Ce numéro comporte plusieurs éléments :

- l'identification RCS ;
- le nom du tribunal où se trouve le greffe qui a enregistré la demande ;
- une lettre, « A » (personne physique), « B » (société commerciale), « C » (GIE et GEIE), « D » (société civile), « E » (société européenne), « F » (société d'exercice libéral), « G » (EPIC), « H » pour les autres personnes morales (art. A. 123-29 C. com.) ;
- un numéro d'ordre chronologique annuel, le numéro de l'INSEE.

Les greffiers ou l'INPI doivent délivrer à toute personne qui en fait la demande des certificats, copies ou extraits des inscriptions portées au registre, sur support papier ou électronique (art. R. 123-150 et R. 123-152-1 C. com.).

b. Les effets de l'inscription

L'article L. 123-7 du Code de commerce prévoit : « l'immatriculation d'une personne physique emporte présomption de la qualité de commerçant ». L'immatriculation au registre du commerce ne confère pas dès lors en elle-même la qualité de commerçant, elle ne constitue qu'une présomption de commercialité (Cass. com., 6 nov. 1972, *Bull. IV*).

Le manquement à l'obligation de requérir son immatriculation au registre du commerce a seulement pour sanction l'interdiction de se prévaloir de la qualité de commerçant tant à l'égard des tiers que des administrations publiques (art. L. 123-8 C. com.). Les tiers pourront démontrer que la personne immatriculée n'a pas en réalité la qualité de commerçant, et ne pourra pas, par exemple, bénéficier des règles de la procédure collective. Les tiers ne sauraient toutefois se prévaloir de la présomption de commercialité s'il est démontré qu'ils savaient que la personne immatriculée n'était pas en réalité commerçante. L'article L. 123-8 du Code de commerce prévoit d'autre part : « la personne assujettie à immatriculation qui n'a pas requis cette dernière à l'expiration d'un délai de 15 jours à compter du commencement de son activité, ne peut se prévaloir, jusqu'à immatriculation de la qualité de commerçant tant à l'égard des tiers que des administrations publiques ». En revanche, les tiers pourront démontrer qu'une personne, même non immatriculée du registre du commerce, a la qualité de commerçant.

Pour la personne morale, l'immatriculation va conférer la personnalité juridique : l'inscription d'une société au registre du commerce et des sociétés est donc fondamentale.

Enfin, l'article L. 123-9 de Code de commerce dispose que « la personne assujettie à immatriculation ne peut, dans l'exercice de son activité, opposer ni aux tiers ni aux administrations publiques, qui peuvent toutefois s'en prévaloir, les faits et actes sujets à mention que si ces derniers ont été publiés au registre ». Peu importe qu'ils aient fait l'objet d'une publicité légale.

Ainsi, une société modifiant ses statuts, un commerçant qui divorce, ne peuvent opposer ces modifications aux tiers que s'ils ont accompli la publicité requise au registre du commerce et des sociétés. Néanmoins, seuls sont protégés les tiers de bonne foi, c'est-à-dire ignorant le fait ou l'acte dont il est question.

2. Les obligations comptables

La comptabilité du commerçant est utilisée comme moyen de preuve, pour ou contre le commerçant, et comme instrument de prévention des difficultés.

L'article L. 123-12 du Code de commerce prévoit : « toute personne physique ou morale ayant la qualité de commerçant doit procéder à l'enregistrement comptable des mouvements affectant le patrimoine de son entreprise ; ces mouvements sont enregistrés chronologiquement ».

Il y a ensuite l'obligation pour tout commerçant de tenir 3 livres :

- un livre journal qui enregistre les mouvements d'argent au jour le jour ;
- le grand livre, qui regroupe l'ensemble des comptes de l'entreprise ;
- le livre inventaire, qui récapitule chaque année tous les éléments actifs et passifs de l'entreprise. Elle doit enfin établir des comptes annuels : le bilan, le compte de résultat, l'annexe.

Le bilan doit refléter la situation de l'entreprise. Il se compose de deux parties : l'actif (par exemple : les biens, les créances dont dispose l'entreprise) et le passif (par exemple : les dettes...). Les deux parties doivent être équilibrées, l'actif représentant les ressources de l'entreprise, le passif représentant, les emplois, l'utilisation de ces ressources.

Le compte de résultat reflète quant à lui, l'exercice clos. Il permet d'établir les bénéfices ou les pertes de l'exercice, de l'année écoulée par la différence des charges (achat de marchandises, salaires, impôts...) et des produits (ventes effectuées, produits financiers, etc.).

Une annexe doit également être fournie : il s'agit d'un document complémentaire qui permet de donner une image fidèle de la situation de l'entreprise. On y trouve notamment des informations obligatoires qui peuvent intéresser les tiers.

Ces obligations comptables font l'objet de sanctions :

- en cas de procédure collective, de redressement ou de liquidation judiciaire, le commerçant qui omet de tenir une comptabilité en règle peut être mis en faillite personnelle ;
- en cas de comptabilité fictive le commerçant encourt la banqueroute : il s'agit d'un délit pénal consistant en une gestion frauduleuse (art. L. 626-1 C. com.).

La Cour de cassation précise que l'infraction est constituée, même si la manipulation des comptes n'affecte pas la situation financière de l'entreprise (Cass. crim., 1er juillet 2009, n° 08-88.308, D).

Il faut enfin noter que les documents comptables font preuve contre les commerçants selon l'article 1330 du Code civil. En revanche, ils ne font pas preuve contre les non-commerçants, mais ils permettent de déférer le serment à l'adversaire.

Entre commerçants, l'article L. 123-23 du Code de commerce prévoit que « la comptabilité régulièrement tenue peut être admise en justice pour faire preuve entre commerçants pour faits de commerce », en application du principe de liberté de la preuve.

Depuis 2005, toutes les sociétés cotées de l'Union européenne (y compris les banques et les entreprises d'assurance) sont tenues d'appliquer les normes comptables internationales IFRS pour la préparation de leurs comptes consolidés. Les États membres peuvent aussi autoriser ou obliger l'utilisation de ce référentiel aux sociétés cotées de l'Union européenne pour leurs comptes annuels et aux sociétés non cotées de l'Union européenne pour leurs comptes annuels et/ou consolidés (Règlement 1606/2002/CE du Parlement européen et du Conseil du 19 juillet 2002 sur l'application des normes comptables internationales).

Les normes comptables internationales dites « International Financial Reporting Standards » - IFRS (ou International Accounting Standards - IAS pour les plus anciennes) sont adoptées par l'organisme international de normalisation comptable, l'« International Accounting Standards Board » - IASB - établi à Londres.

3. Les obligations fiscales

Les commerçants doivent payer trois sortes d'impôts spécifiques : l'impôt sur le bénéfice et la TVA.

Les commerçants ont tout d'abord l'obligation de payer l'impôt sur les bénéfices : il sera différent selon qu'il s'agit d'un individuel ou d'une société commerciale.

Les commerçants individuels sont assujettis à l'impôt sur le revenu au titre des bénéfices industriels et commerciaux (BIC) qu'ils réalisent. Le bénéfice imposable est déterminé en fonction du résultat comptable. Le bénéfice doit faire l'objet d'une déclaration annuelle. Ce bénéfice déclaré s'ajoute aux autres revenus pour calculer l'impôt : revenus fonciers (tirés des biens immeubles) et mobiliers (tirés des biens meubles). Tous ces revenus et le bénéfice constituent l'assiette sur laquelle sera calculé l'impôt sur le revenu global des personnes physiques (IR). Les bénéfices industriels et commerciaux sont imposés en même temps que les revenus personnels du commerçant.

S'agissant des sociétés de capitaux, étant donné que le patrimoine est séparé des biens des commerçants, l'impôt est calculé uniquement sur les bénéfices de la société dénommé l'impôt sur les sociétés (IS).

Dans les sociétés de personnes (noms collectifs, etc.), le régime de l'impôt est identique à celui appliqué aux commerçants individuels (v. Lefeuvre A., *Droit fiscal*, Ellipses, 2007).

§ 3 : Le statut du conjoint d'un commerçant

Le statut du conjoint qui participe à l'exercice du commerce paraît peu confortable. Deux impératifs coexistent : la protection des créanciers d'une part, et celle du conjoint du commerçant d'autre part.

Comme pour toute personne, commerçante ou non, le mariage est inscrit dans les registres d'état civil, et le PACS est inscrit au greffe des tribunaux d'instance de la résidence commune et des lieux de naissance des partenaires. Ils deviennent ainsi opposables aux tiers. Les créanciers n'ont cependant pas accès aux informations nominatives concernant le conjoint ou le partenaire de leur débiteur, ce qui limite en conséquence la mise en jeu de la responsabilité. Depuis 2007, ces informations ne figurent au RCS que si le conjoint ou le partenaire participe effectivement à l'activité commerciale (art. R. 123-37 C. com.).

Quant à la situation même du conjoint, ce n'est que depuis 1985 que l'épouse bénéficie de la même liberté dans l'exercice du commerce que son mari. La femme commerçante a, de plus, le droit, pour l'exercice de son activité, de conserver le nom de son époux en cas de divorce.

La participation à l'activité commerciale de son conjoint ne confère pas en elle-même la qualité de commerçant (art. L. 121-3 C. com.). Toutefois, elle est génératrice de droits. Ainsi, le consentement du conjoint devient également nécessaire dans ce cas pour aliéner ou grever les différents éléments du fonds. De même, le conjoint survivant, qui a participé par son activité (en tant que collaborateur, ou en dehors de tout statut) à la valeur d'une entreprise commerciale, bénéficie d'une attribution préférentielle de celle-ci., et d'une indemnisation successorale : la Cour de cassation énonce que « tant la part des revenus procurés au mari par l'activité non rémunérée de son épouse que le montant des salaires qu'elle aurait pu percevoir pour cette activité sont impropres à établir qu'à raison de la collaboration de son épouse, un bien du mari présente un profit subsistant au jour de la liquidation » de la succession (Cass. 1re civ., 23 févr. 2011, n° 09-70.745, FS P+B+I : JurisData n° 2011-002127).

Par ailleurs, depuis la loi du 10 juillet 1982, dont l'objectif essentiel est d'offrir une protection à celui qui s'investit dans le commerce de son conjoint, le conjoint qui participe à l'activité d'un commerçant a le choix entre trois statuts (art. L. 121-4 C. com.) :

- le statut de conjoint collaborateur consiste à assister le commerçant sans être rémunéré et sans exercer une autre activité professionnelle. Le nom du collaborateur est mentionné au RCS. Ce statut offre diverses prérogatives commerciales (présomption de mandat pour effectuer des actes d'administration, etc.), et la possibilité de bénéficier de certains droits sociaux ;
- le statut de conjoint salarié suppose une participation effective, et un salaire horaire au moins égal au SMIC. L'existence du lien de subordination est présumée, et n'a pas à être démontrée. Ce statut ouvre alors droits aux avantages sociaux et fiscaux des salariés ;
- le statut de conjoint associé permet la constitution de société entre époux. Les apports peuvent être constitués de biens communs, ou du travail du conjoint dans les formes sociales permettant les apports en industrie.

Concernant le « partenaire pacsé », rien ne l'empêche, bien sûr, d'être salarié ou associé. Seul le statut de collaborateur ne lui est pas ouvert par la loi.

Si, dans les faits, le conjoint ou le partenaire co-exploite le commerce et s'immisce dans la gestion, il mérite la qualification de commerçant. Le choix d'un statut n'offre qu'une présomption simple. Le déclenchement d'une procédure collective pourra, par exemple, s'étendre à ses biens personnels.

Lectures

- Cass. com., 4 oct. 1994, *D.* 1995. 456, note Barabé-Bouchard V. ;
- Cass. soc., 6 nov. 2001, *JCP E & A* 2002, n° 13, p. 575 ;
- Castagné S., « Un mariage à trois : le commerçant, son conjoint, et le fonds de commerce », *JCP N* 2006, p. 1985.

Exercice

Questionnaire

Que pensez-vous des affirmations suivantes ?

1. L'inscription au registre du commerce est une condition pour être commerçant.

   ❑ vrai ❑ faux

2. Une personne qui n'est pas inscrite au registre du commerce peut tout de même bénéficier de la procédure collective si elle démontre qu'elle est commerçante.

   ❑ vrai ❑ faux

3. Un commerçant peut toujours utiliser sa comptabilité pour faire preuve d'un acte juridique.

   ❑ vrai ❑ faux

4. Le particulier qui effectue habituellement des opérations boursières importantes est commerçant.

   ❑ vrai ❑ faux

5. Une agence matrimoniale a un caractère commercial.

   ❑ vrai ❑ faux

6. Le viticulteur qui vend son vin accomplit un acte de commerce.

   ❑ vrai ❑ faux

7. L'élevage d'animaux en vue de la revente et dont l'engraissement s'effectue par des aliments achetés est une activité commerciale.

   ❑ vrai ❑ faux

Corrigé

1. FAUX

L'inscription au registre du commerce n'est pas une obligation pesant sur le commerçant. Les deux conditions requises pour bénéficier de la qualité de commerçant sont en effet les suivantes :

- accomplir des actes de commerce ;
- le faire à titre de profession habituelle. L'inscription au registre de commerce ne fait qu'engendrer une présomption de commercialité. Elle ne confère donc pas la qualité de commerçant. L'inscription n'est toutefois pas requise dans certains cas, notamment pour les auto-entrepreneurs.

2. FAUX

Une personne qui n'est pas inscrite au registre de commerce et des sociétés est présumée ne pas être commerçante. Seuls les tiers pourront apporter la preuve contraire ; ils ne le feront certainement pas pour faire échapper leur débiteur aux poursuites individuelles.

3. FAUX

Il convient de faire une distinction :

- à l'égard d'un autre commerçant, la preuve est libre. Peut donc être produite comme élément de preuve la comptabilité du commerçant. Les documents comptables font d'ailleurs preuve entre commerçants.
- à l'égard d'un non-commerçant, ce sont les règles civiles qui s'appliquent. Au-delà de 800 €, il lui faudra fournir un écrit, c'est-à-dire un acte authentique ou un acte sous seing privé. La production de sa comptabilité lui permet tout de même de déférer le serment à son adversaire.

4. VRAI

Il accomplit des actes de commerce : achat de titres dans l'intention de les revendre. Il les accomplit de manière habituelle et en tire (on le suppose) des revenus. Il est commerçant. Telle était du moins la conception de la jurisprudence qui tend aujourd'hui à considérer que la qualité de commerçant ne doit résulter que de l'accomplissement d'actes de commerce dans le cadre d'une profession supposant de « consacrer d'une façon principale et habituelle son activité à l'accomplissement d'une certaine tâche dans le dessein d'en tirer un profit ».

5. VRAI

Une agence matrimoniale est un intermédiaire prestataire de services qui effectue en conséquence une activité commerciale (cf. sur ce point : Cass. com., 3 avril 1984, *RTD civ.* 1985, p. 563).

6. FAUX

La vente du vin n'est pas précédée d'un achat. Ce n'est donc pas un acte de commerce.

7. VRAI

On considère en effet que les animaux sont engraissés en vue de la revente ce qui suppose l'achat de fourrages, ou d'aliments à un tiers. La revente est précédée d'un achat : c'est un acte de commerce (cf. sur cette solution : Cass. com., 23 mars 1981, *Bull. IV*, n° 153).

Chapitre II
Le fonds de commerce

Le commerçant possède un patrimoine mobilier, et plus précisément un fonds de commerce. Dans le langage courant, on songe par exemple aux annonces de ventes, on utilise l'appellation « fonds de commerce » pour désigner telle boutique de détail ou tel débit de boisson qui constitue bien pour son propriétaire un fonds de commerce. En revanche, si le commerce est l'œuvre de sociétés de grande taille (une multinationale du pétrole par exemple), nul ne songera à parler du fonds de commerce; toutefois, même dans ce cas, il existe un fonds de commerce.

La législation du fonds de commerce consiste pour l'essentiel en une loi du 17 mars 1909 (« la loi Corcelet », DP 1909.4.41) *qui a été insérée dans le Code de commerce et n'a guère été modifiée depuis sa promulgation. Elle ne contient pas de définition du fonds de commerce.*

Le fonds de commerce est un ensemble relativement abstrait, aussi est-il nécessaire de tenter dans un premier temps d'en cerner la notion (section I). Pour autant, le fonds de commerce n'a de raison d'être que dans le cadre d'une activité commerciale : nous étudierons dès lors dans un second temps les grandes étapes marquant la vie du fonds de commerce (section II).

Section I : La notion de fonds de commerce

Après avoir posé la définition du fonds de commerce (§ 1), nous détaillerons ses différents éléments (§ 2).

§ 1 : Définition du fonds de commerce

Le fonds de commerce peut se définir comme un ensemble d'éléments mobiliers corporels et incorporels, constitué en vue d'attirer une clientèle. Le fonds de commerce est un bien composite, dans le sens où il est constitué de plusieurs autres biens. Il est considéré comme un meuble, par fiction juridique (Lacoste-Mary V., Politis I., *Introduction au droit*, 2e éd., Ellipses 2009 p. 127).

Il permet essentiellement de retenir et de développer une clientèle attirée par le savoir-faire du commerçant, la qualité des marchandises vendues, l'emplacement de l'établissement, l'enseigne, etc. Ces divers éléments doivent présenter une certaine stabilité, une certaine unité. Il constitue une réalité distincte des éléments qui le composent. Le fonds de commerce est de ce fait cessible et transmissible.

Le fonds de commerce ne se confond pas avec l'entreprise commerciale dont il n'est qu'une composante, mais il en demeure l'expression juridique la plus proche.

On notera que même si dans le langage courant le « fonds de commerce » ou « le fonds » désigne souvent le local dans lequel l'activité est exercée, ce dernier n'en est qu'un élément.

Ainsi, si une entreprise répond à la définition juridique du fonds de commerce, des règles juridiques et fiscales impératives vont s'appliquer lors de la promesse de vente et de la vente. Ces règles sont destinées à protéger à la fois le vendeur, les créanciers du vendeur (les fournisseurs, le personnel, les organismes de sécurité sociale, le trésor public, etc.) tout comme l'acquéreur et son banquier.

§ 2 : Les éléments du fonds de commerce

Le fonds de commerce est une universalité juridique composée de divers éléments unis par une destination commune. L'article. L. 142-2 du Code de commerce propose une énumération non limitative des éléments composant le fonds de commerce. Ils sont divisés en deux catégories : les éléments incorporels « l'enseigne et le nom commercial, le droit au bail, la clientèle et l'achalandage [...] et généralement les droits de propriété industrielle, littéraire ou artistique qui y sont attachés » ; les éléments corporels à savoir « le mobilier commercial, le matériel ou l'outillage servant à l'exploitation du fonds et les marchandises ».

La valeur du fonds de commerce est un élément important de l'évaluation d'entreprise. Sa valeur est plus ou moins proportionnelle à l'importance de cette clientèle ; elle est souvent chiffrée en mois de chiffres d'affaires. Ce nombre est généralement lié au type d'activité, vu que les marges commerciales sont fonction de celle-ci.

Le fonds de commerce est ainsi composite voire hétérogène, il en résulte d'ailleurs une jurisprudence considérable. Toutefois, comme l'a souligné la cour d'appel de Paris, « il est de principe constant que le fonds de commerce n'est pas un patrimoine autonome, et ne comprend ni les dettes ni les créances du commerçant ; par voie de conséquence, les contrats en sont exclus ; il n'est d'exception que pour certains d'entre eux admis par la loi à savoir les contrats de travail, d'assurance, d'édition et de bail ; pour tous les autres, il appartient aux parties de prévoir leur inclusion, ce qui peut être fait, de manière expresse ou tacite, et dans les cas seulement où lesdits contrats n'ont pas été passés *intuitu personae* » (CA Paris, 19 juin 1991, *RTD com.* 1991, p. 566, obs. J. Derruppé).

Nous examinerons d'abord les éléments corporels (A) puis les éléments incorporels (B) du fonds de commerce.

●●● A. Les éléments corporels

La catégorie des biens corporels correspond à la notion, admise en droit commun, de bien qui peut être touché, « dont la matérialité s'appréhende par les sens ». En l'occurrence, il s'agit de tout ce qui peut être nécessaire à une exploitation industrielle et commerciale.

Le matériel, l'outillage : il s'agit de biens meubles permettant l'exploitation du fonds. On les retrouve dans le bilan annuel sous la rubrique « actif immobilisé ».

Les marchandises : il s'agit de matières premières ou de produits finis destinés à être vendus. Toutefois, le local, qui constitue souvent la composante la plus importante du fonds, ne peut jamais être inclus au titre de bien corporel. Soit le commerçant est propriétaire de ce local et il ne peut entrer dans le fonds en tant qu'immeuble ; soit il en est le locataire, et son titre de jouissance, à savoir le droit au bail (« le bail commercial »), est alors élément incorporel.

On notera que ces éléments corporels sont tout à fait marginaux dès lors que l'on est en présence d'une activité de services intellectuels.

●●● B. Les éléments incorporels

La valeur vénale du fonds de commerce est la valeur marchande des éléments incorporels du fonds : clientèle (1), droit au bail (2), enseignes et autres signes distinctifs (3), les marques de fabrique et autres droits de propriété industrielle (4). Enfin, d'autres éléments s'y ajoutent (5).

1. La clientèle

La jurisprudence tient la clientèle pour un élément essentiel du fonds commerce (Cass. req., 15 févr. 1937, *DP* 1938.1.13 ; Cass. com., 29 mai 1953, *JCP* 1953.II.7720 ; Cass. 3e civ., 28 févr. 1990, *Gaz. Pal.* 1990.2.414). Sans clientèle, il n'existe pas de fonds de commerce.

Il s'ensuit :

- qu'un fonds de commerce n'est véritablement créé que lorsque le commerçant a constitué une clientèle, que lorsque l'exploitation a commencé. Une clientèle virtuelle ne suffit pas ;
- que la cessation d'exploitation d'un fonds de commerce implique la disparition de la clientèle ;
- qu'en cas de vente du fonds de commerce, la clientèle est transférée à l'acquéreur. C'est donc un bien patrimonial à valeur pécuniaire ;
- que la clientèle doit être personnelle au titulaire du fonds de commerce. La clientèle d'un centre commercial n'est pas personnelle mais commune (il n'y a pas d'évaluation possible et donc pas de cession).

On peut également noter que la clientèle est la résultante des autres éléments du fonds : des personnes s'approvisionnent chez tel ou tel commerçant en raison de l'emplacement du local où est exploité le fonds, en raison de la marque, etc.

2. Le droit au bail du local commercial

Le commerçant, s'il n'est pas propriétaire des locaux où il exerce son activité, conclut un contrat de bail. Des règles dérogatoires au droit commun du bail ont été adoptées afin de protéger le commerçant, de lui garantir une stabilité nécessaire à l'exercice de son activité.

Dès la loi du 30 juin 1926, le commerçant a ainsi un droit au renouvellement du bail. C'est le décret du 30 septembre 1953, plusieurs fois modifié, et dorénavant codifié aux articles L. 1451 et suivants du Code de commerce, qui régit aujourd'hui les baux commerciaux.

On parle souvent de « propriété commerciale » pour désigner le bail commercial : le commerçant n'est que locataire, mais la stabilité conférée par le droit au renouvellement du bail est telle que la situation du commerçant est proche de celle d'un propriétaire.

a. Les conditions de l'existence d'un bail commercial

Pour bénéficier de ce régime dérogatoire au droit commun du bail, plusieurs conditions doivent être remplies :

- le contrat de bail doit avoir pour objet unique le louage de l'immeuble. Les dispositions relatives au bail commercial ne régiront donc pas les opérations de crédit-bail mêlant une opération de financement au contrat de louage ;
- il ne doit pas s'agir d'un bail de courte durée (le bail doit être d'au moins 2 ans) ;
- un fonds de commerce doit être exploité dans les locaux ;
- le locataire doit en application de l'article L. 145-1 du Code de commerce être immatriculé au registre du commerce et des sociétés, ou au répertoire des métiers pour les artisans, au jour du renouvellement du bail (sauf quelques exceptions, comme pour les établissements d'enseignement, les entreprises publiques, les sociétés coopératives, etc.) ;
- le commerçant doit être propriétaire du fonds de commerce, et notamment bénéficier d'une clientèle qui lui est propre. Le problème se pose particulièrement pour les commerçants exerçant leur activité dans un centre commercial : il faut alors faire la preuve de différents facteurs, tels que l'autonomie de gestion. Pour les commerçants franchisés, c'est-à-dire distribuant des produits d'une certaine marque, la Cour de cassation a reconnu l'existence d'une clientèle autonome, et dès lors, le bénéfice de ce statut (Cass. civ. 3, 27 mars 2002) ;
- enfin, il doit être loué un immeuble autre qu'un terrain nu (une construction mobile par exemple ne bénéficie donc pas des dispo-

sitions relatives au bail commercial, etc.) et qui permet l'exploitation du fonds.

Si ces conditions sont remplies, le régime des baux commerciaux s'appliquera et conférera au preneur (au locataire) des droits mais aussi des obligations.

b. Les droits du preneur

Le preneur va bénéficier d'un bail d'une durée minimale de 9 ans (art. L. 145-4 C. com.) ; il pourra cependant résilier le bail tous les 3 ans, (on parle de « bail 3-6-9 »).

À l'échéance du bail, le locataire a droit à son renouvellement. La spécificité du bail commercial tient au droit au renouvellement du bail : le bailleur qui refuserait le renouvellement doit le notifier au preneur au moins six mois avant l'échéance du bail, payer au preneur une indemnité d'éviction, qui correspond au préjudice subi par le commerçant. Ce préjudice peut être très important et correspondre à la valeur du fonds de commerce, augmenté des frais de réinstallation. Le preneur peut même rester dans les lieux tant que cette indemnité n'est pas versée. Le bailleur peut cependant éviter d'avoir à payer cette indemnité s'il invoque des motifs graves et légitimes (lorsque le preneur n'a pas respecté ses obligations), ou s'il exerce un droit de reprise pour reconstruire l'immeuble, ou pour y habiter.

Cette stabilité du bail a cependant un prix : l'entrée dans les locaux loués donne lieu au paiement de ce que l'on appelle un « pas-de-porte », versé au propriétaire ou à l'ancien locataire, en sus bien évidemment des loyers payés tout au long du bail. Cette somme peut être très importante.

Notons que le droit au renouvellement suppose que soient réunies les conditions suivantes :

- le bénéfice du droit au renouvellement est réservé au locataire propriétaire du fonds de commerce ;
- le locataire doit être de nationalité française. Le droit au renouvellement bénéficie aussi aux étrangers assimilés, ainsi qu'aux ressortissants de l'Union européenne, de l'EEE ou de pays ayant signé avec la France une convention internationale de réciprocité ;
- le fonds de commerce doit avoir été exploité de façon effective pendant au moins 3 ans. Le preneur peut céder librement le bail, comme élément de son fonds de commerce, sous réserve de l'accomplissement des formalités de l'article 1690 du Code civil

(notamment la signification de la cession au bailleur). Aucune clause ne saurait interdire la cession du bail en même temps que du fonds de commerce. En revanche, une procédure d'agrément du bailleur peut être prévue. En cas de refus, les tribunaux peuvent tout de même autoriser la cession si le bailleur n'a pas invoqué de justes motifs.

Enfin, le preneur peut sous-louer le local avec l'accord du bailleur.

La résiliation du bail peut également intervenir en application d'une clause résolutoire contenue dans le bail, à la condition de viser des obligations expressément comprises dans le contrat de bail (Cass. 3e civ., 15 septembre 2010, n° 09-10.339).

c. *Les obligations de preneur*

Le preneur doit respecter la destination des locaux. S'il peut exercer librement des activités connexes ou accessoires à celles prévues dans le contrat (on parle alors de déspécialisation partielle), il doit obtenir l'accord du bailleur ou, à défaut, une autorisation judiciaire pour changer d'activité (déspécialisation totale). Ainsi, un commerçant dans le prêt-à-porter peut librement étendre son activité dans la vente d'accessoires (foulards, cravates, etc.). En revanche, s'il souhaite ouvrir une cafétéria, il faudra l'accord du propriétaire des locaux.

Le preneur doit payer le loyer. En dehors des hypothèses de clauses d'indexation ou de loyer variable insérées dans le contrat de bail, le loyer peut être révisé tous les trois ans. Le loyer est en principe égal à la valeur locative, calculée à partir de différents critères énumérés à l'article L. 145-33 du Code de commerce : les caractéristiques du local (surface, etc.), la destination des lieux, les prix pratiqués dans le voisinage, les facteurs locaux de commercialité (prise en compte du quartier, de la ville, des facilités, etc.) et les obligations respectives des parties. Le loyer doit être fixé en principe à la valeur locative des locaux occupés. Cependant, l'évolution du loyer (majoration ou diminution) est généralement limitée à la variation de l'indice des loyers commerciaux (ILC) publié trimestriellement par l'INSEE. À ce titre, pour déterminer le nouveau loyer plafond, il convient de multiplier le loyer en cours par l'indice applicable au jour de la demande, et de diviser ce résultat par l'indice en vigueur au moment de la fixation de l'ancien loyer.

Toutefois, ce plafond ne s'applique pas dans certains cas. En effet, le propriétaire peut demander le déplafonnement du loyer à la valeur locative en démontrant une modification de facteurs locaux de commercialité (augmentation de la densité de population, nouvelles artères, etc.) ayant entraîné une variation de plus de 10 % de la valeur locative ou si le locataire a ajouté à l'activité prévue dans le bail une ou plusieurs activités (art. L. 145-38 C. com.). En cas de désaccord entre les parties sur le montant du loyer réclamé, son prix est fixé par le tribunal de grande instance du lieu de situation du local commercial.

Enfin, le preneur doit également, comme tout locataire, exploiter les locaux « en bon père de famille ».

Le tribunal de grande instance a une compétence exclusive pour les baux commerciaux à l'exception des contestations relatives à la fixation du prix du bail révisé ou renouvelé, pour les baux professionnels et pour les conventions d'occupation précaire en matière commerciale (art. R. 211-4 11° du Code de l'organisation judicaire). Le tribunal d'instance ne connaît que des actions relatives au contrat de louage d'immeuble à usage d'habitation (art. R. 221-38 du Code de l'organisation judiciaire).

3. Les signes distinctifs

Entrent dans cette catégorie, le nom commercial et l'enseigne. Ils ont pour objet d'attirer et de fidéliser la clientèle.

- Le nom commercial correspond au nom sous lequel le commerçant exerce le commerce, nom patronymique, prénom ou dénomination fantaisie.
- L'enseigne est une dénomination ou un emblème apposé sur un local pour individualiser le fonds de commerce qui y est exploité.

Le choix du nom commercial et de l'enseigne est libre. Ce choix ne doit cependant pas être la source d'une confusion avec un concurrent déjà établi. Le détournement ou le risque de détournement de clientèle provoquée par cette confusion justifie dès lors l'octroi de dommages-intérêts et la condamnation sous astreinte d'avoir à supprimer, modifier ou compléter le nom commercial ou l'enseigne choisi. Il existe, en effet, une action en concurrence déloyale qui n'est qu'une application de la théorie générale de la responsabilité civile pour faute. Pour que le nom commercial et l'enseigne soient ainsi protégés, il est nécessaire :

- que le titulaire justifie son droit sur la dénomination revendiquée, en la déposant auprès d'un organisme reconnu ;

- que l'antériorité de son usage soit avérée ;
- qu'il existe un risque de confusion.

4. Les droits de propriété industrielle

Les droits de propriété industrielle sont des droits incorporels qui confèrent à leur titulaire un monopole d'exploitation ou d'utilisation, sanctionné notamment par une action en contrefaçon.

Les marques, les brevets, les dessins et modèles font ainsi partie du fonds de commerce. Ils ont souvent une grande importance économique.

a. La marque

Il s'agit d'un signe susceptible de représentation graphique servant à distinguer les produits ou services d'une personne physique ou morale (art. L. 711-1 du Code de la propriété industrielle). La marque est un moyen d'identifier un produit, valorisé par la publicité. Les marques ont acquis aujourd'hui une valeur économique considérable.

Pour bénéficier d'une protection, plusieurs conditions doivent être remplies :

- le signe en question doit être susceptible de représentation graphique : il peut s'agir d'une dénomination (mots, sigles, noms patronymiques, etc.) de signes figuratifs (dessins, logos, etc.) ;
- il doit avoir un caractère distinctif : il doit permettre d'identifier le produit par rapport aux produits concurrents. Tel n'est pas le cas de la désignation du produit lui-même ou du nom désignant une de ces caractéristiques ;
- le signe envisagé doit être disponible : il ne doit pas faire l'objet d'une protection antérieure ;
- la marque ne doit pas être déceptive, c'est-à-dire de nature à tromper le public sur la nature, la provenance ou la qualité du produit ;
- la marque doit être conforme à l'ordre public et aux bonnes mœurs : certains signes ne peuvent être protégés en tant que marque car contraires à l'ordre public et aux bonnes mœurs, ou parce qu'ils représentent les armoiries, les drapeaux d'un État.

Pour protéger ce signe en tant que marque, il faut procéder à son enregistrement auprès de l'INPI (Institut national de la propriété industrielle). Une action en revendication est alors possible dans les

3 ans, si la marque porte atteinte aux droits d'un tiers, ou à une obligation légale ou conventionnelle.

La protection va alors être accordée pour 10 années à compter du dépôt de la demande, mais elle pourra être renouvelée indéfiniment (contrairement aux brevets...). La marque peut être protégée par une action en contrefaçon, voire par une action pénale en cas d'imitation frauduleuse : ainsi, la reproduction ou l'usage de la marque sans autorisation, de même que tout acte créant un risque de confusion dans l'esprit du public sont interdits. Les droits attachés à la marque seront transmissibles. Ces droits sont toutefois déchus en cas de défaut d'exploitation pendant 5 ans. Les droits sont aussi « épuisés » en cas de commercialisation d'un produit sur le territoire de l'Union européenne avec le consentement du titulaire de la marque. En revanche, il est toujours possible de s'opposer à l'importation de tout produit portant sa marque.

Il est aussi possible d'obtenir une protection dans l'ensemble de l'Union européenne, par dépôt d'une marque communautaire auprès de l'OHMI (Office de l'harmonisation du marché intérieur).

La marque peut acquérir une protection internationale au terme d'une procédure d'enregistrement menée auprès de l'OMPI (Organisation mondiale de la propriété intellectuelle).

Il suffit pour cela que l'État d'origine du déposant soit signataire soit de l'Arrangement de Madrid du 14 avril 1891 soit du protocole relatif à l'arrangement de Madrid du 27 juin 1989. Ces deux traités présentent toutefois certaines différences. Tout dépôt international doit être précédé pour les États partis à l'Arrangement, d'un enregistrement de la marque au niveau national, tandis que seul un dépôt national est requis pour les états membres du Protocole. La marque doit être déposée à l'OMPI par le biais d'un dépôt national régularisé auprès de l'Office compétent (l'INPI en France).

b. Les dessins et modèles

Le dessin peut être défini comme une combinaison de lignes, de couleurs sur une surface plane, alors que le modèle est une combinaison de formes déterminant le relief d'un objet. En application de l'article L. 511-1 du Code de la propriété intellectuelle peut être protégé à titre de dessin et modèle, l'apparence d'un produit ou une partie de produit caractérisé en particulier par ses lignes, ses contours, ses couleurs, sa forme, sa texture ou ses matériaux. Ces caractéristiques peuvent être celles du produit lui-même ou de son ornementation.

Pour bénéficier d'une protection :

- l'objet protégé peut être caractérisé par sa texture, sa matière, forme, couleurs, etc., mais il faut qu'une réalisation concrète soit possible : une idée abstraite ne peut être protégée ;
- constituer une œuvre nouvelle et originale, ainsi en est-il des formes des éléments de carrosserie d'une voiture, couleur et forme d'une bouteille ;
- seul peut être protégé le dessin ou modèle qui est nouveau et présente un caractère propre. Un dessin ou modèle est considéré comme nouveau si, à la date de dépôt de la demande d'enregistrement, aucun dessin ou modèle identique n'a été divulgué ;
- être conforme à l'ordre public et aux bonnes mœurs. Depuis 2001, la protection ne résulte plus du seul fait de la création, mais d'un enregistrement à l'INPI ou de l'OHMI. La protection est de 5 ans, prorogeable jusqu'à 25 ans maximum.

L'intérêt de procéder au dépôt d'un dessin ou modèle, réside tout d'abord dans le fait que cette démarche, non seulement permet à l'auteur de faire valoir sa titularité sur le modèle concerné, mais également de prendre date de la création vis-à-vis, notamment, des modèles ou dessins concurrents.

Par ailleurs, la protection d'un dessin ou modèle permet également au titulaire d'agir sur le terrain de la contrefaçon, de manière plus aisée que dans l'hypothèse où le titulaire ne dispose que de droit d'auteur sur un modèle, dont l'originalité peut en outre être contestée par le défendeur et fait l'objet d'une appréciation subjective.

La protection d'un modèle peut enfin avoir un rôle symbolique vis-à-vis de la concurrence, qui perçoit l'effort de protection des créations mené par l'auteur, et l'enjoindre à davantage de prudence dans la reproduction de modèles protégés.

Par ailleurs, toute création originale est protégée, du seul fait de sa création, par le droit d'auteur. Néanmoins, à des fins probatoires, il peut être utile de procéder à des « dépôts » de dessins créés auprès de l'INPI (enveloppe Soleau), d'un notaire ou d'un huissier. Cette démarche présente l'avantage de permettre à l'auteur, le cas échéant, dans l'hypothèse d'un contentieux, d'apporter des éléments de preuve de sa titularité et de la date de création.

c. *Les brevets d'invention*

Le brevet d'invention est un titre qui confère à son titulaire un monopole de l'exploitation de son invention.

La notion d'invention brevetable est définie de manière négative par le Code de la propriété intellectuelle qui ne définit pas ce qu'est une invention mais ce qui ne l'est pas (art. L. 611-10, L. 611-16, L. 611-19 Code de propriété industrielle).

Plusieurs conditions doivent être remplies pour breveter une invention :

- l'invention doit être nouvelle : ce peut être un nouveau procédé, ou une application nouvelle d'un produit connu ;
- elle doit être le résultat d'une activité inventive, c'est-à-dire qu'elle « ne découle pas d'une manière évidente de l'état de la technique » (art. L. 611-14 Code de propriété industrielle), ou d'un état de chose naturel : c'est là ce qui distingue l'invention de la découverte, laquelle n'est pas brevetable ;
- elle doit être susceptible d'application industrielle. En sont donc exclus les produits naturels, les théories scientifiques, les méthodes. Face à une découverte (par exemple un gène), seule l'application qui en est faite peut être qualifiée d'invention et donc brevetée (tels les procédés de fabrication d'organismes génétiquement modifiés) ;
- elle doit, enfin, être conforme à l'ordre public et aux bonnes mœurs (art. L. 611-17 Code de propriété industrielle).

Exemple : la Cour [d'appel] qui retient que les antériorités invoquées ne décrivaient pas la combinaison d'une douille d'un emploi simple et d'un élément de fixation permettant de supporter le poids d'un homme, que cette combinaison décrivait un moyen nouveau et ne découlait pas pour l'homme du métier du secteur considéré d'une manière évidente de l'état antérieur de la technique constituée par les brevets invoqués au titre de l'antériorité, a légalement justifié sa décision (Cass. com., 18 octobre 1994).

Des formalités de dépôt et d'enregistrement doivent être accomplies. La demande contient une description de l'invention, et des revendications sur l'étendue de la protection demandée.

Les formalités révèlent l'invention aux tiers : elles peuvent ainsi permettre aux concurrents de la connaître, de la comprendre et d'avancer dans leurs recherches, ce qui n'est pas toujours souhaitable. En contrepartie, le titulaire du brevet dispose d'un monopole d'exploitation durant vingt ans : c'est un droit exclusif, opposable à tous, permettant d'utiliser ou de disposer de l'invention. L'exploitation de l'invention peut aussi être une obligation.

Il existe aussi un Office européen des brevets, qui évite d'avoir à constituer un trop grand nombre de dossiers. Le brevet délivré équivaut à l'ensemble des brevets nationaux, chacun soumis aux différentes législations nationales. Par ailleurs, il sera possible de solliciter un brevet communautaire, qui produit alors le même effet dans tous les États membres.

5. Les autres éléments incorporels

Des autorisations, des licences, des agréments, des cartes professionnelles, etc., sont nécessaires pour la création ou pour l'exploitation de certains commerces.

Ainsi, les titulaires d'une « licence IV » peuvent exploiter un débit de boissons alcoolisées.

Il faut de même une autorisation administrative pour exploiter une pharmacie, un enregistrement pour les courtiers en assurances, etc.

Ces divers éléments permettent au commerçant d'exercer son activité.

Section II : La vie du fonds de commerce

Le maintien de l'unité du fonds de commerce et sa survie impliquent son exploitation. L'exploitation directe du fonds de commerce représente la vie ordinaire du fonds (§ 1). Mais ce fonds peut également, faire l'objet de différentes opérations, dont les plus courantes sont la vente (§ 2), le nantissement (§ 3), et le crédit-bail (§ 4).

Ces opérations supposent une évaluation du fonds de commerce.

Plusieurs méthodes d'évaluation coexistent : les plus courantes sont l'évaluation par le chiffre d'affaires et l'évaluation par les bénéfices :

- l'évaluation par le chiffre d'affaires qui est couramment utilisée par les experts et les tribunaux, consiste à dégager le chiffre d'affaires annuel moyen sur la base des trois dernières années d'exploitation et à lui appliquer un pourcentage variable en fonc-

tion de la nature du commerce considéré (généralement compris entre 40 et 100) ;
- l'évaluation par les bénéfices tient compte du bénéfice annuel moyen tel qu'il résulte des bénéfices comptabilisés dans les trois dernières années et à le multiplier par un coefficient déduit d'une observation objective du marché. Ce coefficient peut varier entre 1 et 8 selon la localisation et la nature du fonds de commerce à vendre. Néanmoins, il est quasiment toujours compris entre 3 et 5.

Hormis ces deux méthodes, il existe d'autres moyens pour dégager la valeur d'un fonds de commerce. L'évaluation peut, par exemple, être déterminée en fonction du loyer du local commercial, du prix au mètre carré ou de la redevance de gérance libre lorsque le fonds a été mis en location-gérance. Une autre technique réside dans la comparaison avec les prix pratiqués sur le marché pour la même catégorie de fonds.

§ I : L'exploitation du fonds de commerce

Trois hypothèses sont envisageables quant à l'exploitation du fonds de commerce soit le propriétaire du fonds peut l'exploiter lui-même, soit : il peut confier l'exploitation à un gérant (A), ou il peut louer le fonds de commerce à un tiers, qui l'exploitera. On parle alors de « location-gérance » ou gérance libre (B).

●●● A. L'exploitation par un gérant

Le gérant peut avoir le statut de salarié si trois conditions sont réunies :
- les marchandises sont fournies exclusivement par le propriétaire du fonds de commerce ;
- le local a été fourni, ou du moins agréé, par le propriétaire du fonds ;
- l'exercice de l'activité est soumis aux conditions et aux prix imposés par le propriétaire du fonds de commerce. Tout en dirigeant l'exploitation, le gérant est alors salarié et n'est dès lors pas responsable des dettes générées par l'activité (Cass. soc., 19 nov. 1959, *JCP* 1960.II.11397, note Bizière).

Le gérant peut également avoir le statut de mandataire : il agit au nom et pour le compte du propriétaire du fonds (le mandant), et rend compte périodiquement de sa gestion. L'article 2000 du Code civil prévoit ainsi que le mandant doit indemniser le mandataire des pertes essuyées à l'occasion de sa gestion, si toutefois il n'a pas commis d'imprudences.

●●● B. La location-gérance

Le contrat de location-gérance (appelée aussi « gérance libre ») est aux termes de l'article L. 144-1 du Code de commerce, un contrat « pour lequel le propriétaire ou l'exploitant d'un fonds de commerce ou d'un établissement artisanal en concède totalement ou partiellement la location à un gérant qui l'exploite à ses risques et périls ». Le bien loué est un fonds de commerce (bien meuble incorporel) et ne doit pas être confondu avec le bail commercial, qui est la location d'un immeuble à destination d'une activité commerciale.

Le contrat de location-gérance est pour le locataire-gérant un acte de commerce car il lui permet de devenir commerçant s'il ne l'était déjà : selon l'article L. 144-2 du Code de commerce le locataire-gérant a la qualité de commerçant. Cette situation correspond à une situation où le propriétaire du fonds de commerce n'a pas ou plus la possibilité (maladie, héritiers mineurs, etc.) ou la volonté d'exploiter lui-même le fonds : la location-gérance est un instrument de transmission d'entreprise.

1. Conditions

L'article L. 144-3 du Code de commerce prévoit que le loueur du fonds de commerce doit avoir exploité pendant deux années au moins le fonds, objet de la location-gérance. Il existe cependant quelques exceptions à ces règles (pour l'État, les établissements de crédit, les commerçants sous tutelle ou curatelle, les héritiers, etc.). Le loueur peut également solliciter une dispense au président du tribunal de grande instance en cas d'impossibilité d'exploiter lui-même le fonds (art. L. 144-4 C. com.).

Le contrat de location-gérance doit être publié dans les 15 jours dans un journal d'annonces légales. Une nouvelle publication a lieu à l'issue du contrat (art. R. 144-1 C. com).

Conclure un contrat de location-gérance sans respecter les conditions légales peut conduire à la nullité du contrat de location-gérance. Cette nullité peut être demandée par toute personne, y compris l'une des parties au contrat.

2. Conséquences de la gérance libre

Pendant toute la durée de la location-gérance, le fonds va être exploité par le locataire. Le propriétaire met donc le fonds à disposition, et ne peut faire de concurrence à son locataire. Celui-ci devra respecter la destination du fonds, et payer les redevances périodiques prévues au contrat. Son obligation principale est d'exploiter le fonds de commerce moyennant le versement d'un loyer, appelé souvent redevance (art. 1728 C. Civ.) ce loyer pouvant être indexé, il faut alors choisir un indice en relation avec le type d'activité.

Les redevances que le bailleur retire de la location de son fonds constituent des bénéfices industriels et commerciaux taxables dans les conditions de droit commun. La location d'un fonds de commerce constitue une prestation de services imposable à la TVA. La taxe est calculée sur le montant total des sommes auxquelles le bailleur peut prétendre en vertu du contrat. Le locataire-gérant est imposable, dans la catégorie des bénéfices industriels et commerciaux, sur le bénéfice net qu'il réalise, déterminé après déduction de la redevance due au bailleur

Le locataire est tenu de continuer les contrats de travail qui avaient été conclus par le propriétaire. Le locataire-gérant ne doit exploiter que le fonds donné en location et n'exerce pas d'activités distinctes, ce qui aurait pour conséquence de créer un second fonds de commerce et risquerait d'être en violation des clauses du bail des murs.

Quelle va être la situation des tiers durant la location-gérance? Les créanciers du loueur peuvent demander au tribunal de commerce de rendre immédiatement exigibles les dettes de leur débiteur, si toutefois la location-gérance met en péril leur recouvrement (art. L. 144-6 C. com.). Ils doivent pour cela agir dans les 3 mois à compter de la publication du contrat de gérance dans un journal d'annonces légales.

3. Fin de la location-gérance

La gérance peut prendre fin de différentes façons : le propriétaire peut reprendre son fonds pour l'exploiter à nouveau, il peut le louer à un autre locataire, le propriétaire mineur atteint l'âge de la majorité, le plus souvent la gérance cessera par le rachat du fonds par le locataire. Comme pour tout contrat, l'inexécution d'une des obligations de la location-gérance peut entraîner la résolution (ou résiliation) judiciaire du contrat ou l'application de la clause résolutoire de plein droit. Le contrat de location-gérance prend fin aussi à la suite de la disparition du fonds (Cass. com. 20-1-1960 : *JCP G* 1960.II.11774) ou en cas de décès du locataire-gérant, le contrat étant conclu intuitu personae (cf. Cass. com. 1-12-1969 : *Bull. civ.* IV. p. 331).

La fin de la location-gérance doit être publiée dans les quinze jours dans un journal d'annonces légales. Si elle entraîne la cessation d'activité du locataire-gérant, celui-ci ou, le cas échéant, ses héritiers, doit demander dans le délai d'un mois sa radiation du registre du commerce (art. R. 123-51 et R. 123-52 C. com).

À l'issue de la location, le locataire n'a pas de droit au renouvellement du contrat de location-gérance : il devra restituer le fonds, en principe sans aucune indemnité. À défaut, il peut être expulsé (Cass. com. 7-3-1989 : *BRDA* 7/89 p. 13) et condamné au paiement d'une indemnité (cf. Cass. com. 17-5-1966 : *Bull. civ.* III p. 227). En cas de faute, il répond aussi des dégradations et pertes subies.

La restitution doit porter sur tous les éléments qui composaient le fonds au moment de la conclusion de la location-gérance.

La fin de la location-gérance rend immédiatement exigibles les dettes afférentes à l'exploitation du fonds contractées par le gérant pendant la durée de la location (art. L. 144-9 C. com) sauf lorsque la fin de la location-gérance résulte de la levée d'option d'achat effectuée par le locataire qui a pris le fonds en location en vertu d'un contrat de crédit-bail (art. L. 144-13 C. com.).

§ 2 : La vente du fonds de commerce

Le fonds de commerce, meuble incorporel, peut faire l'objet d'un transfert de propriété. Ainsi, il peut être apporté à une société mais il peut aussi être vendu. Des règles particulières vont alors s'appliquer, régissant les conditions (A) et les effets (B) de cette vente.

●●● A. Les conditions de la vente du fonds de commerce

La vente du fonds de commerce est soumise non seulement au droit commun de la vente (cf. Steinlé-Feuerbach M.-F., *Droit des obligations*, préc.), mais aussi aux articles L. 141-1 et suivants du Code de commerce.

Cette réglementation tend à assurer trois protections :

- celle de l'acquéreur, en lui fournissant des renseignements lui permettant de se forger une opinion sur la valeur du fonds ;
- celle du vendeur non payé au comptant, par un privilège auquel est rattachée l'action résolutoire ;
- celle, enfin, des créanciers du vendeur, par les droits de faire opposition et surenchère. La vente d'un fonds de commerce est toujours un acte de commerce. La capacité commerciale des cocontractants est donc requise. Pour le reste, le droit commun trouve à s'appliquer : le consentement des parties doit exister, il doit être exempt de vices. De plus, si les parties sont libres de fixer à leur gré les éléments qui peuvent être vendus, elles ne peuvent exclure la clientèle et les éléments indispensables à son maintien.

La vente d'un fonds de commerce suppose, comme toute vente, un prix réel et sérieux. L'article L. 141-5 du Code de commerce dispose que des prix distincts sont établis pour les éléments incorporels du fonds, le matériel et les marchandises.

L'omission de ces mentions n'affecterait pas la validité de la vente, mais elle est nécessaire pour l'assiette du privilège de vendeur, également en matière de surenchère – cette dernière ne portant ni sur le matériel ni sur les marchandises. Cette précision est également nécessaire pour purger les inscriptions de sûretés sur le fonds et enfin, lors de la revente, pour satisfaire aux prescriptions de l'article L. 141-1 du Code de commerce.

L'acte de vente d'un fonds de commerce est par ailleurs soumis à un certain formalisme : des mentions doivent obligatoirement y figurer ; elles sont énoncées à l'article L. 141-1 du Code de commerce :

- le nom du précédent vendeur ;
- la date et la nature de son acte d'acquisition ;
- le prix d'acquisition pour les éléments incorporels, les marchandises et le matériel ;
- l'état des privilèges et nantissements grevant le fonds ;
- le chiffre d'affaires réalisé au cours des trois dernières années d'exploitation ou depuis son acquisition s'il n'a pas été exploité plus de trois ans ;
- les bénéfices commerciaux réalisés pendant le même temps ;
- le bail, sa date, sa durée, le nom et l'adresse du bailleur et du cédant. Si l'une de ces mentions a été omise, l'acquéreur du fonds pourra demander, dans l'année suivant l'acte la nullité de la vente.

Le juge appréciera alors si l'omission a vicié le consentement de l'acquéreur ou lui a causé un préjudice.

Par ailleurs, l'acquéreur peut, en vertu de l'article L. 141-2 du Code de commerce, consulter les livres de comptabilité tenus par le vendeur les trois années précédant la vente. Ils lui sont mis à disposition pendant trois ans à partir de son entrée en jouissance du fonds.

Enfin, la vente du fonds de commerce est soumise à publicité, selon l'article L. 141-12 du Code de commerce :

- dans un journal d'annonces légales de l'arrondissement ou du département dans lequel le fonds est exploité, dans les 15 jours suivant la date de l'acte. Seront indiqués la date de l'acte, les noms et adresses de l'ancien et du nouveau propriétaire, le prix stipulé ;
- dans le *Bulletin officiel des annonces civiles et commerciales* (*BODACC*) dans les 15 jours suivant la première publicité (dans le journal d'annonces légales). Cette publicité est effectuée à l'initiative de l'acheteur.

Tout paiement du prix serait inopposable aux tiers si ces formalités n'étaient pas remplies. Ces derniers peuvent aussi faire opposition au paiement du prix dans les dix jours suivant la publicité dans un journal d'annonces légales : le prix sera alors bloqué entre les mains de l'acquéreur à hauteur du montant des oppositions reçues. Les créanciers du cédant peuvent ainsi être désintéressés, c'est-à-dire recevoir leur créance.

Il faut noter que les créanciers, qui estiment le prix de vente du fonds de commerce insuffisant, peuvent faire une surenchère du sixième du prix dans les 20 jours suivant la publicité au *BODACC*. Une vente aux enchères aura lieu, dont le prix garanti sera celui stipulé dans l'acte de vente plus un sixième de ce prix.

Dans l'hypothèse de la transmission d'un patrimoine affecté d'une entreprise individuelle à responsabilité limitée (EIRL ; cf. *infra*), une publicité au *BODACC* est également imposée, dans un délai d'un mois (art. R. 526-3 C. com.). Le repreneur devient le nouveau débiteur de l'entreprise à l'égard des créanciers. Il y a donc maintien des garanties prises sur le patrimoine affecté. Les créanciers antérieurs à la publication de la déclaration de transfert ont la possibilité de former opposition à la transmission du patrimoine affecté. Cette opposition devra être formulée dans un délai d'un mois après la publication. Le juge peut rejeter l'opposition ou ordonner, soit le remboursement des créances, soit la constitution de garanties suffisantes. L'opposition ne peut être formée qu'au contrat non au prix.

B. Effets de la vente du fonds de commerce

La vente conduit à un transfert de propriété : chaque élément du fonds de commerce va donc être cédé. Les contrats ne seront cependant pas transmis, excepté le bail commercial, et les contrats de travail (art. L. 1224-2 du Code du travail).

Le vendeur est tenu de délivrer la chose vendue. Les modes de délivrance dépendent de chaque bien composant le fonds. Ainsi, la délivrance des marchandises et du matériel s'opère conformément aux dispositions de l'article 1606 du Code civil et selon l'article 1607 du Code civil, celle des éléments incorporels par remise des titres ou par l'usage que l'acquéreur en fait. Tel est le cas en particulier de la prise de possession de l'enseigne ou du nom commercial.

Il doit également, conformément au droit commun, garantir les vices cachés.

Le vendeur doit enfin une garantie d'éviction : il ne saurait faire concurrence à l'acquéreur pour capter sa clientèle et faire ainsi disparaître le fonds de commerce cédé.

L'acquéreur du fonds s'oblige à payer le prix convenu.

Le vendeur bénéficie à cet égard d'une certaine protection, via un privilège (un droit de préférence) sur le bien (1), et par l'action résolutoire que lui confère l'article 1654 du Code civil (2).

En dehors des garanties légales, le vendeur peut encore se protéger par des clauses conventionnelles. C'est ainsi que, fréquemment, il se fait consentir un nantissement sur le fonds de commerce vendu (v. § 3).

1. Le privilège du vendeur d'un fonds de commerce

L'article L. 141-5 du Code de commerce confère au vendeur un privilège, c'est-à-dire, selon l'article 2095 du Code civil, « un droit que la qualité de la créance donne à un créancier d'être préféré aux autres créanciers, même hypothécaires ».

Pour cela, l'acte de vente doit être réalisé par écrit (acte sous seing privé ou acte notarié) et être enregistré (ce qui lui confère date certaine, c'est-à-dire une date opposable aux tiers). Le privilège doit être inscrit au greffe du tribunal de commerce dans le ressort duquel le fonds est exploité. Des prix distincts sont établis pour les éléments incorporels du fonds, le matériel, et les marchandises.

Ce privilège va garantir au vendeur le paiement du prix en lui conférant un droit de préférence : il devra être payé par préférence à tout autre créancier sur le prix du fonds (objet d'une seconde vente), décomposé en 3 « masses » :

- les marchandises,
- le matériel,
- les éléments incorporels.

Ainsi, les paiements partiels vont d'abord s'imputer sur le prix des marchandises, puis sur le prix du matériel, et enfin sur le prix des éléments incorporels. Le privilège conduit également à l'établissement d'un droit de suite. Le fonds de commerce, même revendu, est toujours grevé du privilège qui est ainsi transmis à l'acquéreur du fonds. Néanmoins, une partie du prix de revente peut être affectée au vendeur bénéficiant du privilège.

2. L'action résolutoire du vendeur

Le vendeur peut demander la résolution de la vente pour défaut de paiement du prix. La vente est alors anéantie rétroactivement, et le fonds est restitué au vendeur. L'article 1654 du Code civil comme de la loi du 17 mars 1909 prévoit cependant certaines conditions pour exercer cette action :

- le privilège du vendeur doit avoir été inscrit, le vendeur se réservant la faculté d'exercer la résolution de la vente ;
- le privilège ne doit pas être éteint.

Les créanciers de l'acquéreur peuvent paralyser l'action en payant la dette de leur débiteur, afin d'éviter de voir disparaître leurs droits.

§ 3 : Le nantissement du fonds de commerce

Le nantissement du fonds de commerce est une sûreté originale (A) d'origine conventionnelle ou judiciaire (B).

●●● A. La notion de nantissement

Le nantissement du fonds de commerce est la convention par laquelle le propriétaire d'un fonds affecte celui-ci à titre de garantie au paiement d'une dette. Le nantissement est régi par les articles L. 142-1 et R. 143-1 et suivants du Code de commerce.

Le nantissement peut donc être rapproché de l'hypothèque, applicable aux immeubles, sans toutefois fournir le même niveau de garantie.

Le nantissement confère en effet au créancier un droit de préférence et un droit de suite. Mais la valeur d'un fonds de commerce reste souvent bien plus aléatoire que celle d'un immeuble.

●●● B. Les types de nantissement

On distingue deux types de nantissement : le nantissement conventionnel et le nantissement judiciaire.

1. Le nantissement conventionnel

Le nantissement conventionnel doit être formé par le propriétaire du fonds. Il porte obligatoirement sur les éléments incorporels, et éventuellement sur certains éléments corporels. Il ne peut jamais porter sur les marchandises, puisqu'elles sont destinées à être vendues. Le nantissement conventionnel doit faire l'objet d'un acte écrit et enregistré, et d'une inscription auprès du greffe du tribunal de commerce, et éventuellement à l'INPI s'il concerne des droits de propriété industrielle, dans les 15 jours de l'acte.

Le droit de suite confère alors au créancier le droit de faire vendre le fonds passé entre les mains d'un tiers. Le créancier peut également faire une surenchère du dixième du prix de vente, et provoquer ainsi une vente du fonds aux enchères publiques. Le droit de préférence permet au créancier bénéficiaire du nantissement d'être payé sur le prix de vente en priorité par rapport aux créanciers chirographaires, notamment dans le cadre d'une procédure collective. Le créancier a enfin le droit d'être informé de l'activité du débiteur, et notamment de tout événement affectant le fonds (déplacement du fonds, résiliation du bail, etc.).

2. Le nantissement judiciaire

Le juge peut ordonner le nantissement, sur demande de tout créancier qui « justifie de circonstances susceptibles de menacer le recouvrement de sa créance ». Cette mesure conservatoire permet une inscription provisoire. Il s'applique au fonds de commerce et garantit le créancier (banque, organisme de crédit, etc.) en cas de non-paiement des échéances du prêt. L'inscription provisoire est opérée par le dépôt au greffe du tribunal de commerce de deux bordereaux sur papier libre contenant les mentions suivantes : désignation du créancier et élection de domicile, désignation du débiteur, indication de l'autorisation ou du titre en vertu duquel l'inscription est requise, indication du capital de la créance et de ses accessoires.

Le nantissement produit les mêmes effets qu'un nantissement conventionnel. L'assiette ne pouvant être déterminée par les parties, elle comprend tous les éléments incorporels du fonds de commerce, le matériel et l'outillage.

Le créancier doit ensuite engager une procédure, pour pouvoir rendre son inscription définitive. Il pourra alors faire vendre le fonds et être privilégié par rapport à d'autres créanciers, pour récupérer sa créance.

§ 4 : Le crédit-bail

Le crédit-bail est un moyen de financement du fonds de commerce. Les opérateurs économiques ont recours au crédit-bail pour différentes raisons : certaines s'en servent pour préserver leurs liquidités ou leurs marges de crédit, tandis que d'autres n'ont probablement pas d'autre choix. Le crédit-bail est un instrument juridique complexe.

Le crédit-bail est une technique contractuelle par laquelle une entreprise (dite de crédit-bail) acquiert, sur la demande d'un client (crédit-preneur), la propriété de biens d'équipement mobiliers ou immobiliers à usage professionnel, en vue de les donner en location à ce dernier pour une durée déterminée et en contrepartie de redevances ou de loyers.

L'article L. 313-7 du Code monétaire et financier distingue deux formes de crédit-bail en fonction de la nature du bien sur lequel porte cet acte au crédit-bail de fonds de commerce enter dans la catégorie des crédits-bails mobiliers de biens d'équipement auquel s'appliquent des dispositions spécifiques.

Le crédit-bail peut porter sur les différents éléments du fonds de commerce. La conclusion d'un contrat de crédit-bail implique donc trois rapports contractuels, un contrat de vente entre le fournisseur du bien et l'entreprise de crédit-bail qui achète le bien choisi par le preneur, un contrat de location entre l'entreprise de crédit-bail et le preneur et une promesse de vente entre l'entreprise de crédit-bail et le preneur. Un établissement financier achète alors le fonds de commerce : le commerçant n'en sera propriétaire qu'à la fin du contrat de location, s'il exerce l'option d'achat. Si, à ce moment, le locataire n'achète pas le bien loué, il doit le restituer, selon les règles applicables à tout locataire de meubles. S'il l'achète, le prix convenu devra tenir compte, au moins pour partie, des versements effectués à titre de loyers.

Pendant la durée du contrat, le régime de la location-gérance trouve en principe à s'appliquer.

Au moment de l'option d'achat, il convient d'appliquer les règles relatives à la vente du fonds de commerce.

On notera que l'alinéa 3 de l'article L. 313-7 du Code monétaire et financier prohibe les opérations dites de « *lease back* » : la location ne peut pas être consentie à l'ancien propriétaire du fonds qui, selon la formule dite de crédit-bail adossé, l'aurait d'abord vendu au crédit-bailleur pour ensuite le lui louer avec une promesse de vente.

On notera enfin que le crédit-preneur ne peut pas aliéner la propriété de la chose. Toutefois, il peut céder son droit de jouissance. La plupart du temps, les contrats de crédit-bail limitent expressément cette faculté soit en lui interdisant la cession ou la sous-location, soit en soumettant ces actes à son autorisation.

En revanche, aux termes de l'article L. 313-8 du Code monétaire et financier le crédit-bailleur peut aliéner la chose, car il en est propriétaire, et l'acquéreur du bien est tenu des mêmes obligations que lui-même qui en reste le garant.

Exercice

Questionnaire

Que pensez-vous des affirmations suivantes ?

1. M. François exerce son activité commerciale dans son propre appartement. Peut-on dire que l'appartement est son fonds de commerce ?

   ❑ oui ❑ non

2. Un boucher vend son commerce très cher, grâce à son importante clientèle ; mais peut-il obliger sa clientèle à venir chez son successeur ?

   ❑ oui ❑ non

3. Lors de la vente d'une quincaillerie, il reste un stock de vis et de clous très important. L'acheteur doit-il les rendre au vendeur ?

   ❑ oui ❑ non

4. M. Bringue a trouvé un procédé de fabrication d'un organisme génétiquement modifié, à partir de l'utilisation d'un gène. Peut-il le breveter ?

   ❑ oui ❑ non

5. Mlle C. est très inquiète : pour sa boutique, elle loue un local. Le nouveau propriétaire lui a dit qu'il n'avait plus l'intention de lui faire de cadeau, et qu'elle pouvait s'attendre à ce que le loyer double l'an prochain. Est-ce possible ?

   ❑ oui ❑ non

6. Mme Robert, charcutière, en a assez, et voudrait ouvrir une boutique de prêt-à-porter dans son local. A-t-elle besoin d'une autorisation pour cela ?

   ❑ oui ❑ non

7. Mme Carlos, crémière, veut donner comme marque aux yaourts qu'elle fabrique le nom de « Yaourts biologiques ». Le peut-elle ?

❑ oui ❑ non

Corrigé

1. NON

Il ne faut pas confondre les murs (immeuble) et le fonds de commerce (meuble), constitué d'un ensemble d'éléments permettant l'exercice de l'activité commerciale.

2. NON

La clientèle est un élément important du fonds de commerce (et de sa valorisation), mais elle n'est, bien sûr, pas cessible.

3. NON

Les stocks et marchandises font partie du fonds de commerce : l'acheteur du fonds en est donc devenu propriétaire

4. OUI

Un gène n'est pas brevetable (c'est une découverte), mais l'utilisation qui en est faite l'est (c'est une invention).

5. NON

L'augmentation d'un loyer commercial ne peut excéder la variation de l'indice trimestriel du coût de la construction publié par l'INSEE, sauf démonstration de l'augmentation importante de la valeur locative du local. En tout état de cause, le doublement du loyer est extrêmement improbable.

6. OUI

Elle a besoin de l'autorisation de son bailleur, car il s'agit d'une despécialisation totale.

7. NON

La marque ne peut être confondue avec le nom générique du produit : elle doit être distinctive.

Chapitre III
L'activité commerciale

L'exercice du commerce est un art difficile et risqué. Pour l'encadrer, différents types de règles ont été mis en place. Ainsi, celles relatives à la concurrence (section I) et aux contrats commerciaux (section II), favorisent-elles, en principe, les bonnes pratiques commerciales. L'organisation administrative et professionnelle du commerce (section III) favorise la régulation de la profession. Celles relatives aux contentieux organisent le règlement des litiges (section IV).

Section I : Notions de droit de la concurrence

La vie des affaires repose sur le principe de la libre concurrence : l'exercice du commerce suppose que le commerçant soit confronté à d'autres agents économiques cherchant également à attirer ou retenir une clientèle.

La concurrence fait l'objet d'une réglementation aux objectifs variés. On distingue les dispositions adoptées :

- dans un souci de protection du consommateur, telle l'organisation de la publicité des prix, ou la prohibition de certains procédés de vente ;
- pour maintenir une concurrence loyale entre professionnels ;

- pour lutter contre des comportements qui risquent de fausser le jeu de la libre concurrence telles que les ententes, ou l'abus de position dominante.

Le droit de la concurrence est un droit très pragmatique, directement lié aux théories micro et macro-économiques de la concurrence.

Toutefois, la concurrence n'est plus une condition absolue de fonctionnement du marché, comme elle pouvait l'être dans les théories économiques classiques. Elle est plutôt conçue aujourd'hui comme un des outils permettant d'assurer le progrès économique. Dès lors, l'appréciation des comportements anticoncurrentiels est faite *in concreto*. Elle doit notamment prendre en compte le concept de « marché pertinent », défini comme celui où les produits sont interchangeables (en fonction de la nature des produits, de la zone géographique de distribution, de la clientèle desservie, etc.).

Quant aux sources du droit on notera la prégnance du droit et des méthodes d'analyse communautaires.

Le droit de la concurrence se présente comme complément fondamental à la construction des libertés « fondamentales » européennes, la libre circulation des biens des capitaux et des services.

Aussi, les textes français reprennent les concepts et normes issues des règlements communautaires et l'on note une convergence des méthodes d'analyse stimulée notamment par le réseau d'autorités de concurrence comprenant les autorités nationales et la Commission de l'Union européenne. En effet, le règlement du Conseil n° 1/2003 en date du 16 décembre 2002, entré en vigueur le 1er mai 2004, relatif à la mise en œuvre des règles de concurrence, définit un cadre d'application des articles relatifs à la concurrence du Traité européen. Il maintient l'existence parallèle des droits internes et du droit communautaire, mais renforce l'efficience du droit communautaire : d'une part, les décisions prises au niveau communautaire lient les autorités nationales ; d'autre part, les autorités communautaires sont seules habilitées pour contrôler certains comportements (opérations de concentration au niveau communautaire, etc.) ; enfin, la collaboration entre les autorités nationales et la Commission sont renforcées, de même que le principe de subsidiarité : sur ce point, la compétence des autorités nationales est renforcée.

Des institutions françaises et communautaire sont en charge de veiller au respect des institutions de concurrence (§ 1). Le droit français (§ 2) et le droit communautaire (§ 3) ne se recoupent toutefois pas totalement.

§ 1 : Les institutions de contrôle de la concurrence

Le rôle de contrôle de la concurrence revient en France à plusieurs organes (A) et au niveau européen à la Commission de l'Union européenne (B).

●●● A. Les autorités françaises de la concurrence

1. L'Autorité de la concurrence

Créée par la loi de modernisation de l'économie n° 2008-776 du 4 août 2008, l'Autorité de la concurrence succède au Conseil de la concurrence, qui avait été institué par l'ordonnance du 1er décembre 1986 codifiée en 2000 dans le livre IV du Code de commerce.

L'Autorité de la concurrence exerce, comme l'Autorité de la concurrence avant elle, une action répressive à l'encontre des pratiques anticoncurrentielles et intervient, de sa propre initiative ou à la demande de plaignants, dès que la concurrence est faussée sur un marché, quel que soit l'activité concernée ou le statut, privé ou public, des opérateurs. L'Autorité peut prononcer des mesures d'urgence, des injonctions, des sanctions pécuniaires et accepter des engagements. Elle n'a en revanche pas vocation à réprimer les pratiques commerciales déloyales, qui relèvent de la compétence du juge judiciaire. Elle n'intervient pas non plus dans les litiges entre parties, qui relèvent de la compétence du juge des contrats.

Elle assure par ailleurs le contrôle préalable des opérations de concentration. L'Autorité de la concurrence est la première autorité indépendante française à être dotée de cette compétence, auparavant exercée par le ministre chargé de l'économie.

Les entreprises doivent désormais lui notifier leurs opérations de fusion-acquisition. En vertu de l'article L. 430-5 du Code de commerce, à l'issue d'une phase d'examen rapide, l'Autorité de la concurrence peut, soit constater que l'opération notifiée ne constitue pas une opération contrôlable, soit autoriser l'opération, avec prise d'engagements par les parties, soit encore, si elle estime qu'il subsiste un doute sérieux d'atteinte à la concurrence, engager un examen approfondi dans les conditions prévues à l'article L. 430-6 du Code de commerce. Durant la phase d'examen approfondi, l'Autorité apprécie si l'opération apporte au progrès économique une contribution suffisante pour compenser les atteintes qu'elle porte à la concurrence. La décision d'autorisation peut également comporter des remèdes comportementaux ou structurels souscrits par les entreprises.

L'article L. 430-7-1 du Code de commerce donne au ministre la faculté d'évoquer l'affaire, une fois que l'Autorité a pris sa décision finale, et de statuer sur les aspects non concurrentiels de l'opération lorsque celle-ci revêt un caractère stratégique. Il peut, par exemple, prendre une décision motivée par des raisons d'intérêt général telles que le développement industriel ou le maintien de l'emploi.

L'Autorité joue enfin un rôle consultatif, en rendant des avis de sa propre initiative ou à la demande de personnes morales représentant des intérêts collectifs : Gouvernement, Parlement, collectivités locales, organisations professionnelles ou de consommateurs. Ces avis peuvent porter sur toute question de concurrence et peuvent être assortis de recommandations visant à l'amélioration du fonctionnement concurrentiel des marchés.

L'Autorité intervient dans le cadre d'une législation tant nationale (livre IV du Code de commerce) que communautaire (articles 101 et 102 TFUE).

2. La DGCCRF

La direction générale de la concurrence, de la consommation et de la répression des fraudes du ministère en charge de l'Économie, grâce à la répartition territoriale de ses enquêteurs, continue d'apporter sa contribution à la détection des pratiques anticoncurrentielles.

Il y a coopération entre l'Autorité de la concurrence et la DGCCRF (article L. 450-5 du Code de commerce) :

- l'Autorité est informée avant leur déclenchement des investigations que la DGCCRF envisage de mener pour rapporter les preuves d'une pratique anticoncurrentielle et peut en prendre la direction ;
- l'Autorité de la concurrence est obligatoirement informée des résultats des investigations menées par la DGCCRF et peut s'en saisir.

La DGCCRF a un pouvoir d'injonction et de transaction pour régler les pratiques anticoncurrentielles de portée locale (article L. 464-9 Code de commerce).

La loi du 13 décembre 2011 procède à une extension des pouvoirs de règlement transactionnel de la direction générale de la concurrence, de la consommation et de la répression des fraudes (DGCCRF). En matière pénale, les agents de la DGCCRF disposent d'ores et déjà de la possibilité de recourir à ce procédé pour toutes les contraventions prévues par le Code de la consommation, cette faculté est étendue aux délits qui ne sont pas punis d'une peine d'emprisonnement prévus aux seuls livres Ier et III du Code de la consommation (C. consom., art. L. 141-2 mod.). *A contrario*, l'extension ne concerne aucunement les délits non punis d'emprisonnement prévus par le livre II, c'est-à-dire ceux qui touchent à la conformité et à la sécurité des produits et des services, notamment en raison de l'impact potentiel de ces délits sur l'intégrité corporelle ou la santé des consommateurs.

Les agents de la DGCCRF disposent également d'un pouvoir transactionnel en matière pénale sur le fondement de l'article L. 470-4-1 du Code de commerce, pour les délits non punis d'emprisonnement prévus au titre IV du livre IV du même code, ainsi que pour toutes les infractions figurant dans ce livre IV (pratiques de prix illicites, opérations promotionnelles sur des produits alimentaires périssables, ventes sauvages, notamment). La loi nouvelle élargit ce champ d'application du règlement transactionnel aux infractions en matière de liquidations, de ventes au déballage, de soldes et de ventes en magasins d'usine (C. com., art. L. 310-6-1 nouv.).

La DGCCRF surveille également le jeu de la concurrence dans tous les domaines de la commande publique : marchés publics, délégations de service public, contrats de partenariat. Elle contribue à l'activité contentieuse du Réseau européen de la concurrence. Elle accompagne l'ouverture des marchés de l'électricité, du gaz et des transports aux particuliers.

3. La Commission d'examen des pratiques commerciales

Une Commission d'examen des pratiques commerciales (CEPC), composée de parlementaires, de magistrats, et de professionnels (art. L. 440-1 C. com.) est chargée de mettre en œuvre ce principe. Celle-ci rend avis et recommandations, au sujet notamment des documents commerciaux ou publicitaires. Elle a un rôle d'observatoire régulier, et rend à ce titre un rapport annuel d'activité au Gouvernement et aux assemblées parlementaires. Elle peut entendre les personnes et fonctionnaires qu'elle juge utile à l'accomplissement de sa mission.

Son président peut demander qu'une enquête soit effectuée par les agents habilités au titre de l'article L. 450-1 du Code de commerce (agents et rapporteurs devant l'Autorité de la concurrence) ainsi que ceux habilités au titre de l'article L. 215-1 du Code de la consommation. Les membres de la commission sont tenus au secret professionnel.

Sa saisine est des plus larges, seules les saisines anonymes, directes ou par l'intermédiaire d'un avocat, ne sont pas recevables. Ainsi, Elle peut être saisie par le ministre chargé du commerce, le ministre chargé de la consommation, le ministre chargé du secteur économique concerné, le président de l'Autorité de la concurrence, les entreprises, les organisations professionnelles ou syndicales, les associations des consommateurs agréées, les chambres de commerce, des métiers ou d'agriculture. En outre, la Commission peut se saisir elle-même.

Les juridictions spécialisées en matière de pratiques restrictives de concurrence peuvent consulter la CEPC sur les pratiques relevant de sa compétence à l'occasion de l'examen des affaires dont elles seront saisies. La commission fait connaître son avis dans un délai de quatre mois. S'il ne lie pas la juridiction, celle-ci doit surseoir à toute décision au fond jusqu'à réception de l'avis.

●●● B. La Commission de l'Union européenne : autorité internationale régionale de la concurrence

Les règles communes, qui sont nécessaires pour préserver des conditions de concurrence équitables pour toutes les entreprises dans le marché unique, peuvent aller à l'encontre des intérêts nationaux, d'où le besoin d'un arbitre neutre et intègre, placé au-dessus de la mêlée des intérêts nationaux. Ce rôle est attribué par le Traité sur le fonctionnement de l'Union européenne à la Commission de l'Union européenne. C'est un des rares domaines où la Commission a un pouvoir supranational autonome et, outre son rôle d'initiative, elle a la fonction de prise des décisions principales.

§ 2 : Notions de droit français de la concurrence

Le droit français s'efforce de faire respecter une concurrence loyale (A) et transparente (B). Il sanctionne les comportements affectant la concurrence sur un marché donné, telles que les pratiques anticoncurrentielles (C) ou les concentrations (D).

●●● A. L'OBLIGATION DE CONCURRENCE LOYALE

Les commerçants ne doivent pas employer des procédés déloyaux pour se concurrencer. Aucun texte particulier ne prévoit ce principe, et la jurisprudence, pour sanctionner de tels procédés, a recours aux règles de la responsabilité civile.

1. Les cas de concurrence déloyale

L'article L. 120-1 du Code de la consommation prévoit que « les pratiques commerciales déloyales sont interdites ». Par ailleurs l'article L. 121-1 dudit code prévoit qu'« une pratique commerciale est trompeuse lorsqu'elle crée une confusion avec un autre bien ou service, une marque, un nom commercial, ou un autre signe distinctif d'un concurrent; lorsqu'elle repose sur des allégations, indications ou présentations fausses ou de nature à induire en erreur. »

Les articles 1382 et 1383 du Code civil, relatifs à la responsabilité civile délictuelle, sont à la base du droit de la concurrence (Cass. com., 29 mai 1967, *Bull. III*, n° 209). Le commerçant qui prétend être victime de concurrence déloyale devra donc prouver de la part de son adversaire : une faute, un dommage et un lien de causalité entre ces deux éléments.

a. La faute

L'étude de la jurisprudence fait ressortir trois situations différentes dans lesquelles la déloyauté a été retenue : le dénigrement, la confusion et la désorganisation.

Le *dénigrement* consiste à jeter le discrédit sur un concurrent ou ses produits. Il s'agit d'une information malveillante diffusée en public portant sur un produit ou un concurrent déterminé. Le dénigrement peut être dirigé soit contre la personne du concurrent, soit contre l'entreprise concurrente, soit encore sur ses produits ou services, les prix pratiqués par le concurrent ou les méthodes employées par celle-ci, et le discrédit jeté sur le concurrent peut être direct ou indirect.

Le dénigrement est sanctionné en justice sur le fondement de l'action en concurrence déloyale en vertu de l'article 1382 du Code civil. La sanction du dénigrement est la mise en jeu de la responsabilité civile de son auteur, qui suppose la preuve d'un préjudice, d'une faute et d'un lien de causalité, pour obtenir le versement de dommages et intérêts. Le juge pourra en outre ordonner la cessation du trouble, ou encore ordonner la publication de la décision de condamnation pour concurrence déloyale. Le dénigrement peut, dans certains cas, constituer le délit de diffamation réprimé par les articles 29 et suivants de la loi du 29 juillet 1881 sur la liberté de la presse, ou encore le délit d'injure.

On remarque que la loi du 18 janvier 1992 a autorisé la publicité comparative, mais exclusivement à certaines conditions énoncées à l'article L. 121-8 du Code de la consommation : la comparaison doit être objective et porter sur les caractéristiques essentielles, pertinentes et véritables des biens de même nature disponibles sur le marché. Les concurrents doivent de plus, informer avant toute diffusion du contenu de l'annonce, afin de pouvoir obtenir l'annulation de la campagne publicitaire si les allégations n'étaient pas justifiées.

La *confusion* consiste à tenter de profiter de la bonne renommée d'un commerçant en faisant croire à la clientèle qu'il s'agit de la même entreprise. La confusion peut porter sur des produits imités, sur le nom commercial, sur la marque, sur la disposition des locaux. La Cour de cassation a précisé récemment que « l'emploi d'un signe identique ou similaire à [une marque] engage la responsabilité civile de son auteur s'il est de nature à porter préjudice [...] ou s'il constitue une exploitation injustifiée de cette marque ». L'article L. 713-5 du Code de la propriété intellectuelle ne permet ainsi de faire sanctionner que l'emploi par un tiers d'un signe identique à la marque jouissant d'une renommée, et non l'utilisation d'un signe voisin par sa forme ou les évocations qu'il suscite (Cass. com., 12 juil. 2005, SA Cartier C. SARL Oxypas, *JCP G* 2005, art. 452).

La « concurrence parasitaire » est-elle un cas de concurrence déloyale? Elle consiste par exemple à utiliser un nom connu, mais pour fabriquer ou vendre des produits tout à fait différents ne visant pas la même clientèle ; la jurisprudence, non sans hésitation, a estimé que ce comportement méritait d'être sanctionné pour la seule atteinte à la notoriété, même en l'absence de détournement de clientèle (Cass. com., 30 jan. 1996, *Bull. civ. IV*, n° 32). Ainsi, même sans viser de confusion dans l'esprit du public, le fait même de tirer profit de la notoriété d'un concurrent peut être condamné (art. L. 713-5 du Code de la propriété intellectuelle) : le préjudice consiste alors dans le trouble commercial, qui peut même être futur. Ainsi, un fabricant de parfum notoirement connu a lancé un nouveau parfum de luxe en adoptant le nom « *Champagne* », vin protégé par une appellation d'origine contrôlée qui bénéficie d'une exceptionnelle notoriété en France et à l'étranger. La présentation de la bouteille de parfum, notamment le bouchon, rappelaient par ailleurs les caractéristiques des bouteilles de ce vin. Enfin, la publicité et les arguments de vente de ce nouveau parfum utilisaient les arguments professionnels, l'image et les sensations gustatives de joie et de fête que ce vin évoque. Les juges du fond, pour condamner le fabricant de parfum pour agissements parasitaires, ont retenu que « le fabricant de parfum a voulu créer un effet attractif emprunté au prestige de l'appellation litigieuse et a, par un procédé constitutif d'agissements parasitaires, détourné la notoriété dont seuls les producteurs et négociants en champagne peuvent se prévaloir pour commercialiser le vin ayant droit à cette appellation » (cour d'appel de Paris, 1re chambre A., 15 décembre 1993).

La *désorganisation* consiste à essayer de désorganiser une entreprise rivale par différents moyens, dont les principaux sont :

- l'espionnage industriel ;
- le débauchage de personnel en vue de détourner la clientèle ;
- le détournement de commandes ou importations parallèles.

Il a ainsi été jugé que la mise à disposition par d'anciens salariés d'une société des secrets de fabrique ou du savoir-faire particulier de cette dernière, au profit de la nouvelle société dans laquelle ils travaillent, constitue un acte de concurrence déloyale par désorganisation dès lors qu'elle permet de capter la clientèle du titulaire des secrets de fabrique ou du savoir-faire (Cass. com., 13 février 1990, n° 88-13.828).

b. Le dommage

Le préjudice subi peut être simplement moral (atteinte à la réputation d'une marque, d'une enseigne, etc.). Il consiste principalement en la perte de la clientèle, supposant dès lors une clientèle commune.

c. Le lien de causalité

Le dommage doit être né de la faute : c'est l'acte de déloyauté qui doit être à l'origine de la perte de la clientèle.

2. Les sanctions

L'action doit alors être exercée par le professionnel victime de la concurrence déloyale, devant le tribunal de commerce (ou devant le conseil des prud'hommes s'il s'agit du débauchage de salariés), dans les 10 ans suivant l'acte déloyal.

Dommages-intérêts	Ils sont assez difficiles à évaluer; les tribunaux se contentent généralement d'un préjudice vraisemblable.
Mesures propres à faire cesser la concurrence déloyale	Le tribunal ordonnera les mesures appropriées; modification du nom, des lieux; interdiction d'une publicité. Ces condamnations sont souvent faites sous astreinte. Afin que ces condamnations n'interviennent pas tardivement, il est opportun de saisir le juge des référés.
Mesures et publicité	Les juridictions ordonnent souvent la publication par voie de presse et de la décision intervenue, aux frais de l'auteur de la concurrence déloyale.

3. Les clauses de non-concurrence

Les commerçants peuvent délimiter par contrat la concurrence qu'ils craignent d'avoir à subir. Plusieurs types de contrat sont susceptibles de contenir des clauses de non-concurrence :

- dans un contrat de vente d'un fonds de commerce elle prendra la forme d'une clause de non-rétablissement du vendeur, visant à empêcher le vendeur du fonds de détourner la clientèle de son ancien fonds de commerce ;
- dans un contrat de bail commercial, la clause de non-concurrence consistera à ce que le propriétaire s'engage à ne pas louer un local dans le même immeuble à un concurrent.

La jurisprudence a tranché le conflit opposant la liberté économique individuelle qui condamne ces entraves et la liberté contractuelle qui les justifie, en faveur de cette dernière. Elle a considéré, en effet, que ces dispositions limitant la concurrence répondaient à un intérêt légitime dans la mesure où elles cherchaient à sauvegarder la clientèle de ceux au profit desquels elles étaient stipulées.

Aux termes d'une jurisprudence constante, une clause de non-concurrence « n'est compatible avec le principe général de la liberté du commerce et de l'industrie et avec le droit de la concurrence que dans la mesure où cette liberté n'est pas supprimée, mais seulement restreinte » (Cons. conc., déc. n° 93-D-11, 4 mai 1993, Société Quantel et Continum, *BOCCRF* 1er juill., p. 180, *Recueil Lamy*, n° 531, obs. V. S.)

Aussi, les clauses de non-concurrence ne sont admises que si elles sont limitées :

- dans leur objet : elles ne peuvent pas interdire toute activité professionnelle, mais seulement celle qui entraînerait un préjudice pour le bénéficiaire de la clause ;

- dans l'espace : le périmètre est très variable ; selon l'activité à protéger, ce peut être la rue, le quartier, la ville ou un autre champ géographique plus vaste ;
- dans le temps : l'interdiction ne saurait être perpétuelle. Il faut cependant noter que ces conditions de validité des clauses peuvent être cumulatives ou non, selon le contrat dans lequel elles sont insérées : elles doivent être limitées dans le temps et dans l'espace dans un contrat de travail, dans le temps ou dans l'espace dans un contrat de vente ou de location de fonds de commerce.

On notera que toute clause de non-concurrence figurant dans un contrat de travail doit :

- être conforme aux intérêts légitimes de l'entreprise : la clause et sa portée doivent être proportionnées au but poursuivi par l'entreprise ;
- faire l'objet d'une contrepartie financière : conformément à la théorie générale des contrats, l'obligation de l'un trouve sa source dans l'obligation de l'autre partie (Cass. soc. 10 juil. 2002, *RJS* 2002, p. 840, n° 1119).

Peuvent être concernés par les clauses de non-concurrence le bénéficiaire et ses ayants droit (acheteur, héritier), le débiteur, mais aussi ses ayants cause ayant été en rapport avec la clientèle (conjoint, enfants, etc.) ainsi que toute personne interposée qui agirait pour le compte du débiteur.

●●● B. Le principe de transparence dans la concurrence

L'ordonnance du 1er décembre 1986 a affirmé le principe de transparence dans les relations d'affaires, afin d'assurer l'égalité des acteurs de la vie économique. Elle marque une rupture par rapport à la culture du secret des affaires. Le principe de transparence trouve à s'appliquer tant au niveau de la pratique tarifaire (1) qu'au niveau de la facturation (2).

1. La transparence tarifaire

Le principe de la transparence tarifaire entre professionnels est affirmé par l'article L. 441-6 du Code de commerce, selon lequel « tout producteur, grossiste ou importateur est tenu de communiquer à tout revendeur qui en fait la demande son barème de prix et ses conditions de vente. Celles-ci comprennent les conditions de règlement et le cas échéant, les rabais et ristournes ». L'objectif de ce texte est de parvenir à un équilibre dans les relations entre producteurs et distributeurs. Les résultats ont cependant été relativement décevants. Certes l'écrit est encouragé, mais il empêche en rien les différenciations tarifaires, tant qu'elles respectent le principe de non-discrimination.

Le principe de transparence tarifaire est complété, pour les relations entre professionnel et consommateur, par les articles L. 113-3 du Code de la consommation et L. 441-1 du Code de commerce, disposant que « tout vendeur de produit ou tout prestataire de services doit, par voie de marquage, d'étiquetage, d'affichage ou par tout autre procédé approprié, informer le consommateur sur les prix, les limitations éventuelles de la responsabilité contractuelle et les conditions particulières de la vente, selon des modalités fixées par arrêtés du ministre chargé de l'économie, après consultation du Conseil national de la consommation ».

2. La transparence dans la facturation

L'article L. 441-3 du Code de commerce prévoit : « tout achat de produits ou toute prestation de service pour une activité professionnelle doivent faire l'objet d'une facturation ».

Diverses mentions doivent y figurer :

- le nom des parties, leur adresse ;
- la date de la vente ou de la prestation de service ;
- la date du règlement, les escomptes éventuels, et le taux des pénalités ;
- la quantité ;
- la dénomination précise ;
- le prix unitaire hors TVA (taxe sur la valeur ajoutée) ;
- les rabais, remise ou ristournes.

Dans ses formulations successives, la législation sur les pratiques restrictives a fait de la facture un instrument essentiel de contrôle et de transparence des transactions commerciales. Ainsi un jugement (TGI de Montluçon, 6 juillet 2005) a-t-il relevé que l'irrégularité de certaines factures méritait sanction, faute par elles d'assurer comme il convenait « la transparence attendue d'accords négociés ». Une autre décision a réaffirmé également la vocation de la facture à être utilisée comme instrument de contrôle de la matérialité de la prestation. Ainsi, « la simple lecture de la facture doit permettre à celui qui l'acquitte de savoir en quoi, quel jour, à quel endroit et selon quelles modalités spécifiques, le cocontractant a rempli ses obligations contractuelles » (TGI de Chartres, 6 avril 2005).

Ces dispositions sont sanctionnées par une amende pouvant aller jusqu'à 75000 € ou 50 % de la somme facturée (art. L. 441-4 C. com.), et les personnes morales sont pénalement responsables (art. L. 441-5 C. com.). L'article L. 441-6 du Code de commerce instaurait un délai de paiement de 30 jours, suivant la date de réception des marchandises ou d'exécution de la prestation demandée sauf en cas de dispositions contraires figurant aux conditions de vente ou convenues entre les parties.

Des délais spéciaux existent pour les produits alimentaires périssables, les alcools et certains secteurs du transport (30 jours) et le bétail sur pied (20 jours).

Ces textes commerciaux sont renforcés et sanctionnés par des textes pénaux en cas d'irrégularité dans la facturation (article 13 du décret d'application de la loi 2001-420 du 15 mai 2001 et article 121-2 du Code pénal) pour les personnes physiques et morales.

●●● C. Les pratiques anti-concurrentielles prohibées

Le cadre réglementaire relatif aux pratiques anti-concurrentielles vise trois objectifs qui se complètent : la protection des consommateurs, la protection de la concurrence, et la régulation des marchés.

Aux termes de l'article L. 410-1 du Code de commerce, les règles du titre II, relatives aux pratiques anticoncurrentielles, s'appliquent à toutes les activités de production, de distribution et de services, y compris celles qui sont le fait de personnes publiques, notamment dans le cadre de délégations de service public.

1. Les pratiques individuelles

a. Le para-commercialisme (ou « para-commercialité »)

Le Code de commerce condamne certaines pratiques. Ainsi, sont expressément visées :

- les ventes et prestations de services sur le domaine public par des non-commerçants (cette pratique est communément appelée vente « à la sauvette ») (art. L. 442-8 C. com.) ;
- les ventes et prestations de service réalisées par des organismes bénéficiant de privilèges sociaux ou fiscaux comme par exemple

les associations, les coopératives d'entreprises ou d'administrations (art. L. 442-7 C. com.) ;

La vente, contrat essentiel pour les commerçants, est réglementée. Notamment sont interdites et sanctionnées pénalement : la revente à perte (art. L. 442-2 C. com.), la pratique d'un prix minimum imposé par le fabricant (art. L. 442-5 C. com.), la vente avec primes (art. L. 442-1 C. com. et L. 12135 C. cons.), le refus de vente ou de prestations de service opposé à un consommateur (art. L. 442-6 C. com.).

b. Les pratiques discriminatoires

« La discrimination est le fait pour une entreprise de pratiquer ou d'obtenir à l'égard d'un partenaire économique des prix, des délais de paiement, des conditions de vente, ou d'achat différents, sans justification par des contreparties réelles, de ceux négociés avec des concurrents du partenaire, créant de ce fait un désavantage ou un avantage dans la concurrence pour ce dernier ». (Com., 29 janvier 2008, Bull. 2008, IV, n° 20) reprend les termes du 1° du I de l'article L. 442-6 du Code de commerce, dans sa rédaction antérieure à la loi du 4 août 2008, et telle qu'elle résultait de l'article 36 de l'ordonnance du 1er décembre 1986.

Par cette définition, la chambre commerciale rappelle en termes explicites qu'il en va des rapports économiques comme dans bien d'autres domaines : n'est pas discriminatoire le seul fait de traiter deux ou plusieurs partenaires de façon différente. Ce n'est que si ces différences ne sont pas justifiées par la situation particulière de chacun ou par des contreparties qu'elles deviennent discriminatoires et, partant, fautives.

Interdite en soi par le 1° du I de l'article L. 442-6 du Code de commerce, aujourd'hui abrogé, la discrimination fait l'objet d'autres incriminations du droit économique. Elle constitue aussi une pratique prohibée si elle est mise en œuvre dans le cadre d'une entente ou si elle constitue un abus de position dominante (article L. 420-1 et L. 420-2 du Code de commerce) ; elle peut aussi être constitutive d'un acte de concurrence déloyale et, à ce titre, engager la responsabilité de son auteur au titre de l'article 1382 du Code civil. Une même pratique peut d'ailleurs relever de plusieurs de ces textes ensemble.

Si, afin de favoriser la différenciation tarifaire, l'article 93 de la loi du 4 août 2008 a supprimé le délit civil de discrimination prévu par l'article L. 442-6, I, 1° du Code de commerce, ce comportement demeure néanmoins prohibé dans le cadre des pratiques anticoncurrentielles, et pourrait aussi, dans certains cas, continuer à constituer un acte de concurrence déloyale. Cette situation n'est d'ailleurs pas nouvelle. En effet, la loi du 1er juillet 1996 a précédemment supprimé le délit civil de refus de vente ; toutefois, un tel comportement peut toujours, selon les circonstances, dégénérer en abus qu'il soit de position dominante ou de dépendance économique, ce qu'a précisé la chambre commerciale dans un arrêt du 18 décembre 2001 (Com., 18 décembre 2001, Bull. 2001, IV, n° 201).

2. Les pratiques anti-concurrentielles collectives

Les pratiques anti-concurrentielles collectives sont frappées d'une nullité d'ordre public. Elles regroupent les ententes prohibées, l'abus de position dominante, ou encore l'abus de dépendance économique.

a. Les ententes prohibées

Les ententes prohibées sont celles qui ont pour objet ou pour effet de fausser la concurrence sur un marché (art. L. 420-1 C. com.) ; c'est l'Autorité de la concurrence qui apprécie au cas par cas. Les ententes visées sont « notamment » celles qui :

- limitent l'accès au marché ou le libre exercice de la concurrence ;
- font obstacle à la libre fixation des prix ;
- limitent ou contrôlent la production, les débouchés, les investissements ou le progrès technique ;
- répartissent les marchés ou les sources d'approvisionnement.

Ont également été considérées comme des ententes prohibées :

- un système de prix imposés faussant le jeu de la concurrence (Cass. com., 18 mai 1993) ;
- un système de distribution visant à exclure du marché les entreprises de vente par correspondance (Cass. com., 16 novembre 1993) ;
- la subordination, par une société pétrolière de la fourniture de supercarburant sans plomb, à un engagement d'exclusivité (Cons. conc., 13 octobre 1992, 6 novembre 1993) ;
- l'entente prohibée entre une société d'auteurs et un syndicat de producteurs de disques (Cass. com., 5 novembre 1991) ;
- les soumissions concertées à des offres de marché public (Cass. com., 12 janvier 1993) ;
- l'exclusion de foires et salons de distributeurs de véhicules de marques japonaises ou coréennes (Cons. conc. 18 janvier 1994) ;

- toute pratique de boycott avec une volonté d'éviction délibérée (Cass. com., 22 oct. 2002 ; Cons. conc., 29 janv. 2003) ;
- le partage de clientèle sur une part importante du marché national (Cons. conc., 10 mars 1992).

b. L'abus de position dominante

L'abus de position dominante est prohibé par l'article L. 420-2 du Code de commerce ; la « position dominante » est principalement définie par la jurisprudence comme « le pouvoir de faire obstacle au maintien d'une concurrence effective sur le marché en cause, en lui fournissant la possibilité de comportements indépendants dans une mesure appréciable vis-à-vis de ses concurrents, de ses clients, et finalement, des consommateurs » (CJCE, 13 février 1979, aff. 85/76 Hoffman-La Roche, *Rec.*, p. 461 ; CA Paris, 17 oct. 1990, *D.* 1990, IR, p. 273 ; CA Paris, 13 avril 1999, *Rec. Lamy Dr aff.* 1999, n° 18, obs. Storrer). La position dominante peut être le fait d'une entreprise, ou d'un groupe d'entreprises liées financièrement ou par une même politique commerciale (CA Paris, 6 juil. 1994, *RJDA,* 1994, n° 1324 ; CA Paris, 30 oct. 2001, *Contrats Conc. Consom.* 2001, n° 173, obs. Malaurie-Vignal). Elle s'apprécie *in concreto*, au regard du marché pertinent.

Pour être sanctionné, il faut d'une part que la position dominante sur le marché considéré soit constatée, et d'autre part, qu'elle fasse l'objet d'un abus, qui produise des effets anticoncurrentiels similaires à celui des ententes.

Il peut s'agir d'un abus de comportement (refus de vente, cessation d'approvisionnement, etc.), ou simplement de structure (exclusivité de diffusion, rétention d'informations, etc.). La Société Royal Canin a, par exemple, été sanctionnée pour abus de position dominante et pour avoir été à l'origine d'une série d'ententes verticales avec les membres du réseau de distribution : le montant des sanctions atteint 5 M€ (Cons. conc., n° 05-D-32, 22 juin 2005, *JCP E* 2005, act. 197).

c. L'abus de dépendance économique

L'abus de dépendance économique constitue une nouvelle pratique interdite définie par l'ordonnance de 1986, modifiée par la loi NRE du 15 mai 2001, et codifiée à l'article L. 420-2 al. 2 du Code de commerce. Il s'apprécie dans les relations contractuelles de deux entreprises. L'un des contractants, plus fort économiquement, impose ses conditions à l'autre qui est obligé de les accepter.

Ce type de pratiques se retrouve dans le cas où une entreprise est obligée de poursuivre des relations commerciales avec une autre, parce qu'il lui est impossible de s'approvisionner en produits substituables (CA Paris, 5 juillet 1991, *D.* 1991, IR, p. 247 ; Cass. com., 9 avril 2002, *RTD Com.*, 2003, p. 75, obs. Claudel).

Trois critères ont été dégagés par la jurisprudence pour caractériser la dépendance économique :

- la notoriété de la marque (critère nécessaire mais non suffisant : Cass. com., 12 jan. 1999, *Bull. IV*, n° 10) ;
- la part de marché du fournisseur ou du distributeur (Cass. com. 12 oct. 1993, *Bull. civ. IV*, n° 337 ; Cons. conc. n° 93-D21 du 8 juin 1993, *RJDA*, 1993, n° 1055) ;
- la part de ses produits dans le chiffre d'affaire de l'entreprise.

La sanction est alors la nullité de la convention ou de la clause portant sur l'une de ces pratiques prohibées (art. L. 420-3 C. com.).

Cependant, certaines pratiques anticoncurrentielles peuvent être justifiées (art. L. 420-4 C. com.) :

- si elles entrent dans l'application d'un texte légal ou réglementaire ;
- quand elles contribuent au progrès économique, « y compris par la création ou le maintien d'emplois » ;
- en raison d'exemption par catégories (notamment pour les PME). Pour prévenir les poursuites, les entreprises peuvent, avant toute opération, demander un avis de l'Autorité de la concurrence. La prévention peut aussi s'exercer par le contrôle des concentrations effectué par l'Autorité de la concurrence.

Les règles de concurrence sont sanctionnées par :

- la saisine de l'Autorité de la concurrence ;
- l'action devant les juridictions civiles ou commerciales pour obtenir des dommages et intérêts (art. L. 420-7 C. com.) ;
- dans la décision 07-D-16, l'Autorité de la concurrence a précisé qu'aucun intérêt à agir particulier n'est requis pour dénoncer, auprès des services du ministère de l'Économie, des Finances et de l'Industrie, des comportements susceptibles d'être contraires aux règles de concurrence, cette administration pouvant, de façon discrétionnaire, décider d'effectuer une enquête sur la base de ce signalement, voire la saisine du procureur de la République en vue d'une condamnation pénale. Le parquet peut être saisi, soit par

l'entreprise plaignante elle-même, soit par la Direction départementale de la concurrence, de la consommation et de la répression des fraudes ou encore par l'Autorité de la concurrence.

●●● D. Le contrôle des concentrations

Mission relevant auparavant de la compétence du ministre, le contrôle des opérations de concentration a été transféré par la loi de modernisation de l'économie du 4 août 2008 à l'Autorité de la concurrence. À titre exceptionnel, le ministre de l'économie peut cependant, une fois la décision de l'Autorité rendue, évoquer une opération présentant un caractère stratégique pour le pays, au nom de considérations d'intérêt général autres que la concurrence.

Une opération de concentration est réalisée lorsque deux entreprises antérieurement indépendantes fusionnent, lorsqu'elles créent une entreprise commune ou lorsqu'une entreprise prend le contrôle d'une ou plusieurs autres.

L'Autorité de la concurrence ne se prononce pas sur toutes les opérations de concentration réalisées en France. Certaines sont en effet de dimension communautaire, auquel cas elles sont à notifier à la Commission européenne, qui peut cependant décider de les renvoyer à l'Autorité de la concurrence dans certains cas. D'autres sont inférieures aux seuils conditionnant l'obligation de notification.

Le Code de commerce précise les seuils de chiffres d'affaires déclenchant l'obligation de notification de l'opération auprès de l'Autorité (pour plus de détails concernant ces seuils, consulter l'alinéa 1 de l'article L. 430-2 C. com.). Des seuils spécifiques, plus bas, sont cependant prévus pour les opérations de concentration dans le secteur de la distribution de détail (alinéa 2 de l'article L. 430-2 C. com.). Cette disposition vise à prévenir les opérations qui pourraient affaiblir substantiellement la concurrence dans certaines zones de chalandise, en permettant à l'Autorité d'examiner des opérations de rachat de magasins qui, compte tenu des seuils de chiffre d'affaires prévus par le droit commun des concentrations, échapperaient autrement à son contrôle. Un seuil spécifique est également prévu pour les opérations dans les DOM-TOM.

Une fois l'opération notifiée à l'Autorité, cette dernière procède à un examen de l'opération, plus ou moins rapide selon la nature de l'opération et les difficultés qu'elle soulève (art. L. 430-5 et L. 430-7 C. com).

Si elle ne pose pas de difficultés de concurrence particulières ou si les engagements présentés par les parties remédient aux problèmes constatés, l'opération peut donner lieu à une autorisation avec ou sans engagements au terme d'un examen rapide appelé phase 1. La décision est rendue dans un délai de 25 jours ouvrés à compter de la date de réception d'un dossier complet de notification.

Si un doute sérieux d'atteinte à la concurrence subsiste au terme de cette phase, l'Autorité ouvre une phase 2, afin de procéder à une analyse approfondie de l'opération. Elle examine notamment si l'opération est de nature à porter atteinte à la concurrence notamment par la création, le renforcement d'une position dominante ou par la création ou le renforcement d'une puissance d'achat qui placeraient les fournisseurs en situation de dépendance économique. Elle examine également si l'opération est justifiée par des gains d'efficacité compensant les atteintes à la concurrence éventuellement constatées.

À l'issue de cet examen (en principe 65 jours ouvrés à compter de l'ouverture de la phase 2), l'Autorité rend une décision collégiale qui peut, soit autoriser l'opération sans conditions particulières, soit l'autoriser sous réserve d'engagements, soit l'interdire.

En cas de non-respect d'engagements mentionnés dans une décision statuant sur une opération de concentration, l'Autorité constate leur inexécution. Elle peut alors retirer la décision autorisant la concentration, enjoindre sous astreinte aux parties d'exécuter les engagements ou prononcer une sanction pécuniaire (art. L. 430-8 C. com. Les entreprises qui ne respectent pas les obligations de notification et réalisent une opération qui n'a pas fait l'objet d'une décision d'autorisation encourent une astreinte dans la limite de 5 % du chiffre d'affaires journalier moyen, par jour de retard.

Lorsqu'une opération de concentration est notifiée à l'Autorité de la concurrence, l'information est publiée sur son site Internet dans les 5 jours ouvrables suivant sa notification. Cette publication est destinée aux tiers intéressés afin qu'ils puissent formuler leurs éventuelles observations.

Les parties ainsi que les tiers intéressés ont deux mois pour former un recours en annulation ou en réformation devant le Conseil d'État.

§ 2 : Notions de droit communautaire de la concurrence

Le traité de Rome du 25 mars 1957 avait pour objectif l'établissement d'un marché commun. Les comportements qui faussent le mécanisme concurrentiel en ayant un effet sensible sur le jeu de la concurrence sont prohibés, de même que ceux qui ont un effet sur le commerce entre les États portant ainsi atteinte à l'objectif communautaire. Progressivement, se sont mis en place des règles encadrant la concurrence au niveau communautaire, de façon à garantir une concurrence efficace et praticable, et rendre effectif un marché commun aux États membres. À cet effet, il existe des règles de concurrence applicables aux entreprises (A), ainsi que des règles applicables aux États (B).

●●● A. Les règles de concurrence applicables aux entreprises

L'article 101 du Traité sur le fonctionnement de l'Union européenne (TFUE) interdit les accords entre entreprises qui peuvent affecter le commerce entre États membres et ont pour objet ou pour effet d'empêcher, de restreindre ou de fausser le jeu de la concurrence à l'intérieur du marché commun. Les accords entre entreprises – quelle que soit leur forme juridique – sont notamment interdits lorsqu'ils ont pour effet ou pour objet de fixer les prix du marché, de se répartir géographiquement les marchés ou de définir les quantités produites.

Ces règles ont notamment été appliquées en 1994 lors du démantèlement du Cartel du carton, qui réunissait tous les grands fabricants européens, ou de celui du ciment la même année.

Les plus célèbres types d'accords relèvent de la catégorie des accords dits restrictifs de concurrence, souvent dénommés « cartels » ou « ententes restrictives ». Il s'agit des ententes dont l'objectif est de fixer un prix supérieur à celui qui résulterait du libre jeu de la concurrence. D'autres ententes sont relatives à des échanges d'informations confidentielles ou à des accords sur la stabilisation des parts de marché respectives des parties à l'entente. Ce principe connaît cependant des dérogations.

L'article 102 TFUE interdit aux entreprises d'exploiter de façon abusive une position dominante sur un marché pertinent. La position dominante d'une entreprise est une situation de puissance économique qui lui permet d'agir indépendamment du comportement de ses concurrents, de ses clients et, au final, des consommateurs. Le fait de détenir un tel pouvoir n'est pas interdit en soi. Ce que le Traité prohibe est l'abus de ce pouvoir qui consiste en son utilisation pour mettre en œuvre des pratiques prédatrices, discriminatoires ou fidélisantes ayant pour objet ou pour effet de restreindre les conditions de concurrence.

Ainsi, dans l'affaire Microsoft, l'autorité européenne de concurrence a considéré qu'en limitant l'interopérabilité entre les PC Windows et les serveurs de groupe de travail de ses concurrents et en liant la vente de son lecteur Windows Média avec Windows, son système d'exploitation présent sur la quasi-totalité des PC dans le monde, le géant mondial de l'informatique a mis en œuvre des pratiques qui constituent un frein à l'innovation et qui sont préjudiciables au jeu de la concurrence et aux intérêts des consommateurs. La Commission a donc, en 2004, infligé à l'entreprise américaine des mesures correctives couplées d'une amende de 497,2 M€.

Selon l'article 101 TFUE, ce dispositif ne s'applique pas pour les ententes contribuant à l'amélioration de la production ou de la distribution, au progrès technique ou économique et à l'intérêt des consommateurs et qui n'éliminent pas la possibilité de la concurrence.

Enfin, la Commission possède le pouvoir de contrôler les concentrations. Une concentration d'entreprises n'est pas interdite en soi, sauf si celle-ci crée ou renforce une position dominante susceptible de déboucher sur des abus. On parle de concentration lorsque plusieurs entreprises fusionnent pour donner naissance à une nouvelle firme (fusion) ou lorsqu'une entreprise en rachète une autre (acquisition). À l'origine, ce contrôle n'était pas prévu par le traité. L'accroissement des rapprochements d'entreprises au sein du marché commun (parfois dans le but d'échapper à la législation sur les ententes) a rendu nécessaire l'intervention communautaire. Celle-ci est longtemps demeurée informelle. C'est le règlement n° 4064/89 du 21 décembre 1989 qui en a posé les fondements juridiques. Il a été remplacé en 2004 par le règlement n° 139/2004.

Conformément au principe d'attribution des compétences, la Commission intervient pour contrôler des concentrations uniquement si les rapprochements envisagés ont une dimension communautaire. De manière générale, les décisions d'interdiction de la Commission sont rares.

Il est en revanche fréquent que la concentration (tout comme l'entente ou la position dominante) soit déclarée compatible avec les traités à condition que les entreprises respectent un certain nombre de conditions ou d'engagements. À titre d'exemple, la Commission européenne a autorisé la fusion des compagnies aériennes Air France et KLM en février 2004, à condition que les entreprises cèdent des créneaux aériens afin d'éviter que cette fusion ne réduise la concurrence dans ce secteur.

L'action de la Commission est économique et vise, en ce sens, à empêcher ou modifier des concentrations qui entraveraient une concurrence effective, notamment en renforçant une position dominante. Lors de l'analyse d'opérations de concentrations, les services de la Commission risquent naturellement d'être soumis à des pressions médiatiques et politiques, parfois même de la part de gouvernements. Ce fut notamment le cas dans le cadre du rapprochement entre GDF et Suez contre lequel le gouvernement italien s'est soulevé.

●●● B. Les règles de concurrence applicables aux États

Les principes de base relatifs au contrôle des aides d'État sont énoncés dans les articles 107 à 109 TFUE : ils posent le principe de l'interdiction des « aides d'État » (c'est-à-dire des subventions publiques).

La Commission européenne – la DG Concurrence gère le système de notification et d'autorisation – détermine si une aide est contraire à la norme du traité. Elle peut enjoindre à l'État membre de mettre un terme à cette aide et au destinataire de l'aide illicite de la rembourser.

La Commission définit une aide d'État par quatre critères cumulatifs : tout d'abord, elle doit engendrer un avantage net pour son bénéficiaire. Deuxièmement, elle doit être sélective au sens où elle vise un bénéficiaire spécifique (une mesure générale, comme un crédit d'impôt pour l'ensemble d'un secteur industriel, n'est donc pas une aide d'État). Troisièmement, elle doit être directement financée par des ressources publiques, au sens large toutefois, puisque des conditions préférentielles accordées par une entreprise publique à des acteurs sur le marché peuvent être considérées comme une aide d'État. Enfin, l'aide doit affecter les échanges entre les États membres, critère de compétence de la Commission européenne.

Une fois caractérisée, l'aide d'État contrôlée par la Commission peut être considérée comme compatible avec le marché commun. La Commission évalue le bilan entre la distorsion de concurrence due à l'aide et la contribution de celle-ci à l'intérêt communautaire. Peuvent être ainsi déclarées compatibles des aides destinées à remédier au sous-développement régional ou au sous-emploi, à une perturbation grave de l'économie ou encore à la protection de l'environnement.

Dès l'origine, le contrôle des aides d'État était motivé par le souci d'empêcher le favoritisme national et, de nos jours encore, les divergences entre intérêt national et intérêt communautaire génèrent des tensions. En particulier, deux types de mesure ont été au cœur des débats : les aides destinées à soutenir des « champions nationaux » en difficulté et les avantages octroyés aux entreprises en charge d'une mission de service public. Dans ce cadre, la Commission européenne a initié, en juillet 2005, une réforme du contrôle des aides d'État avec une décision clarifiant les compensations pour services publics et des mesures facilitant les aides en faveur de l'intérêt général : hôpitaux, logements sociaux, développement des PME, emploi, recherche et développement, etc.

On notera que pour la Commission européenne, les aides relevant du règlement d'exemption par catégorie *de minimis* (terme latin signifiant « d'importance minimale ») sont des aides accordées par un État membre à une entreprise « dont les montants sont à considérer comme étant d'importance mineure ». Les aides d'État qui entrent dans le champ de ce règlement sont donc réputées ne pas avoir d'influence sur le jeu concurrentiel, et n'ont donc pas d'importance au regard du droit concurrentiel européen. En conséquence, elles sont exemptées de l'application des règles de concurrence définies par le Traité européen ; autrement dit, elles n'ont pas à être contrôlées par la DG Concurrence pour être réputées valides.

Les États ont l'obligation de déclarer à la Commission européenne les aides qu'ils envisagent de verser aux opérateurs économiques, faute de quoi l'aide est illégale et son remboursement peut être exigé par tout juge national.

Certaines aides restent cependant compatibles de plein droit avec le droit communautaire. Par ailleurs, la Commission peut autoriser certaines aides, dès lors qu'elles sont considérées comme indispensable et proportionnées (aides aux régions défavorisées, aux transports à la préservation du patrimoine, etc.).

Le droit européen incite également les États membres à ouvrir à la concurrence divers secteurs où celle-ci n'existait pas en raison en particulier de monopoles étatiques. Il s'agit du processus « de libéralisation ».

L'article 60 TFUE prévoit que « les États membres s'efforcent de procéder à la libéralisation des services au-delà de la mesure qui est obligatoire en vertu des directives arrêtées en application de l'article 59, paragraphe 1 (qui, lui, continue à utiliser le terme “libération” et non celui de “libéralisation”), si leur situation économique générale et la situation du secteur intéressé le leur permettent. La Commission adresse aux États membres intéressés des recommandations à cet effet. » C'est surtout dans le droit communautaire dérivé qu'est développé le cadre de libéralisation des services publics. Depuis 1990, la libéralisation est prévue au niveau communautaire principalement comme une « politique » d'introduction de la concurrence dans des domaines ou secteurs marqués par l'existence de situations de monopole.

Ainsi, dans le secteur des transports aériens par l'adoption du Règlement (CEE) n° 2343/90 du Conseil, du 24 juillet 1990, concernant l'accès des transporteurs aériens aux liaisons des services aériens réguliers intracommunautaires et la répartition de la capacité en sièges entre les transporteurs aériens sur les services aériens réguliers entre États membres. Ses considérants prévoient que : « ... par la décision 87/602/CEE, un premier pas a été franchi vers la libéralisation de la répartition de la capacité en sièges et l'accès au marché, mesure nécessaire à la réalisation du marché intérieur dans les transports aériens ; que le Conseil est convenu d'adopter de nouvelles mesures de libéralisation à la fin d'une période initiale de trois ans ; considérant qu'un accès accru au marché stimulera le développement du secteur communautaire des transports aériens et se traduira par une amélioration des services au bénéfice des usagers ; qu'il est donc nécessaire d'introduire des dispositions plus libérales en matière de désignation multiple et de droits de trafic de troisième, quatrième et cinquième libertés... ».

Lectures

- Idot L., « Vers une consécration progressive d'un modèle européen en droit de la concurrence : aujourd'hui la clémence, demain les actions en dommages et intérêts ? », *Europe* avr. 2007, Focus p. 2 ;
- De Cassagnac O., « Entente illicite dans le marché du ciment en Corse : suite et fin du “feuilleton Lafarge” », *Revue Lexbase Hebdo*-Édition Affaires 15/9/2011 n° 264 ;
- Grard L., « Cartels des déménageurs : au tour de la justice européenne », *Revue de droit des transports* 2011, n° 9, p. 17 ;
- Laquièze A., « Notion d'aides d'État ; Note sous Tribunal de l'Union européenne, 3 mars 2010, Bundesverband Deutscher Banken, affaire T. 163/05 », *JCP E* 2011, n° 16-17, p. 37 ;

- Curien N., « La libéralisation des télécommunications en Europe », *Flux*, 2001/2 n° 44-45, p. 28-35 disponible sur http://www.cairn.info/revue-flux-2001-2-page-28.htm

Section II : Les contrats commerciaux

Pour l'exercice de leur activité, les commerçants ont besoin de rapidité et de sécurité. L'adaptation du droit à ces exigences a donné naissance à de nouveaux types de contrats, dénommés contrats commerciaux. Ces contrats restent soumis aux principes généraux du droit civil des contrats, ainsi qu'au droit de la concurrence, de façon à garantir un équilibre a minima entre les parties. Nous soulignerons ici uniquement les spécificités des principaux contrats commerciaux.

La vente commerciale, si elle est théoriquement très proche du droit commun de la vente, présente en pratique des aménagements importants, tels que la pratique des conditions générales de vente, qui rapproche la vente commerciale d'un contrat d'adhésion, ou encore les clauses de réserve de propriété, retardant le transfert de propriété jusqu'au paiement complet du prix.

Par ailleurs, lorsque la vente a lieu entre un professionnel et un consommateur, elle se trouve soumise au droit de la consommation, visant à protéger le consommateur par un renforcement de l'information et des garanties.

La grande majorité des contrats commerciaux ont pour cadre les circuits de distribution, qui font le lien entre la production et la consommation des produits : des contrats de distribution reflètent la diversité des modes de distribution possibles. L'article L. 330-3 du Code de commerce, en s'attachant aux engagements d'exclusivité ou de quasi-exclusivité, trouve à s'appliquer à l'ensemble de ces contrats.

§ I : Le contrat d'approvisionnement exclusif

Le contrat d'approvisionnement exclusif est celui, par lequel le distributeur s'engage à ne se fournir qu'auprès d'un fournisseur déterminé ; le distributeur peut, de même, généralement utiliser les signes distinctifs du fournisseur. C'est le type de contrat que l'on retrouve par exemple entre les pompistes et les sociétés pétrolières ou encore entre les fournisseurs de boissons et les restaurateurs ; on les appelle parfois pour cette raison des « contrats de bière ».

Le contrat de bière a été historiquement le premier à utiliser ce mode d'intégration des distributeurs. La Cour de cassation a reconnu la validité de tels accords en 1931 (Cass. Req., 17 fév. 1931, *DP* 1931 I, p. 41, note P. Voirin) en décidant que quand l'exclusivité était limitée dans le temps, elle ne portait pas atteinte au principe de la liberté du commerce et de l'industrie. Le fournisseur a souvent à sa charge une obligation d'assistance : on évoque parfois à cet effet le « contrat d'assistance et de fourniture ». Cette contrepartie prend souvent la forme soit de prêts financiers ou de caution, soit de prêt de matériel, matériel de bar, appareils de tirage de bière, etc. À défaut de contrepartie réelle souscrite par le fournisseur, le contrat d'approvisionnement est annulable pour absence de cause (CA Rouen 21 mars 1991, *RJDA* 1991, n° 372 ; Cass. com., 8 février 2005, *JCP E,* 2005, 1177, n° 4, obs. D. Mainguy et J.-L. Respaud, *D.* 2005, p. 1086, note T. Lambert).

Enfin, le principe de la détermination du prix a été assoupli (Cass. Ass. plén., 1er déc. 1995, *D.* 1996, p. 17, note L. Aynes), pour laisser évoluer le contrat, et limiter les abus.

Le contrat d'approvisionnement exclusif crée par définition un fort lien de dépendance entre les parties au contrat. Pour cette raison, il doit être examiné au regard des règles de la concurrence.

En droit interne, l'article L. 330-1 du Code de commerce limite la durée des clauses d'exclusivité à dix ans (Cass. com., 20 septembre 2005, n° 04-12.301). En droit communautaire, les articles 101 et 102 TFUE ont vocation à s'appliquer. S'agissant de l'article 101, le règlement d'exemption n° 2790/1999 du 22 décembre 1999 et les lignes directrices du 13 octobre 2000 organisent les conditions dans lesquelles un tel contrat est valable au regard des règles du droit communautaire de la concurrence. Ainsi par exemple, la durée du contrat doit être limitée à cinq ans.

Lecture

Gross B., « Le contrat de bière : une réalité toujours vivante », *in* colloque *Le contrat-cadre de distribution*, Paris 11-12 décembre 1996, *JCP E,* suppl. 3/4, 1997, n° 6.

§ 2 : Le contrat de concession

Le contrat de concession consiste en ce qu'un commerçant accorde à un autre commerçant la distribution exclusive de ses produits, sur un territoire et une période déterminés et sous sa surveillance.

La concession exclusive est définie comme la convention par laquelle un commerçant appelé concessionnaire met son entreprise de distribution au service d'un commerçant ou industriel appelé concédant pour assurer exclusivement sur un territoire déterminé, pendant une période limitée et sous la surveillance du concédant, la distribution de produits dont le monopole de revente lui est concédé.

Le contrat de concession a ainsi trois caractéristiques :

- contrat impliquant une activité d'achat et de vente : le concessionnaire agit en son propre nom et pour son compte personnel en achetant les produits du fournisseur qu'il revend à sa clientèle ;
- exclusivité de fourniture ;
- exclusivité d'approvisionnement.

Or cette pratique, est restrictive de concurrence : le concédant, quand il lui sera demandé par un autre distributeur implanté dans la zone concédée de le fournir, ne pourra pas le faire sous peine d'engager sa responsabilité contractuelle. Il commet un refus de vente envers l'autre distributeur. Or, le refus de vente est une pratique anticoncurrentielle condamnée en droit interne par l'article 36-2 de l'ordonnance du 1er décembre 1986 n° 86-1243.

Toutefois, le droit de la concurrence considère comme valable le contrat de concession exclusif (et les refus de vente qu'il entraîne sont non condamnables), lorsque le bilan économique d'ensemble est positif : le contrat doit alors assurer un progrès économique (ex. : services rendus aux consommateurs améliorés, etc.). Il doit également réserver aux consommateurs une partie équitable du profit qui en résulte.

Le contrat de concession exclusif ne doit pas éliminer la concurrence pour une partie substantielle des produits en cause et il ne doit pas imposer de restrictions de concurrence non indispensables pour atteindre l'objectif de progrès économique visé ; la concession est également autorisée lorsqu'une loi ou un règlement justifie les pratiques en cause.

Ce type de contrat se trouve régi par deux règlements d'exemption communautaires : le règlement d'exemption n° 2790/99 du 22 décembre 1999 constitue la pierre angulaire du droit communautaire de la concurrence en matière de distribution (*JOCE* L. 336 du 29 décembre 1999, p. 21) et le règlement d'exemption en la matière est le règlement n° 1400/2002 de la Commission en date du 31 juillet 2002 (*JOCE* L. 203 du 1er août 2002, page 30).

Le contrat de concession se trouve aussi fortement marqué par une relation de dépendance. Pour cette raison, le concédant est tenu d'un devoir d'assistance technique au concessionnaire. Le concessionnaire doit souvent respecter des clauses de quotas ou de rendement, ainsi qu'une clause de non-concurrence.

Le contrat de concession peut être intégré dans un contrat de franchise.

§ 3 : Le contrat de franchise

Par un contrat de franchise, un commerçant, appelé le franchiseur, met à disposition de distributeurs, les franchisés, son nom commercial ou sa marque, ainsi que son savoir-faire. Il les oblige à utiliser des signes distinctifs et à respecter une présentation uniforme de ses produits pour en effectuer la vente au consommateur final. Généralement, le franchisé doit payer le versement d'un droit d'entrée dans le réseau et, pendant la durée du contrat, celui d'une redevance périodique.

Une des conditions d'existence du contrat de franchise est la mise à disposition d'un savoir-faire. Les autres clauses du contrat, quant à elles, restent assez libres.

La franchise se distingue par trois principes fondamentaux :

- (i) Le franchiseur garantit au franchisé la jouissance de signes de ralliement de la clientèle mis à sa disposition c'est-à-dire la marque et l'enseigne, le concept architectural, le système d'identité visuelle. Le franchiseur entretient et développe l'image de marque.

  Le franchiseur veille au respect par le franchisé des prescriptions d'utilisation de la marque ou enseigne et des autres signes de ralliement mis contractuellement à sa disposition.

  À l'issue du contrat, le franchiseur s'assurera de la non-utilisation des signes de ralliement de la clientèle par l'ancien franchisé. En cas d'exclusivité de l'utilisation de la marque sur un territoire donné, le franchiseur en précise les modalités : objet, portée.
- (ii) Le savoir-faire est un ensemble de méthodes commerciales, techniques, logistiques, informatiques, de gestion testées et expérimentées par le franchiseur. Ce savoir faire est secret (dif-

ficilement accessible par une personne extérieure au réseau), substantiel (procure un avantage concurrentiel pour le franchisé et le consommateur) et identifié (consigné par écrit dans un (des) manuel(s) opératoire(s)). Le franchiseur, par une information et une formation adaptées, le transmet au franchisé et en contrôle l'application et le respect. Le franchiseur encourage la remontée d'informations provenant des franchisés afin d'améliorer le savoir-faire. Le franchisé s'engage contractuellement à ne pas divulguer le savoir faire, en particulier aux réseaux concurrents, ce qui pourrait porter préjudice au réseau de franchise.
- (iii) Le franchiseur assure au franchisé un accompagnement technique et commercial au montage du projet, à l'ouverture du point de vente et durant la durée du contrat. Cet accompagnement assure au franchisé un transfert quasi permanent du savoir faire et de ses évolutions. Il permet également au franchiseur de vérifier l'application du concept.

Les parties peuvent librement convenir d'une clause d'approvisionnement exclusif, ou d'une protection sur un territoire donné, du moment que les engagements ne sont pas absolus. En revanche, s'il y a une clause d'exclusivité entre le franchiseur et le franchisé, celle-ci a une durée limitée de dix ans.

Le franchisé reste un commerçant indépendant. En tant que commerçant, le franchisé a droit à la propriété commerciale (le statut du bail commercial lui est applicable).

Il existe trois types de contrats de franchise :
- le contrat de franchise de production : il permet la mise à disposition d'un savoir-faire dans la fabrication d'un produit vendu sous la marque du franchiseur ;
- le contrat de franchise de service : il permet au franchisé de vendre un service sous la marque du franchiseur, selon ses directives ;
- le contrat de franchise de distribution : il permet au franchisé de vendre divers produits sous l'enseigne du franchiseur.

Le contrat de franchise n'est pratiquement pas soumis à une réglementation particulière. Il obéit, pour l'essentiel, au droit commun des contrats commerciaux, aux règles dégagées par la jurisprudence, à certains textes de droit européen et de droit de la concurrence et au code de déontologie européen de la franchise. Sa forme et son contenu sont en principe librement fixés par les deux parties. En pratique, la rédaction du contrat échappe presque totalement au franchisé.

Toutefois, au terme de l'article L. 330-3 du Code de commerce, toute personne mettant à la disposition d'une autre personne un nom commercial, une marque ou une enseigne en exigeant d'elle un engagement d'exclusivité ou de quasi-exclusivité pour l'exercice de son activité, est tenue préalablement à la signature de tout contrat conclu dans l'intérêt commun des 2 parties, de fournir à l'autre partie un document donnant des informations sincères qui lui permettent de s'engager en connaissance de cause. Ces informations relèvent du décret d'application du 4 avril 1991.

Ce document est appelé communément DIP, document d'informations précontractuelles. Les articles L. 430-3 et R. 330-1 du Code de commerce prescrivent, au titre des informations devant obligatoirement être transmises par la tête de réseau au candidat, une présentation de l'état général et local du marché et des perspectives de son développement (art. 1er, 4°, al. 2). Cela implique d'indiquer les performances du réseau sur le marché local ainsi que celles des concurrents.

Il existe également une clause de non-concurrence à l'égard du franchisé qui lui est imposée en fin du contrat, ainsi qu'une clause de confidentialité sur le savoir-faire afin de protéger l'intégrité du réseau.

Le problème reste le prix auquel seront vendues les marchandises. En effet, sur une longue période, les prix seront susceptibles de multiples variations. Dans l'intérêt des deux parties, la Cour de cassation a décidé, dans des arrêts du 1er décembre 1995, que « lorsqu'une convention prévoit la conclusion de contrats ultérieurs, l'indétermination du prix de ces contrats dans la convention initiale n'affecte pas, sauf dispositions légales particulières, la validité de celle-ci, l'abus dans la fixation du prix ne donnant lieu qu'à résiliation ou indemnisation » (Cass., Ass. Plén., 1er décembre 1995).

Il incombe par ailleurs au franchiseur une obligation d'information, de conseil, et d'un devoir d'assistance technique et de collaboration. Il fixe les conditions de vente, mais ne peut indiquer qu'un « prix conseillé » au franchisé. Le franchisé doit respecter les conditions fixées par le franchiseur, et lui verse généralement une partie de son chiffre d'affaires. Il doit enfin informer le consommateur de sa qualité d'entreprise indépendante.

Lecture

Numéro spécial, « Un an d'actualité juridique en droit de la franchise », *Les Petites Affiches*, 13 novembre 2009, n° 227.

§ 4 : Le contrat de distribution sélective

Le contrat de distribution sélective a été défini par un arrêt de la Cour de cassation (Cass. crim., 3 nov. 1982 ; *Bull. crim.* n° 258 ; « arrêt Nina Ricci »). Il s'agit du contrat par lequel « un fournisseur s'engage à approvisionner dans un secteur déterminé un ou plusieurs commerçants qu'il choisit en fonction de critères objectifs de caractère qualitatif sans discrimination et sans limitation quantitative injustifiée et par lequel le distributeur est autorisé à vendre d'autres produits concurrents ». Par cette opération, un fabricant reconnaît à un vendeur sélectionné sur la base de critères définis les aptitudes nécessaires à la distribution de ses produits. Celui-ci peut vendre plusieurs produits de marques différentes. Le contrat de distribution sélective est surtout utilisé dans le domaine du luxe. Il vise à obtenir que la marque distribuée ne soit pas dévalorisée par certains modes de commercialisation (par exemple, la vente en hypermarché).

En droit communautaire, la distribution sélective qualitative, retenue pour le luxe, est « un système dans lequel le fournisseur applique pour la sélection des distributeurs, des critères purement qualitatifs, requis par la nature des biens ou des services contractuels, établis uniformément pour tous les distributeurs ou réparateurs souhaitant adhérer au système de distribution et appliqués d'une manière non discriminatoire et ne limitant pas directement le nombre de distributeurs ou de réparateurs » (Règlement CE 1400/2002, 31 juillet 2002, art. 1er b). Ce type de contrat se heurte au problème du refus de vente. La jurisprudence, en s'inspirant des solutions dégagées par la Cour de justice de l'Union européenne, subordonne la validité du contrat de distribution sélective à trois « principes » cumulatifs :

- la nature du produit doit nécessiter ce mode de distribution pour préserver la qualité du produit ou assurer son bon usage, l'on parle d'un « principe de nécessité » ;
- les critères doivent être appliqués de manière non discriminatoire (« principe de non-discrimination ») ;
- les critères doivent respecter le « principe de proportionnalité » c'est-à-dire que la finalité de ce système est de garantir une vente dans de bonnes conditions aux consommateurs (CA Paris, 9 juin 1987).

Ainsi, la restriction à la concurrence reste très surveillée même dans un cadre de distribution sélective, et une interdiction générale et absolue de vendre sur Internet ne pourrait être proportionnée que dans des circonstances très exceptionnelles (CJUE, aff. C-439/09, Pierre Fabre Dermo-Cosmétique SAS, concl. 3 mars 2011).

Lectures

- Malaurie-Vignal M., « Distribution automobile et distribution sélective quantitative », *Contrats Conc. Consom.* 2011, n° 6, p. 42 ;
- Malaurie-Vignal M., « Protection des réseaux de distribution sélective et vente en ligne », *Contrats Conc. Consom.* 2010, n° 11, p. 16.

Section III : L'organisation administrative et professionnelle du commerce

Le commerçant se trouve pour l'exercice de son activité face à un grand nombre d'interlocuteurs. Les chambres de commerce et d'industrie (§ 1), constituent a priori *le partenaire de discussion privilégié. Il ne faut toutefois pas négliger le rôle des administrations centrales (§ 2), et des autorités administratives indépendantes (§ 3).*

§ 1 : Les chambres de commerce et d'industrie

Au départ créées par les commerçants eux-mêmes, les chambres de commerce et d'industrie furent supprimées au moment de la révolution et ne réapparurent qu'en 1801. Il s'agit d'établissements publics « économiques » qui ont en charge la défense les intérêts généraux du commerce et de l'industrie. Leur action est complétée par celle des chambres régionales de commerce et d'industrie (CRCI) et par celle de l'assemblée permanente des chambres de commerce et d'industrie (APCCI). Elles sont composées de commerçants élus selon le même régime électoral que celui des juges des tribunaux de commerce, quant aux conditions d'éligibilité et d'organisation du scrutin, qui a lieu en deux temps.

Les commerçants → (Élisent) → Les délégués consulaires → (Élisent) → Les membres de la CCI (élus pour 6 ans, renouvelés par moitié tous les 3 ans)

Les chambres de commerce et d'industrie jouent un rôle important, notamment dans la désignation des magistrats consulaires. Elles assurent notamment diverses missions telles que :

- la représentation de leurs adhérents,
- la formation des commerçants, des industriels,
- l'assistance et conseil aux petites et moyennes entreprises en vue de favoriser leurs activités au niveau international,
- la création de centres de formalités des entreprises pour faciliter leurs démarches administratives, aide à la création d'entreprise,
- l'administration des bourses de commerce et gestion de centre de recherches. On compte actuellement 126 chambres de commerce en France métropolitaine, 85 à l'étranger, et 21 chambres régionales du commerce et de l'industrie.

§ 2 : Les organismes de l'administration centrale

Le ministère du Commerce et de l'Industrie regroupe tous les services publics utiles au commerce et bénéficie de la collaboration de divers comités, tels que le conseil national du crédit, ou les comités départementaux d'examen des problèmes de financement des entreprises (CODEFI). Le Conseil économique et social émet par ailleurs des avis sur les projets ou propositions de loi, et peut être consulté par le gouvernement sur des questions touchant le commerce. Il faut également signaler le rôle important de l'Institut national de la propriété industrielle qui, outre l'enregistrement des brevets, des marques, assure la tenue du registre du commerce et des sociétés.

§ 3 : Les autorités administratives indépendantes

Il s'agit d'autorités instituées au sein de l'administration centrale mais bénéficiant d'une indépendance résultant de ce qu'elles ne sont pas soumises à la hiérarchie étatique. Il s'agit pour l'essentiel de l'Autorité des marchés financiers (A), de l'Autorité de la concurrence (voir supra) et des Autorités de régulation de certaines activités (B).

A. L'Autorité des marchés financiers

L'Autorité des marchés financiers (AMF) veille à la protection de l'épargne publique. Créée par la loi n° 2003-706 de sécurité financière du 1er août 2003, l'Autorité des marchés financiers est issue de la fusion de la Commission des opérations de Bourse (COB), du Conseil des marchés financiers (CMF) et du Conseil de discipline de la gestion financière (CDGF). L'Autorité des marchés financiers est un organisme public indépendant, doté de la personnalité morale et disposant d'une autonomie financière. Elle a pour mission de veiller :

- à la protection de l'épargne investie dans les instruments financiers et tout autre placement donnant lieu à offre au public de titres financiers ou à négociation des titres sur un marché réglementé ;
- à l'information des investisseurs ;
- au bon fonctionnement des marchés d'instruments financiers.

Elle dispose d'une autonomie financière (décret n° 2003-1290 du 26 décembre 2003 relatif aux montants et aux taux des taxes perçues par l'Autorité des marchés financiers). L'Autorité des marchés financiers comprend : un collège de 16 membres, une commission des sanctions de 12 membres, des commissions spécialisées et des commissions consultatives.

Afin d'assurer l'exécution de sa mission, l'Autorité des marchés financiers effectue des contrôles et des enquêtes décidées par son secrétaire général et conduites sous son autorité.

Une ouverture d'enquête est le plus souvent la conséquence de constatations faites dans le cadre de la surveillance du marché, du suivi de la vie des sociétés cotées ou de plaintes. Elle peut être également engagée à la demande d'autorités étrangères exerçant les mêmes attributions. L'enquête peut déboucher sur des sanctions ou sur la saisine du Procureur de la République si des délits boursiers sont révélés.

B. Les autorités de régulation économique

Depuis quelques années, on observe, en France comme dans d'autres pays, la création de diverses autorités de régulation. Plusieurs raisons peuvent expliquer un tel mouvement : modification du rôle de l'État et de l'Administration, fusions d'entreprises, globalisation économique et particulièrement financière, instabilité des marchés financiers, déréglementation d'activités sectorielles, caractère plus complexe de certains produits.

L'action publique a longtemps reposé, en France, sur la réglementation des activités économiques privées et sur une tutelle de l'État sur les entreprises publiques, dont plusieurs étaient dotées d'un monopole. L'émergence de la notion de régulation a renouvelé le débat sur le service public et le rôle de l'État.

La régulation repose sur une triple séparation : entre fonction d'opérateur et fonction de régulation, entre rôle d'actionnaire de l'autorité publique propriétaire des entreprises et fonction de régulation, entre infrastructures et services et réduction du « monopole naturel » à son cœur. La régulation vise donc à prendre en compte les asymétries d'informations, d'expertises et d'intérêts entre acteurs :

- autorités publiques, qui définissent objectifs, missions et mode d'organisation ;
- entités auxquelles les missions sont confiées (« opérateurs ») ;
- usagers – consommateurs – citoyens ;
- personnels.

La régulation rénove des modes d'intervention publique, elle constitue un « moyen d'accompagnement de la transformation d'une situation monopolistique vers une situation concurrentielle ou pluraliste ». En France, ces institutions entrent dans la catégorie d'autorités administratives indépendantes. Ces autorités ont en commun de répondre à la volonté d'assurer de façon indépendante certaines missions de service public. Certaines autorités administratives indépendantes avaient été créées pour répondre à des exigences communautaires, notamment après l'ouverture d'un secteur économique au sein duquel l'État conservait des intérêts, d'autres pour mobiliser une capacité d'expertise permanente face à la technicité d'un secteur.

Les autorités de régulation économiques ne sont pas des juridictions au sens strict même si elles sont soumises à des règles de déontologie et de fonctionnement : respect du cadre législatif, application de l'égalité de traitement, obligation de motivation des décisions, procédure contradictoire. Elles prennent des décisions administratives. Dans le cas où des sanctions sont infligées, le respect des obligations procédurales en matière de droit pénal et de droits de l'homme doit être assuré et un recours est possible auprès de la Cour européenne des droits de l'homme. À la différence du juge, les autorités de régulation peuvent s'autosaisir (ce qui n'est pas le cas des tribunaux, le président du tribunal de commerce ou le procureur pouvant toutefois provoquer une auto-saisine), statuer sur la question posée en opportunité et en droit, délivrer des agréments ou des autorisations individuels, fixer des tarifs, entretenir avec les opérateurs un dialogue en vue d'une simple information mutuelle mais permettant aussi d'améliorer en permanence la régulation ; en règle générale, elles disposent de davantage de liberté car elles peuvent, dans certaines limites posées par le législateur, créer des règles du jeu.

On citera, comme l'Autorité des marchés financiers (AMF) ou l'Autorité de régulation des activités ferroviaires (ARAF) ou l'Autorité de contrôle prudentiel (ACP), qui résulte, quant à elle, de la fusion de la Commission bancaire, de l'Autorité de contrôle des assurances et des mutuelles (ACAM), du comité des entreprises d'assurance et du comité des établissements de crédit et des entreprises d'investissement, l'Autorité de régulation des postes et des communications électroniques (ARCEP), la Commission de régulation de l'énergie (CRE) et le Médiateur national de l'énergie (MNE) ou encore l'Autorité de régulation des jeux en ligne (ARJEL).

Lecture

- Frison-Roche M.-A., « QPC, autorités de concurrence, autorités de régulation économique et financière : perspectives institutionnelles », *Les Petites Affiches* 2011, n° 194, p. 25 ;
- De Vauplane H., « Les visites surprises de l'AMF », *Revue Banque* 2011, n° 739, p. 77.

Section IV : Les juridictions commerciales

Le tribunal de commerce est une juridiction d'attribution, c'est-à-dire une juridiction dont les compétences sont précisément délimitées par la loi. Elle est compétente pour les litiges de première instance en matière commerciale. L'appel des décisions rendues par les tribunaux de commerce est porté devant la chambre commerciale des cours d'appel, dès lors que l'affaire dépasse le taux de ressort ; les tribunaux de commerce statuent en premier et dernier ressort dans les autres cas. Il existe une chambre commerciale de la Cour de cassation (§ 1).

Plutôt que d'avoir recours aux tribunaux étatiques, les commerçants ou les sociétés commerciales préfèrent parfois recourir à des arbitres pour la résolution de leurs litiges (§ 2). On remarquera que l'arbitrage est un mode juridictionnel de règlement des litiges, mais il suppose un accord de volontés des parties manifesté par une convention d'arbitrage.

§ I : Les tribunaux de commerce

Les articles L. 721-1 et suivants du Code de commerce sont consacrés à la juridiction commerciale. Les tribunaux de commerce ont pour attribution de juger les litiges intéressant les commerçants ou les opérations commerciales.

Les parties sont des professionnels (les commerçants), en principe plus aptes à défendre leurs droits que de simples particuliers ; les règles procédurales sont dès lors simplifiées.

La particularité des tribunaux de commerce réside dans le fait que les juges sont tous élus par leurs pairs : on parle de juridiction consulaire. Les juges sont bénévoles et occasionnels.

Un conseil national des tribunaux de commerce a été créé par un décret du 23 septembre 2005 : sa mission est de contribuer à la modernisation de la justice consulaire.

●●● A. Création et suppression

Le nombre de tribunaux de commerce a été réduit à 132, dans le cadre de la réforme de la carte judiciaire. Dans les circonscriptions où il n'existe pas de tribunal de commerce, ses attributions sont exercées par le tribunal de grande instance (art. L. 721-2 C. com. ; cette situation apparaît comme tout à fait exceptionnelle).

Ces tribunaux sont composés de juges non professionnels élus par leurs pairs. Un scrutin à deux degrés désigne les délégués consulaires.

Les élections se déroulent en deux temps :

1. L'élection des délégués consulaires par les commerçants

Ils sont élus pour 4 ans par et parmi :

- les commerçants personnes physiques, immatriculés au RCS ;
- les sociétés par l'intermédiaire de leurs représentants ;
- certaines personnes proches des milieux commerciaux (conjoints collaborateurs actifs, capitaines au long cours, commandants de bord d'aéronefs, membres et anciens membres des tribunaux et des chambres de commerce, sur leur demande).

2. L'élection des juges

Sont éligibles les électeurs âgés de plus de 30 ans et immatriculés au RCS depuis 5 ans au moins (art. L. 723-4 C. com.). Les juges sont élus pour 2 ans lors de leur première élection, et pour 4 ans lors des élections suivantes ; ils sont rééligibles pour 4 mandats consécutifs (art. L. 722-6 et 723-7 C. com.).

Le président est élu pour 4 ans par et parmi les juges ayant 6 ans d'ancienneté (art. L. 722-11 C. com.). Le ministère public est représenté devant les tribunaux de commerce depuis 1970. Le Code de commerce permet également le vote par correspondance et le vote électronique.

●●● B. Compétence des tribunaux de commerce

Il faut distinguer les attributions du président du tribunal de commerce de celles du tribunal lui-même.

1. Compétence d'attribution du tribunal de commerce (*ratione materiae*)

S'agissant d'une juridiction d'exception, la compétence doit être précisée par un texte ; ainsi l'article L. 721-3 du Code de commerce prévoit sa compétence pour :

- les contestations relatives aux engagements entre commerçants, entre établissement de crédit ou entre eux ;
- les contestations relatives aux sociétés commerciales ;
- les contestations portant sur un acte de commerce, entre toutes personnes (commerçants ou non).

L'article L. 621-2 du Code de commerce donne compétence au tribunal de commerce pour :

- le redressement ou la liquidation judiciaire de tout commerçant ou artisan, ou entrepreneur individuel à responsabilité limitée ;
- la contestation entre un commerçant et un non-commerçant (actes mixtes) :

Commerçants	Non-commerçants	Juridiction compétente
Demandeur	Défenseur	Tribunaux civils (T.G.I. ou T.I.)
Défendeur	Demandeur Le non-commerçant a le choix du tribunal	Tribunal de commerce ou Tribunaux civils (T.G.I. ou T.I.), selon l'importance du litige

2. Compétence territoriale (*ratione loci*)

Les règles sont les mêmes que devant toutes les juridictions : le principe est que le tribunal compétent est celui du domicile du défendeur.

Ce principe comporte des exceptions, notamment en matière contractuelle : la juridiction compétente peut être celle du lieu de la livraison, ou de l'exécution de l'obligation.

Il existe souvent des clauses attributives de juridiction dans les contrats commerciaux.

3. Attributions du président du tribunal de commerce

Le président du tribunal de commerce dispose d'attributions administratives. Ainsi, il organise le tribunal et préside les assemblées générales.

Le président dispose également d'attributions juridictionnelles ; il peut rendre des ordonnances sur requêtes, des injonctions de référé, ou encore des ordonnances de payer.

●●● C. La procédure devant les tribunaux de commerce

La procédure est simplifiée, les tribunaux de commerce ne connaissent pas l'exécution de leurs jugements et ne peuvent notamment prononcer aucune saisie, même conservatoire.

Les tribunaux statuent en dernier ressort et sans appel jusqu'à 4000 €. Les mêmes principes que la procédure de droit commun sont applicables : la procédure devant les tribunaux de commerce est publique, orale et contradictoire.

Cependant, la procédure devant les tribunaux de commerce présente des spécificités : elle est moins onéreuse. En effet, la représentation par avocat n'est pas obligatoire. Les parties n'ont donc pas à payer à un avocat des frais et honoraires pour sa postulation.

Elle est également plus rapide. L'assignation peut être faite « à jour fixe » (le jour de l'audience est déjà indiqué dans l'assignation), en échappant au déroulement parfois long de la « mise en état ».

Cependant, le rôle (registre unique tenu au secrétariat-greffe des tribunaux, sur lequel sont inscrites à leur date, avec un numéro d'arrivée) de certains tribunaux de commerce est parfois plus encombré que celui de certains tribunaux de grande instance ; la longueur de la procédure est donc très variable d'un tribunal à l'autre.

Il existe trois procédures particulières.

Schéma simplifié du déroulement de la procédure ordinaire

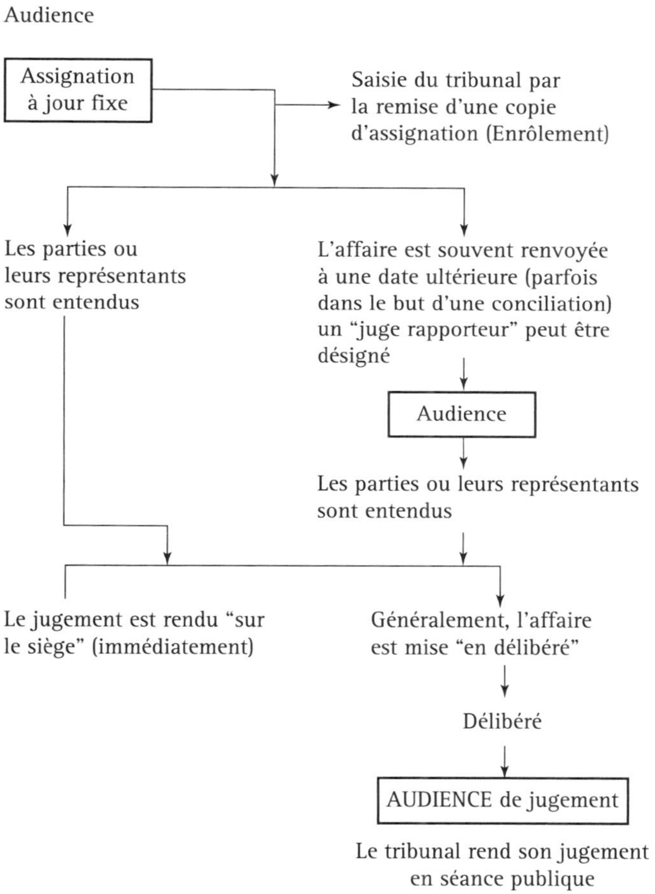

- La procédure d'injonction de faire, dans l'hypothèse d'un conflit qui peut opposer un particulier à un professionnel. Cette procédure permet d'obtenir l'exécution en nature d'une obligation d'un contrat entre des personnes qui n'ont pas toutes la qualité de commerçants lorsque la valeur du litige n'excède pas 4000 € (actes civils et actes mixtes).

  Le tribunal compétent est alors le Tribunal d'instance. Cette procédure permet, par exemple, à un client d'exiger la réparation d'un matériel acheté sans garantie.

- La procédure d'injonction de payer (art. 1405 et s. CPC) permet le recouvrement de petites créances commerciales. C'est une procédure particulièrement rapide pour permettre de recouvrer facilement les créances dont le montant est certain et indiscutable. On peut suivre cette procédure dans trois cas ; pour le recouvrement :
  . d'une créance contractuelle d'un montant déterminé ;
  . d'une lettre de change ou d'un billet à ordre ;
  . d'une facture protestable.
- La procédure de référé permet au président du tribunal de commerce de statuer par voie d'ordonnance quand :
  . il y a urgence ;
  . il n'y a pas de difficultés sérieuses quant au fond du litige.

Elle permet, par exemple, de désigner un expert ou un administrateur.

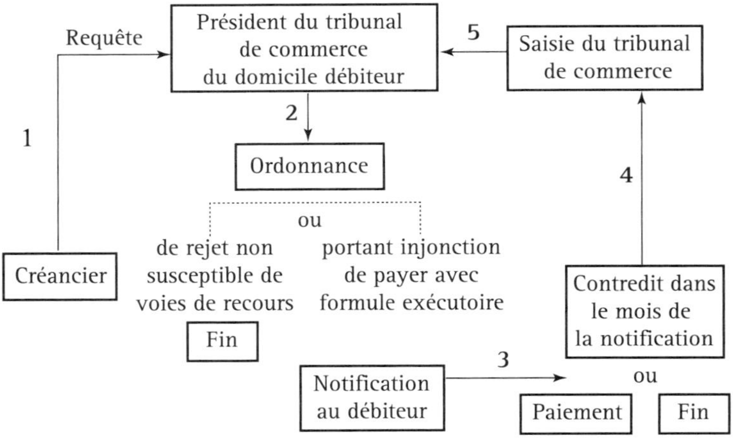

§ 2 : L'arbitrage

L'arbitrage consiste à confier la solution d'un conflit à un ou plusieurs arbitres, choisis par les parties. L'arbitrage est régi par les articles 1442 à 1491 du Code de procédure civile pour l'arbitrage interne et par les articles 1492 à 1507 du Code de procédure civile pour l'arbitrage international. Le recours à l'arbitrage est décidé :

- soit par une convention d'arbitrage ou un compromis d'arbitrage, par lequel, après la naissance du litige, les parties décident de recourir à l'arbitrage (art. L. 721-3 C. com.) ;
- soit par une clause compromissoire insérée dans un contrat, donc avant tout litige. Cette clause n'est valable que dans les contrats entre commerçants. Elle entraîne pour les signataires du contrat un recours obligatoire à l'arbitrage.

La désignation des arbitres :
- les parties peuvent se mettre d'accord sur le choix d'un arbitre ;
- sinon, chacune en désigne un et ces deux arbitres en choisissent ensuite un troisième ;
- enfin, une clause contractuelle peut prévoir qu'en cas de carence de l'une des parties le président du tribunal désignera un arbitre. Aucune formalité n'est requise.

Les arbitres sont des personnes physiques majeures qui jouissent de leurs droits civils. Ils sont choisis par les parties toujours en nombre impair. En principe, les arbitres jugent conformément au droit applicable mais les parties peuvent les en dispenser et leur confier la mission de statuer en équité (on les nomme alors amiables compositeurs : Cass. civ. 2, 15 févr. 2001, *D.* 2001. 2780, note N. Rontchevsky).

La décision rendue par les arbitres s'appelle une sentence arbitrale. Elle doit être motivée et signée par tous les arbitres (Cass. 1, 11 mai 1999, *RTD com.* 2000. 336, obs. J.-C. Dubarry et E. Loquin). La sentence arbitrale a autorité de force jugée comme tout jugement rendue par les tribunaux. Si les parties n'exécutent pas volontairement la sentence arbitrale, elle est soumise au président du tribunal de commerce qui, après en avoir vérifié la validité, donnera « l'exequatur » ; elle sera alors exécutoire comme une décision de justice.

Les avantages du recours à l'arbitrage	Inconvénients du recours à l'arbitrage
Justice plus rapide	Justice plus chère
Justice plus simple	/
Arbitre plus compétent	/
Justice plus discrète	/

L'arbitrage est souvent utilisé dans toutes les relations internationales des affaires. Presque tous les contrats internationaux comportent une clause compromissoire, qui précise également la loi applicable. La plupart du temps, l'arbitre applique un droit spécifique, inspiré des usages internationaux (la *lex mercatoria*). Souvent les commerçants adoptent la procédure définie par le règlement d'arbitrage de la Chambre de commerce international dont le siège est à Paris.

Pour être valable les conventions d'arbitrage international doivent respecter certaines conditions de validité. Ainsi, la partie à qui est opposée la clause d'arbitrage doit en avoir eu connaissance au moment de la conclusion du contrat. D'autre part, elle doit avoir accepté, fût-ce par son silence, l'incorporation du document sur l'arbitrage au contrat.

Plusieurs conventions internationales organisent l'exécution de ces sentences (convention de New York 1958, convention de Genève 1961).

Les litiges touchant à l'ordre public échappent à l'arbitrage.

Lecture

- Danis M., Dupeyron C., « Le nouveau règlement d'arbitrage de la Chambre de commerce internationale "Plus haut, plus vite, plus fort" », *JCP G* 2011, n° 43, p. 1915 ;
- Douvreleur O., « De la compétence des tribunaux de commerce », *D.* 2001., chron. 530 ;
- Pluyette G., « Définition de l'arbitrage international », *Revue de jurisprudence de droit des affaires* 2011, n° 7, p. 563.

EXERCICE

QUESTIONNAIRE

Que pensez-vous des affirmations suivantes ?

1. Xavier a travaillé un mois comme caissier dans un supermarché. Son contrat lui interdit de travailler pendant les deux prochaines années chez une autre enseigne de grande distribution. Cette clause est-elle valable ?

   ❑ oui ❑ non

2. La société française Aa, leader de la fabrication de chaussettes en Europe, envisage de racheter la société allemande Bb, 3e sur le même secteur. Doit-elle obligatoirement notifier son projet à la Commission européenne ?

   ❑ oui ❑ non

3. M. Condo, qui tient un magasin de prêt-à-porter en franchise, connaît d'importantes difficultés financières. Le franchiseur, dont l'activité est florissante, doit-il l'aider ?

   ❑ oui ❑ non

4. La société Guerloin peut-elle refuser de vendre ses célèbres parfums de luxe dans les magasins de grande distribution Chamchan ?

   ❑ oui ❑ non

5. Mme Xavière est boulangère depuis 15 ans. Peut-elle siéger au tribunal de commerce ?

   ❑ oui ❑ non

6. M. Carli a livré de la marchandise, mais n'a jamais été payé. Peut-il obtenir une décision rapide du tribunal de commerce ?

   ❑ oui ❑ non

Corrigé

1. NON

La clause de non-concurrence doit être justifiée par les intérêts légitimes de l'entreprise. Elle semble donc disproportionnée pour un contrat de courte durée, et pour un poste de caissier.

2. NON

Il appartient à la société d'établir elle-même si son comportement porte atteinte à la concurrence sur le secteur considéré.

3. NON

Le franchiseur a une obligation d'information et de conseil, mais le franchisé exerce son activité de façon autonome.

4. OUI

Il peut s'agir d'un contrat de distribution exclusive, relativement fréquent dans le domaine des produits de luxe.

5. OUI

Sont éligibles au tribunal de commerce les commerçants âgés de plus de 30 ans, et immatriculée depuis plus de 5 ans au RCS.

6. OUI

Il s'agit de la procédure d'injonction de payer.

PARTIE II
Notions premières de droit des sociétés

Le rassemblement de personnes physiques ou morales augmente les moyens, favorise le développement industriel et commercial. Les sociétés constituent donc un mode plus aisé de transmission du bien et une protection du patrimoine du commerçant ou de l'entrepreneur : le créancier ne pourra agir que contre le patrimoine de la société sans atteindre celui des associés.

Le droit des sociétés a pour objet d'encadrer le fonctionnement des sociétés et les risques que leur exercice comporte.

Certaines règles sont communes à toutes les sociétés. Le chapitre IV est ainsi consacré au socle commun à toutes les formes de sociétés. Les chapitres suivants (V à VII) détaillent les différentes formes de sociétés, selon la répartition traditionnelle entre les sociétés de personnes, les sociétés « hybrides » à responsabilité limitée, et les sociétés de capitaux. Les derniers chapitres visent à mettre en perspective les règles étudiées dans les chapitres précédents, en mettant en évidence l'environnement complexe et les interactions existant entre les différentes formes de société : ils sont respectivement consacrés aux restructurations (chapitre VIII), et à une synthèse des grandes formes sociales (chapitre IX).

Chapitre IV
Introduction au droit des sociétés commerciales

La société est, en principe, un regroupement de personnes (section I). C'est le contrat qui crée la société (section II). C'est en même temps la création d'une nouvelle « personne » : la société est dotée de la personnalité morale qui est distincte de la personnalité des associés (section III).

Section I : La société, un groupement de personnes, en principe...

Le choix pour une société puis pour telle ou telle forme de société est guidé à la fois en fonction du but choisi par les associés, les moyens qu'ils investiront et par l'intérêt proposé par chacune des structures de société possible et notamment les avantages fiscaux.

§ I : Une mise en commun qui peut prendre de nombreuses formes

La société autorise le regroupement de force de travail, des idées et du capital nécessaires à une activité commerciale.

La société est donc un instrument permettant à des individus de réaliser ensemble, par la collecte de capitaux et par la réunion de leurs compétences respectives, une entreprise déterminée qu'ils ne sauraient réaliser seuls.

La constitution d'une société comporte l'ensemble des opérations, décisions et formalités qui permettent de rassembler économiquement, d'affecter juridiquement un patrimoine, une entreprise en vue de lui faire attribuer la personnalité juridique nécessaire à sa gestion.

Les dispositions régissant les sociétés découlent principalement de la loi du 24 juillet 1966 modifiée et complétée par le décret d'application du 23 mars 1967. Ces textes ont été intégrés au Code de commerce aux articles L. 210-1 à L. 232-23.

La société commerciale se distingue de la société civile :

- est civile la société qui a à la fois un objet civil (c'est-à-dire qui effectue des actes non reconnus comme des actes de commerce, comme par exemple les professions libérales), et une forme civile (c'est-à-dire ne rentrant pas dans les prévisions de l'article L. 210-1 du Code de commerce visant par exemple les sociétés anonymes, les sociétés à responsabilité limitée, les sociétés en nom collectif, etc.) ; ainsi en est-il de la société civile professionnelle des sociétés de personnes permettant à des personnes physiques exerçant une même profession libérale réglementée, d'exercer en commun leur activité ou encore des sociétés civiles de moyens. Il s'agit d'une société de personnes ayant pour but de faciliter l'exercice de l'activité de chacun de ses membres : la prestation de services ou la fourniture de moyens matériels est mise en commun ;
- est commerciale la société qui adopte une des formes commerciales prévues par le Code de commerce et cela quel que soit leur objet, ou qui a un objet commercial, et cela quelle que soit sa forme. Les sociétés commerciales sont régies non seulement par le Code civil, mais aussi par le Code de commerce.

La société se distingue de l'association. L'association n'a pas pour but le partage du bénéfice : elle cherche à satisfaire les besoins du cercle de personnes auquel elle s'adresse. Toutefois, des associations se développent aujourd'hui dans le domaine économique et exercent parfois des métiers jusqu'alors réservés aux commerçants (agences de tourisme, cliniques, exploitation de radios locales, etc.). Elles réalisent des actes de commerce, fournissent des prestations à des tiers (non adhérents), ont recours à des méthodes et pratiques commerciales telles que la publicité, ont des modes de financement similaires à des entreprises commerciales. Après une longue hésitation, le droit positif admet aujourd'hui qu'une association puisse rechercher des profits à condition de ne pas les partager entre ses membres.

La société se distingue du groupement d'intérêt économique (GIE). Le GIE est le regroupement d'entreprises préexistantes dont le but est de « faciliter ou de développer l'activité économique de ses membres, d'améliorer ou d'accroître les résultats de cette activité ; [ce but] n'est pas de réaliser des bénéfices pour lui-même » (alinéa 2 de l'article L. 251-1 du Code de commerce). Le GIE pourrait donc être qualifié d'intermédiaire entre la société et l'association.

Parmi les sociétés commerciales, on distingue traditionnellement trois catégories :

- les sociétés de personnes : la personnalité et la fortune des associés importent autant ou plus que les apports mis en commun lors de la constitution de la société : elles sont basées sur l'*intuitu personae*. Ce sont des sociétés fermées : leurs parts ne sont cessibles qu'avec l'accord des autres associés. Tous les associés sont réputés commerçants, et sont indéfiniment et solidairement responsables des dettes de la société quelle que soit leur participation au capital social. La société en nom collectif, ou encore la société en commandite simple sont traditionnellement classées dans cette catégorie. Ces sociétés sont dites « transparentes » sur le plan fiscal. Elles ne sont pas soumises à l'impôt sur les sociétés, mais les associés seront imposés au titre des bénéfices industriels et commerciaux qu'ils retireront de la société. Vis-à-vis des créanciers de la société, la personnalité morale de la société ne fait pas « écran » : ils pourront poursuivre les associés au titre de leur responsabilité indéfinie et solidaire des dettes de la société ;
- les sociétés de capitaux : la personnalité des actionnaires n'a *a priori* aucune importance. On s'intéresse avant tout aux capitaux investis. Les actionnaires ne sont pas commerçants. Leur responsabilité est limitée au montant de leurs apports. Ils peuvent librement céder leurs parts sociales. La société anonyme et la société en commandite par action en sont les exemples les plus importants.

Entre les sociétés de personnes et les sociétés de capitaux, il existe, depuis 1925, un type intermédiaire de société : la société à responsabilité limitée (SARL). Elle est à la fois une société de personnes, en ce sens que les associés se choisissent et se connaissent. La personnalité des associés y est donc importante : si la cession des parts d'une SARL est en principe libre entre associés (art. L. 223-16 C. com.), elle est en revanche soumise à l'accord des autres associés dans l'hypothèse d'une cession à un tiers (non associé). Par ailleurs, cette société tient de la société de capitaux en ce sens que chaque associé n'est responsable des dettes de la société qu'à concurrence du montant de son apport. Cette limitation est une conséquence de la société de capitaux. Les associés ne sont pas commerçants. La SARL est aujourd'hui la forme la plus courante des petites et moyennes entreprises.

Ces catégories doivent bien sûr être nuancées : la pratique se charge souvent d'atténuer ces éléments caractéristiques.

§ 2 : La société : technique d'affectation d'un patrimoine individuel ?

Des tempéraments ont été apportés à ce qui a longtemps été un point cardinal du droit des sociétés, la pluralité d'associés, puisque l'entreprise unipersonnelle à responsabilité limitée (EURL), son pendant agricole l'EARL (l'entreprise agricole à responsabilité limitée), la société d'exercice libérale unipersonnelle et la société par action simplifiée unipersonnelle (SASU) rendent maintenant possible la création d'une société par un seul associé. Ces sociétés unipersonnelles résultent d'un acte unilatéral.

Particulièrement durant ces dernières années, le législateur, pour promouvoir la création d'entreprises, a multiplié les possibilités offertes à l'entrepreneur individuel. Outre les cas de sociétés unipersonnelles, il convient d'évoquer le statut d'auto-entrepreneur qui existe depuis 2009, et l'entreprise individuelle à responsabilité limitée (EIRL, à ne pas confondre avec l'EURL), entrée en vigueur en 2011 (loi n° 2010-658 du 15 juin 2010 relative à l'entrepreneur individuel à responsabilité limitée, *JORF* n° 0137 du 16 juin 2010 p. 10984).

Le *statut d'auto-entrepreneur* a allégé les formalités de création d'entreprise individuelle, d'affiliation à un régime social, et permet une exonération temporaire des cotisations foncières de l'entreprise ; l'auto-entrepreneur a la possibilité d'opter pour un régime social simplifié. Ce statut peut s'appliquer à toute activité indépendante commerciale, artisanale ou libérale exercée en entreprise individuelle, dont le chiffre d'affaires n'excède pas 81 500 €pour une activité de vente de marchandises, d'objets, d'aliments à emporter ou à consommer sur place, ou de fourniture de logement, et 32 600 € pour une activité de services (hors-taxes, puisque l'auto-entrepreneur n'est pas assujetti à la TVA). Il suffit, pour choisir ce régime, de remplir une déclaration unique d'activité, auprès du Centre de formalités des entreprises. Après plus de 630 000 déclarations d'auto-entrepreneur en 2009 et 2010, le choix pour ce statut a semblé un peu en perte de vitesse en 2011. Il a représenté néanmoins encore une création d'entreprises sur deux au premier trimestre 2011 (source INSEE).

L'entrepreneur individuel à responsabilité limitée (EIRL) est un régime qui s'adresse aux entrepreneurs individuels qui décident de limiter l'étendue de leur responsabilité en constituant un patrimoine d'affectation, dédié à leur activité professionnelle, sans constituer de société (contrairement à l'EURL qui est une forme de société ; art. L. 526-6 C. com.). Cela constitue une exception notable au principe d'unicité du patrimoine, selon lequel, en droit civil, toute personne a un et n'a qu'un seul patrimoine A partir du 1er janvier 2013, il sera même possible d'avoir plusieurs patrimoines d'affectation. Même un mineur, avec une autorisation parentale, peut choisir ce statut (art. 389-8 C. civ.). Après évaluation par un commissaire aux comptes ou d'un expert-comptable pour les biens ayant une valeur supérieure à 30 000 € (art. L. 526-10 C. com.), le patrimoine d'affectation existe sur simple déclaration de l'entrepreneur individuel, publiée (art. L. 526-7 C. com.) au registre spécial des entrepreneurs individuels à responsabilité limitée (RSEIRL). Entrent nécessairement dans le patrimoine d'affectation tous les biens indispensables à l'activité de l'entreprise appartenant à son titulaire ; il peut choisir d'y affecter d'autres biens, qu'ils utilisent pour son activité professionnelle. En cas de difficultés, les saisies demandées par les créanciers dont les créances sont nées après la déclaration d'affectation ne pourront en principe porter que sur le patrimoine d'affectation (art. L. 526-12 C. com.) ; cette protection suppose une certaine rigueur de gestion pour l'entrepreneur, en séparant bien les mouvements portant sur ses patrimoines personnel et d'affectation (art. L. 526-13 et 14 C. com.). Tous les actes et documents de l'entrepreneur doivent comporter la mention d'EIRl. Fiscalement, l'entrepreneur, peut opter pour l'impôt sur les sociétés (IS), de façon irrévocable.

Parallèlement, le législateur a voulu faciliter la création de société. Ainsi, afin de simplifier les démarches et d'uniformiser les statuts des

EURL, l'article 56, I de la loi n° 2008-776 du 4 août 2008 de modernisation de l'économie (LME) a prévu que les statuts types, fixés par décret, serviront de modèle aux SARL dont l'associé unique, personne physique, assume personnellement la gérance. Ces statuts types s'appliqueront sauf lorsque l'intéressé produira des statuts différents lors de sa demande d'immatriculation, et sont remis gratuitement par le centre de formalités des entreprises (art. *D.* 223-2 C. com.).

L'entrepreneur qui agit dans le cadre d'une entreprise individuelle, sans constituer de société, garde *a priori* tout pouvoir sur son affaire, et subit plutôt moins de contraintes relatives au fonctionnement et au formalisme.

Cependant, l'entreprise individuelle donne un cadre moins protecteur que celui de la société et le choix de se constituer sous forme de société offre plusieurs avantages : la société permet d'abord l'action collective (la réunion de personnes et de moyens autour d'un même objet), et contribue ainsi au développement d'un projet. De même, elle favorise la continuité de l'entreprise en facilitant sa transmission.

Lecture

- Dubuisson É., « Risques de l'entreprise et protection de l'entrepreneur et de sa famille : de l'EURL à l'EIRL », *JCP N* 2011, n° 25-26, p. 18 ;
- Delpech, X., « La création de l'entreprise individuelle simplifiée », *Revue Lamy Droit des affaires* 2011, n° 57, p. 63 ;
- Molfessis N., « Entreprise et patrimoine : évolution ou révolution? », *La Gazette du Palais* 2011, n° 138-139, p. 63 ;
- Perrotin F., « Les pièges du régime de l'auto-entrepreneur », *Les Petites Affiches* 2011, n° 196, p. 3 ;
- Prieur J. et Coiffard D., « Le patrimoine professionnel affecté : l'EIRL », *JCP N* 2010, n° 51, 1390 ;
- Vallansan J., « La volonté d'affectation des droits et des biens par l'EIR », *Cahiers de droit de l'entreprise* 2011, n° 3, p. 23.

Section II : Le contrat de société

La définition de la société nous est donnée par l'article 1832 du Code civil, qui dispose : « la société est instituée par deux ou plusieurs personnes qui conviennent par un contrat d'affecter à une entreprise commune des biens ou leur industrie en vue de partager le bénéfice ou de profiter de l'économie qui pourra en résulter. [...] Les associés s'engagent à contribuer aux pertes ». La société est le fruit d'une volonté d'individus à l'origine de sa fondation. Il nous faut donc étudier les conditions de formation du contrat de société tant sur le fond (§ 1) que sur la forme (§ 2).

§ 1 : Conditions de fond

La société est un contrat, qui, en tant que tel, suit donc les règles du droit civil des contrats (A). Il présente cependant aussi des spécificités importantes. L'analyse contractuelle ne permet pas en effet d'appréhender tout le droit des sociétés qui demeure largement réglementé, malgré le souci du législateur de réserver la plus large place possible à l'expression de la volonté des associés dans les statuts (B).

●●● A. Conditions générales de formation du contrat de société

Le contrat de société est avant tout un contrat devant satisfaire aux conditions posées à l'article 1108 du Code civil en application duquel quatre conditions sont essentielles pour la validité d'une convention « le consentement de la partie qui s'oblige ; sa capacité de contracter ; un objet certain qui forme la matière de l'engagement ; une cause licite dans l'obligation ».

1. Le consentement des associés

Le contrat de société nécessite un accord de volonté. Une société se compose donc d'au moins deux associés (sept dans une société anonyme), sauf hypothèse particulière de l'entreprise unipersonnelle à responsabilité limitée (EURL) ou de la société par action simplifiée unipersonnelle (SASU).

Le consentement des associés doit exister (et être sincère), et être exempt de vices tels que l'erreur sur la substance (c'est-à-dire sur la forme de la société), l'erreur sur la personne des associés dans une société de personnes, le dol si les manœuvres émanent du fait de tous les autres associés, la violence éventuellement.

2. La capacité des associés

Concernant les sociétés de personnes, une spécificité est à noter : l'associé y est nécessairement commerçant. Il doit donc avoir la capacité commerciale, ce qui n'est pas le cas du mineur même émancipé, ni du majeur sous tutelle ou curatelle.

3. L'objet du contrat de société

Dans le mutisme du législateur, on considère que l'objet de la société ou « objet social » est le type d'activité déterminé par le pacte social que la société envisage d'exercer, afin de réaliser les bénéfices ou l'économie escomptés : prestations de services, négoce, fabrication et vente d'un produit. L'objet social doit être rédigé de façon ni trop limitative, car cela empêcherait le développement de la société, ni trop large, car cela reviendrait à laisser tous les pouvoirs au gérant.

La société doit être possible et licite, c'est-à-dire non prohibée ni contraire à l'ordre public et aux bonnes mœurs.

4. La cause du contrat de société

La cause de l'engagement de chaque associé résulte ici de l'engagement des autres associés ; mais la cause peut aussi s'analyser comme l'objectif poursuivi par les associés. Cette cause doit être licite et morale.

Par exemple, une société dont l'objet est licite, mais qui vise à faire échapper des biens de la poursuite des créanciers et à fausser les règles du régime matrimonial, se trouve dépourvue de cause.

LECTURE

Bertrel J.-P., « Liberté contractuelle et sociétés », *RTD com.*, 1996, p. 595.

B. Les conditions de formation particulières au contrat de société

L'existence d'une société est conditionnée par la réunion d'un certain nombre d'éléments énoncés par l'article 1832 du Code civil, à savoir des apports (1), la recherche d'un profit ou d'une économie (2), et l'envie de se mettre en société ou *affectio societatis* (3).

1. Les apports

Le terme « apport » revêt un double sens : d'une part, il désigne l'opération de mise en commun des apports ou celle par laquelle une personne affecte certains biens ou services à la société constituée et contribue à lui conférer la qualité d'associé ; d'autre part, il représente chaque bien ou service qui en est l'objet, autrement dit les valeurs mises à la disposition de la société.

Il n'y a véritablement apport que si l'associé reçoit, en rémunération des biens qu'il transmet à la société, des parts ou actions soumises aux tribulations de la société.

En cas de pluralité d'associés, l'engagement de réaliser un apport doit être pris par chaque associé. En principe, peut-être mis en société, tout bien ou droit susceptible d'être l'objet d'une obligation, dès lors que peut lui être conférée une valeur économique. Il existe plusieurs types d'apports.

a. L'apport en numéraire

C'est l'apport en argent. Lors de la souscription, l'associé s'engage à verser une somme donnée. Il la verse effectivement lors de la libération de l'apport.

b. L'apport en nature

C'est l'apport portant sur des biens ou des droits, autres que l'argent. Il doit faire l'objet d'une évaluation, pour déterminer le nombre de parts ou d'actions auxquelles il donne droit. Il existe trois catégories d'apport en nature :

- l'apport en pleine propriété : il y a transfert de propriété du bien apporté au profit de la société ;
- l'apport en jouissance : seul un droit d'utilisation est conféré à la société, pour une durée déterminée. L'associé conserve donc la propriété du bien ;
- l'apport en usufruit : l'associé devient nu propriétaire du bien apporté dont l'usufruit est accordé à la société.

c. L'apport en industrie

C'est la mise à disposition de la société par un associé de ses connaissances techniques, professionnelles, de son travail ou de ses services. Les apports en industrie ne donnent pas lieu à évaluation lors de la constitution de la société, ils ne sont donc pas rémunérés par des parts ou des actions. Ce type d'apport est interdit dans les sociétés de capitaux. Les apports effectués par les associés permettent ainsi à la société de démarrer son activité ; ils peuvent ensuite déterminer le pouvoir décisionnel de chaque associé dans les assemblées générales.

L'apporteur doit garantir l'existence de l'apport : la chose doit exister, être dans le commerce et être appréciable en argent. On assimile souvent à cette catégorie les apports de choses sans valeur (brevet tombé dans le domaine public, etc.). De tels apports fictifs sont frappés de nullité et font perdre à leurs auteurs la qualité d'associé.

L'absence d'apport est sanctionné par la nullité de la société (art. 1844-10 C. civ.).

2. Le but lucratif

Toute société est constituée en vue de partager le bénéfice ou de profiter de l'économie dégagée par l'activité. C'est ainsi ce qui distingue la société d'autres formes de groupement, telles que l'association.

En contrepartie, les associés s'engagent à contribuer aux pertes. L'étendue de leur responsabilité dépend toutefois de la forme sociale choisie.

Dès lors qu'il y a contrat de société pluripersonnelle, le partage des bénéfices doit être prévu par les statuts et décidé par les associés réunis en assemblée. En application du principe d'égalité entre les associés, les bénéfices sont répartis en proportion du capital détenu. Les statuts peuvent toutefois aménager – et ils le font généralement – les modalités de répartition des bénéfices et des pertes. Toutefois, la règle ne doit pas être léonine, c'est-à-dire priver un associé de tout bénéfice ou affranchir un associé de toute contribution aux pertes. Si la clause est léonine, elle est réputée non écrite mais la société reste valable.

S'agissant de la contribution aux pertes, la loi n'impose aucun parallélisme entre cette contribution et la répartition des bénéfices : les statuts peuvent donc parfaitement les dissocier, sous réserve de l'appréciation du caractère léonin d'une clause qui rendrait la contribution aux pertes dérisoire par rapport à la mise de l'associé, qui serait renforcé par le caractère exorbitant des bénéfices.

On notera que dans les sociétés unipersonnelles (EURL ou SASU), l'associé unique appréhende seul les résultats positifs de cette exploitation.

3. L'*affectio societatis*

La validité de toute société est subordonnée, non seulement au consentement de chaque associé donné à l'instant de l'approbation des statuts, mais encore à l'existence d'un élément de nature psychologique, l'*affectio societatis.*

L'*affectio societatis*, exigé par la jurisprudence, consiste en une collaboration active, volontaire et égalitaire des associés. C'est la volonté de se mettre en société. L'*affectio societatis* illustre une volonté d'union ou une convergence d'intérêts. Tandis que dans les contrats synallagmatiques, les intérêts des contractants sont le plus souvent divergents, dans la société, tous les associés ont un intérêt à la bonne marche de l'affaire, les mobiles ou avantages antagoniques étant secondaires. Concrètement, au moins une entente minimale doit régner entre les associés.

L'*affectio societatis* constitue le fondement implicite des droits et obligations des associés. Elle détermine le droit pour chaque associé de faire partie de la société, ses droits pécuniaires et extra-pécuniaires, en particulier le droit à l'information, au vote, et d'une manière générale celui de participer aux décisions collectives (art. 1844 C. civ.). Elle détermine également les différentes obligations de l'associé, notamment celles d'accepter les décisions adoptées par la majorité et de ne pas faire concurrence à la société. En fait, elle sert à mettre à jour des situations de société fictives, et à mieux distinguer la société des autres contrats comportant une participation aux bénéfices (contrat de travail, prêt, etc.). En effet, l'*affectio societatis* est le seul critère du contrat de société qui se manifeste pendant toute la vie de la société.

On notera que dans les sociétés unipersonnelles (EURL, EARL) l'associé recherche une limitation de son obligation au passif : il n'existe pas, par hypothèse, de volonté de collaboration, d'*affectio societatis.*

§ 2 : La condition de forme : les statuts

L'article 1835 du Code civil impose la rédaction d'un écrit constatant la création de la société : il s'agit des statuts. On parle parfois de la « charte sociale » pour désigner ces derniers. En général, l'adoption des statuts est précédée d'un projet présenté aux associés par les fondateurs et qui peut, dans certains cas, faire l'objet d'une publicité particulière. Le projet de statuts doit être conforme aux conventions passées par les fondateurs lors des opérations préalables, notamment le cas échéant, à la promesse de société. Les fondateurs qui ne respecteraient pas cette règle, engageraient leur responsabilité contractuelle vis-à-vis des autres fondateurs. L'étude de la forme des statuts (A) celle de leur contenu (B) sera suivie de celle des sanctions en cas de non-respect des règles de forme (C).

●●● A. La forme des statuts

Les statuts constitutifs du contrat de société doivent être établis par écrit (art. 1835 C. civ.), faute de quoi le groupement social serait une société créée de fait. Le principe vaut pour les sociétés civiles, comme pour les sociétés commerciales (art. L. 210-2 C. com.). Seule la société en participation échappe à cette règle dans la mesure où elle n'a pas la personnalité morale (art. 1871 C. civ.).

●●● B. Contenu des statuts

Les statuts doivent contenir des mentions obligatoires individualisant la société, énoncées à l'article 1835 du Code civil : « Ils déterminent, outre les apports de chaque associé, la forme, l'objet, l'appellation, le siège social, le capital social, la durée de la société et les modalités de son fonctionnement ».

Néanmoins, certaines formes de sociétés répondent à des conditions plus souples, d'autres obéissent à des dispositions plus strictes que celles posées par l'article 1835 du Code civil. Ainsi, certaines sociétés sont tenues de se conformer à des statuts types, sans laisser aucune place à la liberté contractuelle de leurs fondateurs. Il s'agit, entre autres, des sociétés anonymes d'habitation à loyer modéré ou des sociétés anonymes de crédit immobilier (art. L. 422-5 Code de la construction et de l'habitation) ou encore des groupements agricoles d'exploitation en commun (GAEC). Les statuts peuvent, par ailleurs, contenir d'autres mentions facultatives, telles que celles prévoyant, pour les sociétés à responsabilité limitée (SARL), les modalités de cession des parts sociales.

●●● C. Sanctions des conditions de formation du contrat de société

En principe, il s'agit de la nullité absolue ou relative selon les cas. En pratique, la nullité est plutôt rare car elle est difficile à appliquer, et pourrait avoir des conséquences fâcheuses.

La nullité ne peut résulter que de la violation soit d'une disposition expresse de la loi prévoyant la nullité (une seule hypothèse est prévue par l'article L. 235-2 C. com.), soit des règles régissant la validité du contrat de société (défaut de consentement, d'apport, d'*affectio societatis*, etc.). De plus, sa prescription est de trois ans, et on peut la régulariser avant que la nullité ne soit prononcée, le tribunal pouvant par ailleurs accorder un délai de régularisation.

Si la nullité est prononcée, elle n'a pas en principe d'effet rétroactif. La société sera liquidée. Par exception, en cas d'annulation pour vice du consentement ou incapacité, la nullité agit rétroactivement en faveur de l'associé victime qui pourra obtenir la reprise intégrale de son apport. Dans les relations avec les tiers de bonne foi, les associés ne sauraient se prévaloir d'une nullité. Il faut enfin noter que la responsabilité civile des fondateurs à l'origine d'une cause de nullité affectant la société pourrait être engagée.

Le législateur favorise plutôt la régularisation, en admettant de nombreuses possibilités spontanées ou forcées.

Vice de constitution	Sanction	Régularisation ?
Validité du contrat de société : • vices du consentement - sociétés de personnes - sociétés de capitaux, SARL • incapacité - sociétés de personnes - sociétés anonymes, SARL • illicéité de l'objet social • illicéité de la cause • absence d'apports de but lucratif, d'*affectio societatis*	Nullité relative Pas de nullité Nullité relative si : Incapacité de n'importe quel associé Incapacité de tous les fondateurs Nullité absolue Nullité absolue Nullité	Par rachat des droits sociaux de l'associé victime du vice Régularisation par rachat des droits sociaux de l'associé incapable Pas de régularisation Pas de régularisation Possibilité de régularisation
Inobservation des conditions de forme : S.N.C. et société en commandite simple SA, SARL	Nullité relative prévue par l'article L. 235-2 c. com. pour défaut de publicité, facultative seulement (en cas de fraude des associés) Pas de nullité sans texte	Faire les formalités requises

Lecture

- Honorat J., « Les nullités de constitution de société », *Répertoire Défrénois* 1998, p. 3.
- Shiller S., Etain P., Gaudel P.-J., Delafaye B., Kerfant A.-S., Zagdoun B., « L'apport en industrie », *Actes pratiques et Ingénierie sociétaire* 2010, n° 110, p. 6.

Section III : La société, personne morale

Une personne morale est un groupement de personnes physiques qui constitue une réalité distincte de celle de ses membres. En droit privé, détiennent la personnalité morale les sociétés, les associations, les syndicats, etc.

Après avoir éclairci la notion de personnalité morale (§ 1), nous aborderons les formalités nécessaires à l'obtention de celle-ci (§ 2), pour examiner enfin le cas des sociétés dépourvues de personnalité morale (§ 3).

§ 1 : La notion de personne morale

Pour que le droit puisse s'appliquer, il doit y avoir des « sujets de droit », titulaires de droits subjectifs, et qui « subissent » les droits subjectifs des autres. Ces sujets de droit sont des « personnes », au sens juridique du terme. Il existe deux types de personnes : les personnes physiques (les êtres humains), et les personnes morales (qui sont des constructions juridiques). Les personnes morales sont des groupements, de personnes (physiques et/ou morales) et de biens, qui ont vocation à une activité autonome distincte des personnes qui les composent. Il a été reconnu que la personnalité morale « appartient en principe à tout groupement pourvu d'une expression collective pour la défense d'intérêts licites, dignes d'être juridiquement reconnus et protégés » (Cass. civ., 28 jan. 1954, *D.* 1954, p. 217, note G. Levasseur).

Les personnes morales peuvent relever du droit privé : il peut s'agir de groupement de personnes (comme les associations, les sociétés commerciales ou civiles, les syndicats, etc.), ou d'affectation de biens (comme les fondations) ; d'autres relèvent du droit public (comme l'État, les collectivités locales, les établissements publics administratifs, etc.).

La personnalité morale est une construction juridique, qui peut parfois sembler artificielle, mais qui est indispensable pour donner une existence juridique aux groupements et collectivités qui le souhaitent. Cela leur permet en effet d'être titulaires de droits, et d'obligations. La personne morale est ainsi autonome des membres qui la composent et de ses dirigeants. Elle dispose notamment d'une capacité juridique et d'un patrimoine propre.

Les personnes morales sont civilement et pénalement responsables (comme le sont les personnes physiques) de leurs actes et des dommages qu'elles causent. La personnalité morale peut donc faire, au moins en partie, écran à la responsabilité des personnes qui la composent. Selon leur forme, les personnes morales sont donc plus ou moins transparentes. Une limite s'applique cependant, puisque le principe de spécialité suppose que l'activité de la personne morale ne puisse s'étendre à d'autres objets que celui qui lui a été assigné. Au-delà de son objet, on ne peut donc retenir la responsabilité de la personne morale.

La fin de la personnalité morale peut provenir d'une volonté des membres du groupement, de l'expiration du temps prévu par les statuts, d'une décision administrative.

Les attributs de la personnalité morale sont l'existence d'un capital propre, le nom, le domicile, la capacité juridique, la nationalité et la responsabilité.

Le patrimoine de la société personne morale est nommé « capital social ». Il est nécessaire à l'existence d'une société. Il est, en principe, distinct du patrimoine de chaque associé. Les créanciers, les débiteurs de la société ne sont pas, en principe, ceux des associés.

La reconnaissance de la personnalité morale conduit la capacité de faire tous les actes nécessaires à la vie de la société : ester en justice, contracter (achat, vente, contrats de travail), avoir des responsabilités, par l'intermédiaire d'une personne physique désignée qui représente la société (gérant, administrateur, directeur). Ces représentants physiques engagent la société.

Le nom de la société personne morale est dit « raison sociale ». Le nom est protégé. Il ne peut pas être utilisé par une autre société. Un associé ne peut pas exiger que son nom soit enlevé du nom de la société lorsqu'il la quitte (la clientèle connaît la société sous un nom, la modification risquerait en conséquence de faire perdre toute valeur au fonds de commerce exploité par la société).

Le domicile appelé « siège social » est l'adresse du siège de la direction de la société. C'est le centre administratif de la société. Il est important pour les formalités, la procédure.

La personnalité morale vaut acquisition de nationalité : toute société qui a son siège en France est française et inversement, sauf à être une société européenne.

La responsabilité de la personnalité morale permet d'éviter que les personnes physiques interdites de commerce puissent se cacher, et pratiquer tout de même le commerce, sous l'écran d'une société.

§ 2 : L'acquisition de la personnalité morale par les sociétés : les formalités constitutives

Le processus d'immatriculation suppose au préalable que les statuts aient été rédigés. Les formalités constitutives ont pour objet de faire connaître la société aux tiers.

●●● A. L'immatriculation au registre du commerce et des sociétés

Aucun délai n'est fixé, mais il est préférable pour les associés d'effectuer la démarche d'immatriculation dès que possible. En effet, cette formalité est essentielle car elle confère à la société sa personnalité morale. Elle s'effectue via le centre de formalités des entreprises (CFE) auprès des chambres de commerce et d'industrie ou des chambres de métiers : le CFE effectue directement certaines formalités, saisit le greffe du tribunal de commerce pour procéder à l'immatriculation lorsque le dossier est complet, et informe toutes les administrations concernées. L'instauration du Guichet unique des entreprises depuis 2011 vise à faciliter ces démarches. La liste des mentions à déclarer figure aux art. R. 123-53 et suivants du Code de commerce.

Lors de l'immatriculation, la société commerciale reçoit un numéro, composé notamment de la lettre B et de son numéro SIREN (la lettre C pour les GIE, D pour les sociétés civiles, E pour les sociétés européennes, art. A. 123-29 C. com.). Pour preuve de cette immatriculation, le greffier du tribunal de commerce doit adresser à la société un extrait « K bis » rappelant les caractéristiques essentielles de la société.

Les sociétés non immatriculées n'ont pas la personnalité juridique. Depuis le décret du 1er septembre 2010, les personnes morales en formation doivent être inscrites au Répertoire national des entreprises mentionné à l'article R. 123-20 du Code de commerce (*D.* n° 2010-1042, 1er sept. 2010 : *JO* 3 sept. 2010, p. 16110), en attendant leur inscription définitive au Registre du commerce et des sociétés.

Un contrat passé par une société avant son immatriculation est frappé de nullité absolue : il ne peut pas être confirmé ou ratifié par un acte d'exécution de la société. (Cass. 3e civ., 5 octobre 2011, n° 09-70.571 et 09-72.855).

●●● B. L'annonce légale

Cette annonce reproduit les mentions obligatoires des statuts, et identifie les associés indéfiniment responsables des dettes, les dirigeants, les commissaires aux comptes. Elle a lieu dans un journal d'annonces légales compétent dans le ressort géographique du siège social de la société.

●●● C. La publicité au *BODACC*

Une publicité doit être effectuée au *Bulletin officiel des annonces civiles et commerciales* dans les 8 jours suivant l'immatriculation. Elle doit préciser le numéro de cette immatriculation.

S'ils n'ont pu en avoir connaissance, les tiers pourront demander l'inopposabilité des actes et indications des SARL et des sociétés par actions, soumis à cette publicité, faits avant le 16e jour suivant la publication (art. L. 210-5 C. com.).

Le site www.bodacc.fr est la version électronique du bulletin officiel des annonces civiles et commerciales édité par la Direction de l'information légale et administrative. Il assure la publicité des actes enregistrés au registre du commerce et des sociétés – le RCS – de l'immatriculation à la radiation, des procédures collectives et des avis de dépôt des comptes des entreprises. bodacc.fr publie également les avis de rétablissement personnel et les déclarations d'acceptation de succession à concurrence de l'actif net.

§ 3 : Les sociétés sans personnalité morale

Les formalités d'immatriculation au registre du commerce et des sociétés (RCS) confèrent à la société sa personnalité morale. En l'absence de cette publicité, la société est donc dépourvue de personnalité juridique, mais elle n'est pas nulle pour autant. Elle ne dispose pas d'un patrimoine propre, distinct de celui des associés, ni d'autres attributs de la personnalité morale (dénomination sociale, siège social, nationalité, capacité qui lui est propre, responsabilité civile et pénale, etc.). On distingue alors dans cette hypothèse deux types de société : la société créée de fait (A) et la société en participation (B).

●●● A. La société créée de fait

La société créée de fait correspond à la situation dans laquelle deux ou plusieurs personnes se sont comportées en fait comme des associés mais sans entreprendre les démarches nécessaires à la constitution de la société, dépourvue en conséquence de personnalité morale.

On peut la distinguer de la « société de fait », qui est une société voulue par les participants mais entachée d'un vice de constitution, qui a cependant fonctionné avant son annulation. La jurisprudence utilise cependant une terminologie variable, parlant quelquefois de société de fait quand il s'agit de société créée de fait.

La loi du 4 janvier 1978 a consacré la construction jurisprudentielle de la société créée de fait en décidant l'application des règles du Code civil de la société en participation à ce type de société (art. 1873 C. civ.).

Pour qu'il y ait société créée de fait, divers éléments du contrat de société doivent être réunis :

- les apports : ce sont dans ce cas souvent des apports en industrie ;
- la participation aux bénéfices et aux pertes ;
- l'*affectio societatis* : cet élément est déterminant ; il consiste en la participation sur un pied d'égalité à la vie de l'entreprise. Son existence doit alors être prouvée, ce qui est particulièrement délicat. La société créée de fait n'accède à la vie juridique que pour disparaître. Le but est de régler les conséquences de la rupture de ceux qui se sont comportés comme associés, ou de désintéresser les créanciers sociaux. Ainsi, la société créée de fait est souvent invoquée dans les rapports entre concubins, voire entre époux.

Chaque associé va reprendre ses apports ; les bénéfices et les pertes vont être répartis ; vis-à-vis des tiers, chaque associé est tenu solidairement des obligations nées des actes accomplis en qualité d'associé par l'un des autres (art. 1872-1 C. civ.).

●●● B. La société en participation

La société en participation est une société qui n'est pas immatriculée et qui n'a pas la personnalité morale, qui n'est pas soumise à publicité, mais qui remplit toutes les autres conditions de formation d'une société (art. 1871 C. civ.). En réalité, la société en participation n'est ni plus ni moins qu'un simple contrat de société. Les associés conviennent de ne pas procéder à la formalité de l'immatriculation, tout en posant les bases d'une véritable société. Ils ne cherchent pas à créer un être moral distinct des associés, mais à rester propriétaire des biens qu'ils mettent à la disposition de la société.

Ce genre de société est un instrument de coopération utile dans la vie des affaires. Elle peut tendre à des finalités très variées : exploitation de chantiers importants pour des groupes de BTP, coproduction d'œuvres de cinéma, mise en commun des moyens et des risques en matière bancaire ou d'assurance, etc.

Cette société :

- pourra être connue des tiers ou rester secrète ;
- sera civile ou commerciale selon la nature des opérations convenues ;
- peut être prouvée par tous moyens. Il faut noter que ce type de société est le plus souvent utilisé pour la coopération entre entreprise ou pour réaliser une opération ponctuelle, de manière assez discrète.

La société en participation est un contrat, elle doit donc satisfaire aux conditions relatives à la capacité, au consentement, à l'objet et à la cause (art. 1108 C. civ.), au nombre d'associés de la société en question et aux éléments constitutifs du contrat de société (apports, *affectio societatis*, participation aux bénéfices comme aux pertes).

Sa durée est libre. Aucune formalité n'est prescrite (puisque cette société ne sera pas immatriculée...). Il n'est pas nécessaire d'établir un écrit, mais dans les faits, ces sociétés sont en général établies par écrit (document sommaire ou différents actes juridiques). Le droit fiscal incite à l'établissement d'un écrit car il soumet le régime de l'impôt sur le revenu et le bénéfice de la transparence fiscale, à la communication à l'administration du nom et de l'adresse des associés, fournis par un écrit établissant la société.

Si les statuts ne prévoient rien, c'est le régime des sociétés en nom collectif qui trouvera à s'appliquer pour les sociétés commerciales.

Vis-à-vis des tiers, chaque associé traite en son nom personnel, même le gérant. Dans les relations internes, c'est le contrat de société qui détermine les droits et obligations de chaque associé.

●●● C. La société en formation et la reprise des engagements

Les associés doivent accomplir des actes, traduisant leur volonté non équivoque de créer une société.

Ainsi, ils signent les statuts, décident d'ouvrir un compte bancaire au nom de la société, demandent au tribunal de désigner un commissaire aux apports si la société se constitue par des apports en nature, etc. La loi n'a pas expressément fixé le point de départ, de la société et il faut donc étudier au cas par cas pour savoir si la société est ou non en formation.

Pendant la période de formation, qui peut durer de quelques jours à quelques années, les rapports entre associés sont régis par les règles applicables aux contrats et obligations (art. 1842 al. 2 C. civ.), et par les statuts de la société, s'ils ont déjà été signés. Une modification du pacte social pendant cette période ne pourra avoir lieu que selon la règle de l'unanimité (application du *mutuus dissensus* et du *mutuus consensus* du droit commun).

Avant l'immatriculation, une société en formation ne dispose pas encore de la personnalité juridique. Pourtant, les fondateurs doivent accomplir différents actes durant cette période : signer un contrat de bail, faire un prêt. Que vont devenir ces actes?

L'article L. 210-6 du Code de commerce prévoit la possibilité pour la société, une fois immatriculée et donc dotée de la personnalité morale, de reprendre à son compte les engagements ainsi contractés. Ne peuvent cependant faire l'objet d'une reprise que les actes juridiques (et non les faits juridiques), et à condition de respecter une des trois modalités suivantes, énoncées à l'article 6 du décret du 3 juillet 1978 :

- Les actes accomplis peuvent être annexés aux statuts de la société qui seront signés par les associés et seront ainsi automatiquement repris par la société dès son immatriculation. Cette formalité est impérative (Cass. com., 13 mars 2001, *BRDA* 7/01, p. 3).

- Si les statuts ont déjà été signés, ils peuvent prévoir un mandat donné à un associé pour prendre divers engagements, qui seront réputés pris au nom de la société. La teneur et les modalités des engagements doivent être précisés, une clause trop générale est considérée comme nulle ; le mandat peut aussi permettre de ratifier a posteriori des actes déjà passés (Cass. com., 1er juill. 2008, n° 07-10.676, P+B). Les engagements sont réputés repris au moment de l'immatriculation de la société (Cass. com., 14 janvier 2003, *Bull. Joly* 2003, p. 431).
- Enfin, une décision des associés à la majorité peut décider de la reprise des engagements.

Les trois possibilités de reprise sont énumérées limitativement : la reprise tacite, par exemple, n'est donc pas possible.

Par cette reprise, les actes seront réputés accomplis dès l'origine par la société, dégageant ainsi le ou les associés qui les ont accomplis. En revanche, si cette procédure de reprise n'est pas accomplie, les personnes qui ont agi au nom de la société en formation sont tenues solidairement et indéfiniment des actes accomplis. L'article 1843 du Code civil prévoit en effet : « Les personnes qui ont agi au nom de la société en formation avant l'immatriculation sont tenues solidairement des obligations nées des actes ainsi accomplis, avec solidarité si la société est commerciale, sans solidarité dans les autres cas. »

Lecture

- Barbièri J.-J., « Reprise des actes et fil jurisprudentiel », *Bulletin mensuel d'information des sociétés Joly* (*BMIS*) 2010, n° 11, p. 882 ;
- Gibirila D., « Société en formation et société créée de fait », *La Lettre Omnidroit* 2009, n° 67, p. 19.

Exercice

Questionnaire

Que pensez-vous des affirmations suivantes ?

1. Florian n'a absolument pas d'argent. Peut-il quand même devenir associé dans la société créée par ses amis ?

   ❑ oui ❑ non

2. Matthieu a oublié de faire la publicité de la création de sa SARL au BODACC. Ses associés peuvent-ils lui demander des dommages et intérêts ?

   ❑ oui ❑ non

3. La société « Pas de blues » peut-elle elle-même faire un procès au propriétaire des locaux voisins de son siège social, pour tapage diurne ?

   ❑ oui ❑ non

4. L'association « Plus forts dans le sport » est-elle responsable des dommages causés par l'un de ses adhérents lors d'une manifestation sportive ?

   ❑ oui ❑ non

5. Le contrat de bail passé par la société « Pardi », déclarée nulle pour vice du consentement des associés, est-il nul lui aussi ?

   ❑ oui ❑ non

Corrigé

1. OUI

Il peut faire un apport en nature (un bien, etc.) ou, selon la forme sociale, en industrie (travail, conseils, etc.).

2. OUI

Le fondateur est directement responsable des dommages causés par le non-respect des formalités nécessaires à la création de la société.

3. OUI

Le droit d'ester en justice est reconnu aux personnes morales.

4. OUI

L'association est une personne morale. En tant que telle, elle est directement responsable, civilement et pénalement, des dommages causés par ses membres.

5. NON

La nullité d'une société entraîne sa liquidation, elle n'a pas d'effet rétroactif.

Chapitre V
Les sociétés de personnes

Deux formes sociales appartiennent, dans la classification traditionnelle, à la catégorie des sociétés de personnes : la société en nom collectif (section I), et la société en commandite simple (section II). Rappelons que la société en participation et la société créée de fait se voient appliquer le régime juridique de la société en nom collectif dès lors qu'elles sont commerciales.

Section I : La société en nom collectif

La société en nom collectif est l'emblème même des sociétés de personnes. Elle présente des caractéristiques particulières (§ 1) et répond à des règles de constitution (§ 2) et d'organisation (§3) propres.

§ 1 : Caractéristiques

Il s'agit d'une société dans laquelle les associés, appelés associés en nom, ont tous la qualité de commerçant et répondent indéfiniment et solidairement des dettes sociales (art. L. 221-1 C. com.). La personnalité de chaque associé joue un rôle déterminant. La société en nom collectif correspond donc en principe essentiellement aux sociétés ayant un petit nombre d'associés, qui se connaissent bien, et qui sont soucieux de garder la maîtrise de la société.

La société en nom collectif (SNC) a une personnalité civile propre, mais celle-ci s'efface en cas de redressement judiciaire de la société car les associés subissent personnellement cette mesure au titre de leur responsabilité indéfinie et solidaire des dettes de la société. Pour cette raison, la SNC est assez peu répandue (environ 3 % des sociétés immatriculées).

Le principal avantage d'une société en nom collectif est de permettre à un certain nombre de personnes de réunir les capitaux nécessaires à l'établissement d'une entreprise. De même, la possibilité de mettre en commun les talents et la compétence de différents experts peut inciter certaines personnes à mettre sur pied une société en nom collectif. La mise sur pied d'une telle entreprise s'avère d'ailleurs beaucoup plus facile et moins coûteuse que la constitution d'une société par actions. La société en nom collectif fait également l'objet d'un contrôle moindre de la part des administrations que la société par actions. De plus, les associés d'une société de personnes disposent d'une liberté d'action plus grande que les actionnaires. Un associé peut donc retirer des fonds et prendre des décisions de toutes sortes sans qu'il soit nécessaire de convoquer des réunions et de s'astreindre à de nombreuses exigences juridiques. Enfin, comme une société de personnes n'existe pas indépendamment de ses associés, elle ne paie pas des impôts comme tels. En effet, sur le plan fiscal, elle n'est pas en principe soumise à l'impôt sur les sociétés (à moins qu'elle n'opte pour ce régime) : chaque associé est imposé au titre des bénéfices industriels et commerciaux sur ses propres revenus.

Une société en nom collectif comporte aussi de grands inconvénients, notamment la responsabilité mutuelle, ainsi que la responsabilité conjointe et solidaire. De plus, si une entreprise a besoin de capitaux considérables, il est moins facile de les obtenir en constituant une société en nom collectif qu'une société par actions, laquelle peut faire une offre au public de titres financiers en émettant des actions ou des obligations. Enfin, on ne doit pas sous-estimer les ravages que peut causer la mésentente entre les associés. Puisque chaque associé dispose d'un seul vote lors des décisions importantes, le jeu des alliances stratégiques peut provoquer un climat intolérable au sein de la société.

§ 2 : Règles de constitution

Si les règles communes à toutes les sociétés s'appliquent à la SNC, des conditions de fond (A) et de forme (B) particulières doivent être respectées lors de la constitution d'un SNC.

●●● A. Conditions de fond

Les associés, personnes physiques ou morales, sont au moins au nombre de deux, la loi n'imposant pas de maximum. Ils ont tous la qualité de commerçant.

Les apports se font soit en numéraire, soit en nature, soit en industrie. Lorsque l'apport d'un associé est en nature, il importe de déterminer la juste valeur des biens en cause le jour où la société en prend possession. Il est aussi nécessaire que cette juste valeur fasse l'objet d'un accord entre tous les associés. Ils constituent le capital social de la société, divisé en parts sociales. Il faut cependant préciser que les apports en industrie n'entrent pas dans la composition du capital.

Il n'y a pas de montant de capital social minimum, en raison de la responsabilité illimitée des associés. L'objet ou le genre d'activité que la société se propose d'exercer pour réaliser des bénéfices a une grande importance, car il délimite les pouvoirs des gérants à l'égard des tiers. L'article L. 221-5 du Code de commerce prévoit en effet que dans les rapports avec les tiers, le gérant engage la société par les actes entrant dans l'objet social (par ex. Cass., Com., 14 juin 2000, Pourvoi numéro 96-22.634, *BMIS*, 2000, n° 11, p. 1054).

La durée de la SNC est de 99 ans maximum ; elle est renouvelable.

●●● B. Conditions de forme

La dénomination sociale peut être constituée par le nom d'un ou de plusieurs associés, ou par un nom fantaisiste. Les statuts doivent être écrits et contenir des indications sur la forme, l'objet, le montant du capital et les modalités de fonctionnement de la société en nom collectif. Les associés disposent d'une grande liberté quant à leur contenu.

La société en nom collectif est soumise aux règles de publicité que le législateur a pris soin de sanctionner par la nullité, à l'article L. 235-2 du Code de commerce. Cependant, il existe une possibilité de régularisation, et le tribunal saisi n'est pas tenu de prononcer la nullité s'il constate qu'il n'y a pas eu de fraude.

§ 3 : Organisation

Toute société en nom collectif connaît une gérance (A) qui agit au nom des associés (B).

●●● A. La gérance

1. La nomination du gérant

La nomination du gérant s'effectue par les associés soit dans les statuts, soit par une décision à l'unanimité (à moins que les statuts n'en disposent autrement). Notons que l'article L. 221-3 du Code de commerce prévoit qu'en l'absence de stipulation contraire des statuts, tous les associés sont en même temps gérants.

Le gérant peut être une personne physique ou morale, associé ou non de la société (mais il est très rare qu'il ne soit pas associé). Le gérant n'est cependant pas soumis au même statut en fonction de sa qualité ou non d'associé :

- le gérant associé est soumis au régime fiscal des bénéfices industriels et commerciaux ; il ne peut cumuler son mandat avec un contrat de travail le liant à la société. Il a le statut de commerçant et relève du régime des travailleurs indépendants au niveau de la sécurité sociale ;
- le gérant non associé est soumis au régime fiscal des traitements et salaires ; il peut être lié à la société par un contrat de travail en plus de son mandat. Il relève du régime général au titre de la sécurité sociale.

2. La cessation des fonctions du gérant

Le gérant peut tout d'abord librement démissionner, sous réserve que cette démission ne soit pas brutale (elle serait alors source de responsabilité).

Son mandat peut être assorti d'une durée déterminée : l'arrivée de ce terme met fin à ses fonctions. Le gérant peut être révoqué par les associés (art. L. 221-12 C. com.) :

- à l'unanimité si tous les associés sont gérants ou si le gérant est désigné dans les statuts (Cass. com., 26 nov. 2003, *D.* 2003, AJ n° 3055, obs. A. Lienhard) ;
- à la majorité prévue éventuellement dans les statuts si le gérant a été désigné par décision ultérieure (à défaut de précision statutaire, il faudra l'unanimité si le gérant est associé) ;

- à la majorité des associés si le gérant n'est pas associé, sauf condition plus contraignante prévue dans les statuts. La révocation du gérant statutaire entraîne en principe la dissolution de la société sauf stipulation contraire des statuts ou décision unanime des associés (autres que le gérant) de continuer la société. Le gérant révoqué peut alors décider de se retirer, ses droits sociaux lui étant alors remboursés.

3. Les pouvoirs du gérant

Dans les rapports entre associés, l'article L. 221-4 du Code de commerce prévoit que : « [...] le gérant peut faire tous les actes de gestion dans l'intérêt de la société. [...] En cas de pluralité de gérants, ceux-ci détiennent séparément les pouvoirs prévus à l'alinéa précédent, sauf le droit pour chacun de s'opposer à toute opération avant qu'elle soit conclue. »

Dans les rapports avec les tiers, l'article L. 221-5 du Code de commerce précise : « [...] le gérant engage la société par les actes entrant dans l'objet social ».

En cas de pluralité de gérants, ils détiennent séparément les pouvoirs accordés au gérant unique et chacun d'eux peut s'opposer à une opération avant qu'elle ne soit conclue ; si l'acte n'est pas contraire à l'objet social, le tribunal, ou les associés à l'unanimité, peuvent lever l'opposition.

Il faut également noter que des clauses statutaires peuvent par ailleurs limiter les pouvoirs du ou des gérants, mais elles ne sont pas opposables aux tiers, à moins qu'ils n'en aient eu connaissance.

4. La responsabilité du gérant de SNC vis-à-vis de la société et des associés

Le gérant, s'il est responsable civilement à l'égard des tiers, l'est également vis-à-vis de la société et des associés. Il s'agit alors d'une responsabilité civile de type contractuelle, supposant la réunion de trois éléments :

- une faute : trois hypothèses sont concevables :
  . le gérant a violé des dispositions législatives ou réglementaires, notamment celles régissant les sociétés. Il peut s'agir par exemple d'un refus de convoquer l'assemblée des associés ;

- . le gérant n'a pas respecté les statuts de la société telles, par exemple, des dispositions prévoyant l'intervention des associés pour certaines décisions,
- . le gérant a commis des fautes dans sa gestion, a négligé les affaires sociales. On doit alors pour apprécier cette faute se situer au temps de la prise de décision, l'activité économique supposant des risques que le gérant ne saurait assumer lorsqu'ils se réalisent. Ainsi en est-il si une opération dont le défaut de rentabilité était manifeste et prévisible est réalisée ;

- un préjudice : ce préjudice doit être établi, prouvé. Il peut être subi par la société ou par l'un des associés (hypothèse cependant plus rare) ;
- un lien de causalité entre le préjudice et la faute : c'est la faute du gérant qui doit être à l'origine du préjudice subi. Si ces trois conditions sont réunies, une action en responsabilité peut être introduite devant le tribunal de commerce dans les trente ans à compter du fait dommageable. Le délai de droit commun s'applique aux sociétés en nom collectif en l'absence de texte spécifique.

L'action est alors menée soit par un associé pour réparer son préjudice, soit par la société. Se pose alors un problème. Seul le gérant peut représenter la société, or il ne souhaitera pas engager sa propre responsabilité. Pour résoudre cette difficulté, l'article 1843-5 du Code civil prévoit dans cette hypothèse la possibilité pour les associés d'agir au nom de la société, en « court-circuitant » le gérant. On parle alors d'action *ut singuli*.

Ni une décision de l'assemblée, ni une clause statutaire ne peuvent écarter cette responsabilité ou la soumettre à conditions. Au-delà de cette responsabilité civile, le gérant a également une responsabilité pénale. Il n'existe cependant pas d'incriminations spécifiques pour la société en nom collectif, tels que l'abus de biens sociaux. Il faut alors en revenir au droit pénal commun (abus de confiance, escroquerie, etc.).

●●● B. Les associés

La transparence de la société en nom collectif résulte de la possibilité qu'ont les créanciers de la société de poursuivre ses associés si celle-ci est défaillante ; ainsi, les associés ne peuvent pas s'effacer derrière la société et restent présents et responsables.

Le créancier peut choisir de poursuivre n'importe lequel des associés pour la totalité des sommes dues. Chaque associé dispose d'un recours contre les autres, mais supporte le risque de leur insolvabilité.

Les associés ont certains droits pendants de leurs obligations. Il s'agit d'abord de droits d'information et de contrôle. Ainsi, quinze jours avant l'assemblée générale annuelle, les associés doivent recevoir le rapport sur les opérations de l'exercice, le compte de résultat, le bilan et le texte des résolutions proposées (art. L. 221-7 C. com.). De même, les associés non gérants ont le droit, deux fois par an, d'obtenir communication des livres de comptes, des contrats, factures, des correspondances et des procès-verbaux. Ils peuvent aussi, deux fois par an, poser des questions écrites sur la marche de la société (art. L. 221-8 C. com.).

Les associés doivent également désigner un commissaire aux comptes titulaire et un commissaire aux comptes suppléant si, à la clôture de l'exercice, la société atteint deux des trois seuils fixés à l'article L. 221-9 du Code de commerce, c'est-à-dire :

- un total du bilan de 1 550 000 € ;
- un chiffre d'affaires de 3 100 000 € hors taxes ;
- 50 salariés en moyenne au cours d'un exercice. Le principal pouvoir des associés est le droit de participer aux décisions collectives. La réunion d'une assemblée est obligatoire dans deux cas : pour l'approbation des comptes annuels ou lorsque la réunion est demandée par un associé. Seuls les associés peuvent participer à l'assemblée, et ils peuvent se faire représenter par un autre associé. Les décisions régulièrement prises s'imposent à tous les associés. En raison du fort « *intuitu personae* » marquant la société, chaque associé dispose en principe d'une seule voix, et les décisions doivent être prises à l'unanimité. Les statuts peuvent cependant en disposer autrement.

Le vote à l'unanimité reste toujours obligatoire pour :

- la cession des parts ;
- la continuation de la société ;
- la transformation de la société en nom collectif en une autre société d'autre forme. La qualité d'associé conduit également à être titulaire de droits pécuniaires. Tout associé a droit aux bénéfices sociaux dont la répartition s'effectue conformément aux statuts.

L'associé perd sa qualité d'associé lorsqu'il cesse d'être membre de la société par la cession de sa part ou par son rachat, par son décès, par l'ouverture à son égard d'un régime de protection, par sa faillite ou par l'exercice de son droit de retrait ; il cesse aussi de l'être par sa volonté, par son expulsion ou par un jugement autorisant son retrait ou ordonnant la saisie de sa part.

Puisque la personnalité des associés est importante, les parts sociales ne peuvent être cédées entre vifs qu'avec le consentement de tous les associés, et toute clause contraire est réputée non écrite (art. L. 221-13 C. com.). Ainsi, tout nouvel associé doit au préalable avoir été accepté par les autres, et un associé en place peut être empêché de vendre ses parts. Cette cession n'est opposable aux tiers que par le dépôt au greffe du tribunal de commerce de deux originaux de l'acte. En effet, la personnalité des associés joue aussi un rôle primordial pour les créanciers.

En cas de décès d'un associé, ou d'absence de capacité commerciale de l'un d'entre aux, la société en nom collectif prend normalement fin, sauf stipulation contraire dans les statuts.

Lecture

Coquelet M.-L., « Quel avenir pour la SNC ? », *Droit des sociétés* 2010, n° 12, p. 1.

Section II : La société en commandite simple

Quel est l'intérêt de la commandite simple ? Imaginons le cas d'une personne, qui a inventé une technique ; elle est titulaire d'un brevet d'exploitation, mais elle n'a pas les fonds nécessaires pour exploiter son activité : elle va donc trouver une personne avec des capitaux afin d'exploiter le brevet.

La société en commandite simple (SCS) va être composée de deux catégories d'associés : les associés commandités (l'inventeur dans notre exemple) et les associés commanditaires. Pour le commanditaire, l'intérêt est de limiter son risque au montant de son apport.

La société en commandite simple présente un autre intérêt : elle permet à des personnes auxquelles il est interdit de faire du commerce de placer leurs capitaux sans enfreindre la loi : ils sont commanditaires et non commerçants.

La société en commandite simple est aussi parfois issue de la transformation d'une SNC, à la suite d'un décès et de l'héritage par un mineur : celui-ci ne pouvant avoir la qualité de commerçant, la transformation de la SNC en SCS évite la dissolution de la société ; le mineur est alors commanditaire, et les autres associés, s'ils souhaitent conserver leur statut antérieur, deviennent commandités.

La société en commandite simple est souvent présentée comme ayant peu d'avantages et une structure complexe avec une dualité plutôt contraignante. Ainsi, le régime juridique distinct des commanditaires (qui ne peuvent s'immiscer dans la gestion de la société) et des commandités (indéfiniment et solidairement responsables, mais on peut nommer une personne morale) peut être source de tensions. De plus, au point de vue du droit fiscal, les commandités sont soumis à l'impôt sur le revenu des bénéfices sociaux alors que les commanditaires relèvent de l'impôt sur les sociétés pour les bénéfices et impôts sur le revenu pour les dividendes.

Comme pour les autres formes de sociétés, nous aborderons les caractéristiques particulières (§ 1), puis les règles de constitution (§ 2) et d'organisation (§ 3) propres.

§ 1 : Caractéristiques

La société en commandite simple est une société formée entre deux catégories d'associés :

- un ou plusieurs commandités, qui sont des associés indéfiniment et solidairement responsables des dettes de la société (comme dans les sociétés en nom collectif). Ils ont tous la qualité de commerçants ;
- un ou plusieurs commanditaires, qui ne sont tenus des mêmes dettes qu'à concurrence de leurs apports (comme dans les SARL ou les SA). Ils ne sont pas commerçants.

Notons que l'État ou un gouvernement local ne peut être associé dans une société en commandite simple. La société en commandite simple est toujours commerciale, quel que soit son objet.

Elle a une personnalité civile propre. Sa direction est confiée à un ou plusieurs gérants, associés commandités ou non associés.

§ 2 : Règles de constitution

La constitution suppose le respect de règles de fond (A) et de règles de forme (B).

●●● A. Les conditions de fond

La société en commandite simple doit satisfaire aux conditions des articles 1108 du Code civil (relatif à la capacité, au consentement, à la cause et à l'objet licite) et 1832 du Code civil (relatif au contrat de société). Il faut aussi signaler que :

- la capacité commerciale est nécessaire pour les associés commandités qui ont le statut d'associés en nom collectif, et la capacité civile est seule requise pour les associés commanditaires ;
- les associés, personne physique ou personne morale, sont au minimum deux ;
- aucun capital minimum n'est requis par la loi et les apports peuvent être faits en nature, en numéraire, ou en industrie. La libération du capital est libre ; celui-ci est divisé en parts sociales sans valeur minimale.

La société en commandite simple est désignée par une dénomination sociale, et sa durée ne peut être supérieure à 99 ans, renouvelable.

●●● B. Les conditions de forme

Les statuts doivent être écrits. La société en commandite simple est soumise aux formalités de publicité habituelles aux sociétés commerciales. Le défaut d'accomplissement de ces formalités est une cause de nullité du contrat de société prévue à l'article L. 235-2 du Code de commerce, qui peut cependant être régularisée.

La dénomination sociale contient obligatoirement le nom d'un ou plusieurs des associés responsables et solidaires, et ne peut contenir le nom d'associés commanditaires.

§ 3 : L'organisation de la société en commandite simple

L'originalité de la société en commandite simple réside dans le fait que seuls les associés commandités ou des tiers peuvent être gérants.

A. La gérance

Le gérant peut être une personne physique ou une personne morale, un commandité ou une personne étrangère à la société. La nomination, la rémunération, et les pouvoirs des gérants obéissent aux règles de la gérance d'une société en nom collectif. Les associés commanditaires ne peuvent faire aucun acte de gestion externe, c'est-à-dire des actes les mettant en rapport avec les tiers ; ils pourront seulement faire des actes de gestion interne, c'est-à-dire des actes propres à la société (article L. 222-6 C. com.).

Si un associé commanditaire s'immisce dans la gestion externe de la société, il en sera responsable solidairement avec les associés commandités et pourra subir les sanctions applicables au dirigeant de fait, c'est-à-dire être poursuivi sur son propre patrimoine. Il s'agit ici de protéger les tiers.

B. Les associés

Les particularités du statut des associés sont les suivantes :

- les associés commandités et commanditaires composent ensemble les assemblées générales ; ils seront réunis pour approuver les comptes annuels et si la réunion a été demandée par un associé commandité ou par le quart en nombre et en capital des commanditaires (art. L. 222-5 C. com.) ;
- les statuts doivent fixer la majorité requise pour approuver le vote des décisions collectives ordinaires, c'est-à-dire celles qui n'entraînent pas de modifications statutaires ; cependant, pour les décisions collectives extraordinaires, c'est-à-dire celles qui entraînent des modifications statutaires, la loi a fixé les conditions de majorité qui ne peuvent pas être plus strictes (art. L. 222-9 C. com.). Ainsi, en cas de changement de nationalité l'accord unanime des associés est demandé, et, pour les autres modifications statutaires, l'unanimité des commandités et la majorité en nombre et en capital des commanditaires est requise ;
- les décisions modifiant les statuts nécessitent le consentement de l'unanimité des commandités et de la majorité en nombre et en capital des commanditaires. Les autres décisions sont prises dans les conditions fixées par les statuts. Toute cession doit être autorisée par décision unanime des associés (quelques dérogations statutaires possibles mais dans des limites fixées par la loi).

Les modifications statutaires feront l'objet des formalités de publicité habituelles. Les commandités ont les mêmes droits que les associés en nom collectif (art. L. 222-1 C. com.). Les commanditaires ont le droit de participer à la vie de la société et de partager les bénéfices et le bonus de liquidation. Les commanditaires ne peuvent exercer aucun acte de gestion externe. En revanche, les commanditaires peuvent participer à la gestion interne de la société, et notamment contrôler les comptes : deux fois par an, ils peuvent obtenir communication des livres et documents sociaux, et poser des questions par écrit à la gérance.

Les parts sociales ne peuvent être cédées entre vifs qu'avec le consentement de tous les associés, mais les statuts pourront prévoir des règles de cession plus souples.

La procédure d'agrément des nouveaux associés est identique à celle de la société en nom collectif. Les commandités sont responsables indéfiniment et solidairement des dettes de la société, ce qui veut dire que le créancier impayé par la société peut se retourner contre les associés et saisir leurs biens personnels. Les commanditaires ne sont responsables de ces dettes que jusqu'à concurrence de leurs apports.

Le contrôle de la société en commandite simple peut être facultativement exercé par un commissaire aux comptes ou obligatoirement si deux des trois seuils prévus par la réglementation sont atteints, comme dans la société en nom collectif.

Lecture

Kergali Y., « Sociétés en commandite simple : Une forme juridique sous-employée », *Option Finance* 1998, n° 518, p. 38.

Exercice

Questionnaire

Que pensez-vous des affirmations suivantes ?

1. Magali, 17 ans, peut-elle créer une SNC avec son oncle et son cousin ?

   ❑ oui ❑ non

2. Antoine, enseignant de mathématiques dans un lycée public, peut-il être nommé gérant de la société en commandite simple, dont il est déjà associé ?

   ❑ oui ❑ non

3. Juliette, gérante associée de la SNC « Au bar des bons amis », a fait une importante commande de boissons sans avertir ses associés. La commande est-elle néanmoins valable ?

   ❑ oui ❑ non

4. Les associés ne veulent plus de Juliette comme gérante : peuvent-ils la révoquer ?

   ❑ oui ❑ non

5. Juliette en a assez des querelles que lui cherchent les associés. Peut-elle librement quitter la société ?

   ❑ oui ❑ non

Corrigé

1. NON

Magali est mineure et n'a donc pas la capacité commerciale, indispensable pour être associé en nom collectif.

2. NON

Antoine est fonctionnaire, il n'a pas la capacité commerciale. Il est donc nécessairement associé commanditaire ; or, un commanditaire a interdiction de s'immiscer dans la gestion d'une société en commandite simple.

3. OUI

Le gérant a tous les pouvoirs pour représenter la société vis-à-vis des tiers, d'autant que son acte rentre dans l'objet social.

4. OUI

La révocation d'un gérant associé d'une SNC suppose l'unanimité de tous les autres associés. Toutefois, en l'absence de justes motifs, elle a droit à des indemnités.

5. NON

Il faut l'accord de tous les autres associés sur le projet de cession des parts sociales.

Chapitre VI
Les sociétés à responsabilité limitée

La société à responsabilité limitée (SARL) est une société hybride, en ce sens qu'elle relève des sociétés de personnes, du fait qu'il s'agit d'un contrat intuitu personae *(contrat conclu par des personnes en considération de la personnalité de chacun), mais également des sociétés de capitaux, dans la mesure où la responsabilité des associés est limitée au montant de leur apport. La SARL constitue un cadre juridique commode. En effet un capital minimal suffit à sa constitution, il n'est par ailleurs pas nécessaire de réunir sept associés comme dans les sociétés anonymes à objet commercial. De plus, un ou plusieurs gérants en assurent la gestion et non un organe collégial comme un conseil d'administration. Le commissariat aux comptes n'est pas obligatoire dans les SARL d'envergure restreinte, du moins tant que ce rouage n'est pas demandé par un ou plusieurs associés représentant 10 % du capital. Par ailleurs, en devenant membre d'une société à responsabilité limitée, on risque tout au plus de perdre l'argent ou les biens en nature dont on lui fait apport. Enfin, les associés d'une SARL soumise à l'impôt sur les sociétés n'acquittent l'impôt que sur les sommes qui leur sont effectivement versées au titre des bénéfices ou des rémunérations ; les bénéfices mis en réserve ne sont pas imposables au nom des associés. Sous le régime des sociétés soumises à l'impôt sur les sociétés, la société a donc, en quelque sorte, la maîtrise de l'imposition de ses associés.*

La gamme des entreprises en SARL est particulièrement étendue ; elle va de la modeste entreprise artisanale jusqu'à l'importante filiale commune de sociétés de première grandeur. Elle peut être pluripersonnelle, la SARL classique compte de 2 à 100 associés au maximum (section I) ou unipersonnelle, on est alors en présence d'une SARL à associé unique, communément appelée EURL (section II).

Section I : La société à responsabilité limitée

La forme juridique SARL a été « importée » du droit allemand en France en 1925, afin de donner à l'ensemble du pays un type de société qui était connu et apprécié dans les départements de l'Alsace et de la Lorraine.

La loi du 7 mars 1925 contenait une réglementation qui avait la prétention de se suffire à elle-même. Elle a subi assez rapidement d'importantes modifications tendant à appliquer aux sociétés à responsabilité limitée certaines réformes du droit français des sociétés, notamment celles qui ont eu pour objet de développer la responsabilité des dirigeants des sociétés anonymes. Le décret-loi du 30 octobre 1935, qui a prescrit des règles nouvelles sur la publicité, la nullité et la prescription en matière de sociétés, a modifié le texte de la loi de 1925 pour le mettre en accord avec ces règles. La déchéance du droit de gérer ou d'administrer une société, la responsabilité pénale des gérants, la responsabilité civile des gérants au cas de faillite de la société ont successivement complété et altéré le régime primitif.

La loi du 24 juillet 1966 a conservé les réformes introduites depuis 1925 tout en renforçant la responsabilité civile et pénale du gérant notamment en cas de faillite de la société. Elle y a ajouté d'importantes innovations tendant à la protection des associés et des tiers.

La loi du 11 juillet 1985 a retenu le cadre légal de la SARL, tracé par la loi de 1966, pour y introduire le concept nouveau d'entreprise unipersonnelle à responsabilité limitée (EURL).

Ces dispositions sont aujourd'hui codifiées aux articles L. 223-1 et suivants du Code de commerce. L'ordonnance n° 2004-274 du 25 mars 2004 portant simplification du droit et des formalités pour les entreprises modifie assez sensiblement le régime juridique des SARL Parmi les réformes qui apparaîtront sans doute les plus spectaculaires, la faculté d'émission d'obligations ainsi que le passage de cinquante à cent du nombre maximum d'associés pourront être retenus comme traduisant un rapprochement de la SARL de la catégorie des sociétés de capitaux. Par ailleurs, la reconnaissance légale du droit, largement ouvert, d'aménagement dans les statuts du sort des parts sociales de l'associé décédé conduit à renforcer la prise en considération de la personne, élément caractéristique des sociétés de personnes. Aujourd'hui encore, la SARL connaît un grand succès. Ce sont les PME qui adoptent le plus souvent cette forme sociale, même si au regard du formalisme, les textes applicables aux SARL ont fait de très nombreux emprunts aux institutions de la société anonyme.

§ I : Définition et caractéristiques

De la définition même de la SARL (A) découlent ses traits caractéristiques (B).

●●● A. Définition de la SARL

La société à responsabilité limitée est une société commerciale groupant des associés qui n'acquièrent pas la qualité de commerçants et ne sont, en principe, responsables que sur leur apport.

La SARL a un caractère hybride, à mi-chemin entre les sociétés de personnes et les sociétés de capitaux : si la personnalité de l'associé y est importante (ainsi que le montrent par exemple les règles de cession des parts sociales), son organisation se rapproche plutôt de celle de la société anonyme.

●●● B. Caractéristiques

Au-delà des règles applicables à toute société, la SARL est caractérisée par des règles spécifiques concernant sa dénomination (1), la responsabilité des associés et gérants (2), la composition de son capital (3) et son objet social (4).

1. La dénomination de la SARL

La société est désignée par une dénomination sociale que les associés choisissent librement, sous réserve des règles de propriété industrielle protégeant les appellations de sociétés. Le nom d'un ou de plusieurs associés peut y être incorporé (art. L. 223-1 C. com.).

Afin de renseigner les tiers sur la société avec laquelle ils contractent, la loi exige que, dans tous les actes et documents sociaux destinés aux tiers, la dénomination sociale soit précédée ou suivie immédiatement des mots « société à responsabilité limitée » ou des initiales « SARL » et de l'énoncé du capital social.

2. La responsabilité des associés et gérants

L'engagement des associés est, en principe, limité au montant des apports. Toutefois, une série d'exceptions atténuent très sensiblement le principe fondamental de la limitation de la responsabilité.

Tout d'abord, les créanciers exigent dans la plupart des cas, pour traiter avec une SARL, un engagement personnel et inconditionnel d'un ou de plusieurs associés solvables, généralement investis des fonctions de gérant ou apparaissant comme les véritables maîtres de l'affaire, qui devront se porter cautions solidaires.

Par ailleurs, en application de l'article L. 624-3 du Code de commerce modifié relatif au redressement et à la liquidation judiciaires des entreprises, lorsque le redressement ou la liquidation judiciaire d'une personne morale fait apparaître une insuffisance d'actif, le tribunal de commerce peut en cas de faute de gestion ayant contribué à cette insuffisance d'actif décider que les dettes de la personne morale seront supportées, en tout ou en partie, avec ou sans solidarité, par tous les dirigeants de droit ou de fait, rémunérés ou non, ou par certains d'entre eux.

De même, il résulte des articles L. 266 et L. 267 du Livre des procédures fiscales que les gérants de SARL peuvent être rendus solidairement responsables du paiement des dettes fiscales de celle-ci en cas de manœuvres frauduleuses ou encore d'infractions répétées (gérants majoritaires) ou d'infractions graves et répétées (gérants minoritaires) ayant rendu impossible leur recouvrement.

Enfin, les associés sont solidairement responsables pendant cinq ans, à l'égard des tiers, de la valeur attribuée aux apports en nature lors de la constitution de la société lorsqu'il n'y a pas eu de commissaire aux apports ou lorsque la valeur retenue est différente de celle proposée par le commissaire aux apports (art. L. 223-9 C. com.).

3. Un capital divisé en parts sociales

Le capital social, c'est-à-dire l'actif de la société, est divisé en parts sociales qui ne sont pas librement cessibles à des tiers étrangers à la société. Il faudra, en effet, obtenir l'agrément des associés pour toute session. Seule la cession au profit d'un membre de la famille n'est pas soumise à la procédure d'agrément, sauf stipulation contraire des statuts.

4. L'objet social

La société peut être constituée pour un objet quelconque, pourvu qu'il soit licite. Des dispositions spéciales interdisent aux sociétés à responsabilité limitée certaines entreprises : il en est ainsi en particulier pour les entreprises d'assurances, de capitalisation et d'épargne (art. L. 223-1 C. com.). Il en est de même pour l'exploitation des bureaux de tabac.

La loi du 8 juillet 1948 a autorisé la société à responsabilité limitée entre pharmaciens en vue de l'exploitation d'une officine à la condition que la société ne soit propriétaire que d'une seule officine et que la gérance soit assurée par un des pharmaciens associés.

§ 2 : La constitution de la société. Aux questions classiques des conditions de fond (A) et de forme (B) de la constitution d'une SARL, s'ajoute celle de la responsabilité des fondateurs (C)

●●● A. Conditions de fond pour la constitution de la société à responsabilité limitée

Pour que la société à responsabilité limitée soit valablement constituée, diverses conditions tenant au contrat de société doivent être remplies :

- le consentement des associés ne doit être ni vicié, ni irréel ;
- la capacité civile des associés est nécessaire ;
- l'objet doit être possible et licite, cette société est commerciale, quel que soit son objet ;
- la cause de la société, c'est-à-dire la raison pour laquelle la société a été constituée, doit être licite et morale.

1. Le nombre d'associés

Depuis l'adoption de la loi du 11 juillet 1985 sur la société unipersonnelle à responsabilité limitée, le nombre minimum d'associés est fixé à un seul (jusqu'à cette date, il fallait au minimum deux associés) et dans ce cas on parle d'EURL. Un nombre maximum d'associés est fixé à 100 (art. L. 223-3 C. com.). En cas de dépassement de ce chiffre, la société a un an pour régulariser sa situation, au besoin via une transformation de sa forme sociale ; à défaut elle sera dissoute automatiquement.

2. Souscription et libération du capital social

Le capital des SARL ou EURL est de 1 € minimum (art. L. 223-2 C. com.). Les parts sociales doivent être souscrites en totalité par les associés. Elles doivent être intégralement libérées, lorsqu'elles représentent des apports en nature, et d'au moins un cinquième de leur montant pour les apports en numéraire, la libération totale devant intervenir dans les cinq ans de l'immatriculation au RCS, ou avant toute souscription de nouvelles parts sociales (art. L. 223-7 C. com.). Le montant du capital doit figurer dans les statuts et dans tous les actes et documents de la société destinés aux tiers.

Les apports numéraires, c'est-à-dire en argent, doivent être déposés, dans les huit jours de leur réception pour le compte de la société en formation, dans une banque, chez un notaire ou à la caisse de dépôt et de consignation. Ils sont bloqués et leur retrait ne peut avoir lieu qu'après immatriculation de la société au registre du commerce et des sociétés et, sur présentation du certificat du greffier attestant cette immatriculation (« extrait Kbis »). À défaut de constitution de la société dans les six mois après les premiers dépôts de fonds, les apporteurs ou le mandataire peuvent demander le retrait des fonds (art. L. 223-8 C. com.).

Toutefois, les associés peuvent décider que ce capital soit plus important et ne libérer que 20 % de ce capital lors de la création.

Les apports en nature, c'est-à-dire ni en argent ni en industrie, peuvent être apportés en pleine propriété ou en jouissance. Ils doivent être évalués dans les statuts au vu d'un rapport d'un commissaire aux apports. Toutefois, les futurs associés peuvent décider de ne pas y avoir recours si aucun apport en nature ne représente une valeur supérieure à 7 500 €, et si l'ensemble des apports en nature constitue moins de la moitié du capital social (art. L. 223-9 C. com.). Les apports en industrie, c'est-à-dire en travail, sont interdits ; cependant, lorsque l'objet de la société porte sur l'exploitation d'un fonds de commerce ou d'une entreprise artisanale apporté à la société ou crée par elle, l'apporteur en nature ou son conjoint peut apporter son industrie lorsque celle-ci est en relation avec la réalisation de l'objet social.

Exemple : dans le cas d'un capital de 7 500 €, les associés pourront apporter 3 750 € en matériel. Et comme il doit obligatoirement apporter 20 % en espèces *(1 500 €)*, au total 70 % du capital sera déjà libéré. Le reste, soit 30 % *(2 250 €)*, pourra être libéré sur les 5 années suivant la création.

L'ensemble des apports (sauf celui en industrie) constitue le capital social qui est divisé en parts sociales non négociables (art. L. 223-12 C. com.), dont la valeur nominale est libre. La répartition des parts entre les associés doit être mentionnée dans les statuts.

L'avantage de la SARL à capital variable, réside dans le fait que le capital peut osciller entre le minimum prévu par la loi (1 €) et un maximum à fixer (et qui n'engage pas) avec l'arrivée ou le départ de nouveaux associés, sans avoir à modifier les statuts, à refaire un dépôt auprès du greffe du tribunal, à faire paraître d'annonce légale, et donc, d'éviter tous les frais qui sont liés (la modification des statuts entraîne des droits d'enregistrement).

Par exemple, le capital minimum est de 10 €. Le capital maximum est fixé à 22800 €. Si les associés décident d'augmenter le capital a 10000 €, il n'y aura aucune formalité à accomplir. Juste un procès-verbal de réunion devra être dressé.

●●● B. Conditions de forme

Les associés donnent leur consentement en signant l'acte de société, en personne ou par mandataire justifiant d'un pouvoir spécial (art. L. 223-6 C. com.).

En principe, les statuts peuvent être établis par acte authentique ou sous seing privé. S'ils sont sous seing privé, il est dressé autant d'originaux qu'il est nécessaire pour le dépôt d'un exemplaire au siège social et l'exécution des formalités requises ; en outre, un exemplaire sur papier libre doit être remis à chaque associé. Aux statuts, sont annexés, le cas échéant, un rapport du commissaire aux apports et un état des actes accomplis pour le compte de la société en formation.

Comme dans toute société, les statuts doivent déterminer la forme, la durée qui ne peut excéder 99 ans, la dénomination, le siège, l'objet social et le montant du capital (art. L. 210-2 C. com.). À ces mentions « d'état civil » s'ajoutent les mentions obligatoires concernant :

- l'évaluation de chaque apport en nature (art. L. 223-9 C. com.) ;
- la répartition des parts entre les associés (art. L. 223-6 et L. 241-1 C. com.) ;
- la libération du capital (art. L. 241-1 C. com.) ;

- le dépôt des fonds correspondant aux apports en numéraire (art. L. 241-1 C. com.) ;
- la date de clôture de l'exercice social.

Comme toute société, la SARL est soumise à publicité.

●●● C. La responsabilité des fondateurs

Au cas où la nullité de la SARL est prononcée, les premiers gérants et les associés auxquels cette nullité est imputable sont solidairement responsables envers les autres associés et les tiers du dommage résultant de l'annulation (art. L. 223-10 C. com.). Cette action se prescrit par trois ans à compter du jour où la décision d'annulation est passée en force de chose jugée ; si le vice a disparu, elle peut encore être exercée pendant un délai de trois ans à compter du jour où la nullité est couverte (art. 1844-17 C. civ.). Aussi, les fondateurs et les premiers gérants sont-ils responsables solidairement du préjudice causé par le défaut d'une mention obligatoire dans les statuts, ainsi que par l'omission ou l'accomplissement irrégulier des formalités de constitution, sur le fondement de l'article 1382 du Code civil. L'action se prescrit par dix ans à compter de l'inscription de la société au registre du commerce.

§ 3 : L'organisation de la SARL

L'attribution de parts sociales constitue la base du fonctionnement de la SARL (A). L'administration de la SARL lui permet ensuite de fonctionner et d'avoir une vie sociale (B). Cette vie n'est cependant pas illimitée, la SARL peut être dissoute (C).

●●● A. Les parts sociales

Les parts sociales sont attribuées en fonction des apports de chaque associé, l'ensemble formant le capital social. Après avoir étudié la définition des parts sociales (1), nous verrons la question de leur transmission, entre vifs (2) puis pour cause de décès (3) ; enfin, nous aborderons la question de la modification du capital social (4).

1. Définition

La loi défend de représenter les parts sociales par des titres négociables, nominatifs, à ordre ou au porteur (art. L. 223-12 C. com.). L'associé doit justifier de l'existence de son droit par la production de l'acte de société. S'il ne l'a pas entre les mains, il faut qu'il s'en fasse délivrer copie au siège social ou au greffe.

Bien que le capital social soit divisé en parts sociales d'une valeur nominale égale (art. L. 223-2 C. com.), il n'est pas exigé que toutes les parts donnent à leurs porteurs des droits financiers (et non politiques en raison du principe d'égalité prévu par la loi) égaux sous réserve de l'interdiction des clauses léonines. Les associés peuvent créer des parts de priorité ou parts de préférences, donnant, par exemple, aux porteurs le droit de toucher des dividendes avant les autres associés. On admet également que si, au cours de la vie sociale, la société amortit son capital social, il peut être donné aux associés des parts de jouissance. Aussi y a-t-il moyen de créer des parts de fondateur ou parts bénéficiaires.

Par ailleurs, l'émission d'obligations nominatives peut être décidée en assemblée générale, sous réserve du respect de certaines conditions, notamment d'information et d'approbation des comptes (art. L. 223-11 C. com.).

2. Transmission entre vifs des parts sociales

La loi de 1925 avait imposé une distinction entre la cession à un associé et la cession consentie à un tiers étranger à la société. La première était libre, sauf clause contraire des statuts ; la seconde devait être approuvée par une importante majorité. Cette dernière solution entraînait un grave inconvénient : l'associé minoritaire était pratiquement lié à la société, dominée par le gérant ; l'opposition de ces coassociés pouvait rendre impossible la réalisation de ses droits sociaux dans des conditions convenables.

Le législateur a cherché à éviter cet inconvénient tout en sauvegardant le caractère personnel de la société. La cession à un tiers étranger à la société doit être approuvée à la majorité, et en cas de refus d'agrément, les coassociés ou la société doivent se porter acquéreurs ou faire acquérir les parts dont la cession est envisagée (art. L. 223-14 C. com.). La cession reste libre entre associés, sauf disposition contraire des statuts.

a. Cession à des tiers étrangers à la société

Comme cette cession aura pour effet de faire entrer un nouvel associé dans la société, les autres associés doivent l'accepter. Toutefois, la loi n'exige pas un consentement unanime. L'article L. 223-13 du Code de commerce déclare les parts librement cessibles entre conjoints et entre ascendants et descendants, à moins que les statuts ne contiennent une clause d'agrément.

Dans les autres cas, la cession doit être approuvée par la majorité des associés représentant au moins la moitié des parts sociales, sauf majorité plus forte prévue par les statuts (art. L. 223-14 al. 1 C. com.). La majorité se calcule donc à la fois par têtes, et par le nombre des parts. Dans les sociétés qui ne comprennent que deux ou trois personnes, il faut donc que tous les associés consentent à la cession.

L'acceptation des associés doit porter sur le nouvel associé. Il est donc nécessaire que le nom du cessionnaire soit connu. Lorsque la société comporte plus d'un associé, le projet de cession est notifié à la société et à chacun des associés par acte extrajudiciaire ou par lettre recommandée avec accusé de réception.

Dans les huit jours qui suivent, le gérant doit convoquer les associés pour délibérer sur le projet, ou les consulter par écrit si les statuts le permettent. Si la société n'a pas fait connaître sa décision dans le délai de trois mois à compter de la dernière des notifications prévues, le consentement à la cession est réputé acquis.

En cas de refus d'agrément, l'associé désireux de céder ses parts la garantie qu'il ne restera pas prisonnier de ses droits sociaux. Cette garantie prend la forme d'une obligation d'achat qui incombe, dans un nouveau délai de trois mois, soit aux associés, soit à la société par réduction de son capital. Le prix des parts cédées est alors, en cas de désaccord, fixé dans les conditions de l'article 1843-4 du Code civil, et un expert est nommé par les parties ou par le président du tribunal de commerce. Son estimation s'imposera tant ou cédant qu'au cessionnaire (arrêt dit « polyclinique de surveillance », Cass. com., 13 octobre 1992). Si, à l'expiration du délai imparti, aucune des solutions n'est intervenue, l'associé peut réaliser la cession initialement projetée. Le bénéfice de ces dispositions ne peut toutefois être invoqué que si l'associé détient ses parts sociales depuis au moins deux ans, à moins qu'il ne les ait acquises par succession, liquidation de communauté, donation en provenance d'un conjoint, ascendant ou descendant (art. L. 223-14 al. 6 C. com.).

b. Cession entre associés

Les parts sont librement cessibles entre les associés (art. L. 22316 C. com.) sauf disposition contraire des statuts. Cette cession ne modifie pas la composition de la société. Elle a seulement pour effet une répartition différente du capital social.

3. Transmission pour cause de décès

Une clause assez répandue autorisait à l'avance la cession de parts faite aux descendants d'un associé, afin de permettre des combinaisons familiales en évitant la transmission par décès. Cependant, la validité de cette clause était douteuse, les descendants n'étant pas dénommés et étant souvent inconnus des autres associés. Désormais, les parts sociales sont librement cessibles entre conjoints et entre ascendants et descendants, à titre onéreux ou à titre gratuit. Toutefois, les statuts peuvent stipuler que le conjoint, un ascendant, ou un descendant, ne peut devenir associé qu'après avoir été agréé par les autres associés (art. L. 223-13 C. com.). Les statuts peuvent également prévoir la continuation de la société seulement avec les associés survivants.

4. Modifications du capital social

Au cours de la vie sociale, diverses circonstances peuvent rendre nécessaire l'augmentation du capital fixé par l'acte constitutif : développement des affaires sociales, entrée de nouveaux associés, mise à la disposition définitive de la société de réserves ou de bénéfices non distribués, etc. En cas de pertes, la réduction du capital peut être envisagée soit pour permettre la reprise de la distribution de dividendes qui, sinon, ne serait possible qu'après résorption totale des pertes, soit, plus souvent, pour faciliter une augmentation de capital en numéraire, destinée à procurer de nouvelles disponibilités nécessaires pour redresser la situation de la société ; ainsi les nouveaux souscripteurs ne craindront pas d'avoir à supporter les pertes anciennes. Cette opération, consistant à augmenter le capital aussitôt après l'avoir réduit, est communément appelée « coup d'accordéon ». Une réduction de capital peut également être mise en œuvre pour se conformer aux dispositions de l'article L. 223-42 du Code de commerce si, du fait de pertes constatées dans les documents comptables, les capitaux propres de la société deviennent inférieurs à la moitié du capital social.

L'augmentation (a) ou la réduction (b) du capital social n'obéissent pas aux mêmes règles.

a. Augmentation du capital social

Par une décision prise par les associés représentant au moins les trois quarts des parts sociales, la société peut augmenter son capital en faisant appel à de nouveaux apports, en numéraire ou en nature.

Lorsque les parts nouvelles sont souscrites par des tiers non associés, ceux-ci doivent être agréés par les anciens associés, comme si leur entrée dans la société résultait d'une cession de parts sociales.

b. Réduction du capital social

S'il existe des commissaires aux comptes, ceux-ci doivent faire connaître leur appréciation sur les causes et conditions de la réduction. Lorsque l'opération n'est pas motivée par des pertes, les créanciers antérieurs peuvent former opposition dans un délai d'un mois à compter du dépôt au greffe de la délibération des associés. Le tribunal rejette l'opposition ou ordonne, soit le remboursement des créances, soit la constitution de garanties si la société en offre et si elles sont jugées suffisantes.

Un principe important est qu'aucune atteinte ne doit être portée à l'égalité des associés. L'opération peut être réalisée par une réduction du nominal des parts, à condition que celui-ci reste au moins égal au minimum légal. Il peut y avoir diminution du nombre des parts lorsque, comme l'admettait la jurisprudence antérieure à 1966, la réduction est motivée par des pertes. Enfin, l'assemblée qui décide une réduction non motivée par des pertes peut autoriser le gérant à acheter un certain nombre de parts pour les annuler (art. L. 223-34 C. com.). L'achat doit être réalisé dans un délai de trois mois à compter de l'expiration du délai d'opposition réservé aux créanciers.

●●● B. Administration des sociétés à responsabilité limitée

Deux organes permettent l'administration de la société : la gérance (1) et l'assemblée générale (2). Une surveillance est nécessaire pour garantir leur bon fonctionnement (3).

1. La gérance (l'organe d'administration)

« La SARL est gérée par une ou plusieurs personnes physiques dont le nombre est librement fixé par les statuts. Elles sont choisies parmi les associés ou en dehors d'eux » (art. L. 223-18 C. com.).

Aucune limite d'âge n'est prévue par la loi, seuls les statuts peuvent en prévoir une.

a. La nomination du gérant

Les associés disposent d'une grande liberté dans le choix du ou des gérants de la SARl. Toutefois, cette liberté connaît des restrictions légales et réglementaires et peut faire volontairement l'objet de limites statutaires.

La SARL est obligatoirement gérée par une ou plusieurs personnes physiques (art. L. 223-18 C. com.). Il est interdit de désigner une personne morale comme gérant ; une telle nomination serait nulle pour violation de dispositions légales impératives.

Les associés ont la possibilité de nommer un ou plusieurs gérants. Le choix entre gérant unique et cogérance qui a été influencé par des motifs d'ordre fiscal et social, peut aussi relever de considérations relatives à l'organisation interne de la société.

Le gérant est désigné, pour la première fois, par les statuts ou par un acte séparé. En pratique, le premier gérant est nommé dans un acte séparé des statuts ; ce procédé permet d'éviter de mentionner dans les statuts le nom du gérant. Dès lors, en cas de changement de gérant, il n'est pas nécessaire de modifier les statuts et de les déposer à nouveau au greffe.

Ultérieurement, il est nommé en assemblée générale. La majorité requise est alors celle d'un ou plusieurs associés représentant plus de la moitié des parts sociales (art. L. 223-29 C. com.). Les statuts peuvent cependant prévoir une majorité plus élevée.

Le gérant peut être choisi parmi les associés ou en dehors d'eux. Le gérant peut cumuler son mandat avec un contrat de travail. Le contrat de travail passé entre la société et son gérant devra être approuvé par les associés. (art. L. 223-19 C. com).

Ce cumul est possible à condition :

- que le contrat de travail corresponde à un emploi effectif (Cass. soc., 19 déc. 1979, *Bull.* V, n° 1020) ;
- que les fonctions techniques auxquelles il correspond soient nettement distinctes de celles que comporte la direction générale de la société (Cass. soc., 1er déc. 1993, n° 91-42.288, Assedic de Bourgogne et a. c/Cadart et a.) ;
- que le gérant se trouve dans un état de subordination ce qui exclut que le gérant majoritaire soit salarié au sein de la société (Cass. soc., 16 déc. 1981, *JCP E* 1983, II, 20048, note Fieschi-Vivet) ;
- qu'une assemblée générale ait approuvé le contrat de travail.

La rémunération du gérant peut être fixée par les statuts ou par l'assemblée des associés.

b. La révocation du gérant

Le gérant est révocable par décision des associés représentant plus de la moitié du capital social, et le gérant participe à ce vote (art. L. 223-25 C. com.). Ce gérant majoritaire est donc, de fait, irrévocable, sauf si les statuts prévoient une majorité plus forte.

En l'absence de justes motifs, la décision peut donner lieu à des dommages et intérêts (Cass. com., 13 mars 2001, *Rev. soc.* 2001, p. 818, note Dondero). Le gérant peut également être révoqué par décision de justice : tout associé peut présenter devant le tribunal de commerce une demande en révocation du gérant pour « cause légitime », sur le fondement de l'article 1851 du Code civil et de l'article L. 22325 du Code de commerce.

c. Les pouvoirs du gérant

Dans le rapport entre associés, et dans le silence des statuts, l'article L. 223-18 renvoie à l'article L. 221-4 du Code de commerce, qui prévoit que : « Le gérant peut faire tous les actes dans l'intérêt de la société. En cas de pluralité de gérants, ceux-ci détiennent séparément les pouvoirs, sauf le droit de s'opposer à toute opération avant qu'elle ne soit conclue. »

Vis-à-vis des tiers, « le gérant est investi des pouvoirs les plus étendus pour agir en toutes circonstances au nom de la société [...]. La société est engagée même par les actes du gérant qui ne relèvent pas de l'objet social, à moins qu'elle ne prouve que le tiers savait que l'acte dépassait cet objet ou qu'il ne pouvait l'ignorer, compte tenu des circonstances [...] » (art. L. 223-18 C. com.). Notons que la seule publication des statuts ne suffit pas à constituer cette preuve. Toutefois, la SARL n'est pas engagée par l'acte de son gérant lorsqu'elle prouve que le tiers savait que cet acte dépassait l'objet social ou qu'il ne pouvait l'ignorer compte tenu des circonstances, étant exclu que la seule publication des statuts suffise à constituer cette preuve (art. L. 223-18, al. 5 C. com.).

Ainsi a été déclaré inopposable à la société le cautionnement consenti à une banque par un gérant dépassant ses pouvoirs. La banque qui était en possession des statuts de la SARL était si bien convaincue, à leur lecture, du dépassement les pouvoirs du gérant qu'elle lui avait réclamé à plusieurs reprises et avec insistance le procès-verbal de l'assemblée qui l'aurait autorisé à donner ce cautionnement (CA Paris 30 janvier 1987, *JCP E* 1987, n° 16644, p. 326). À l'inverse, n'a pas été annulé un cautionnement donné par un gérant au profit d'une banque pour garantir un prêt consenti à une société civile compte tenu de l'objet des deux sociétés (SARL de marchand de biens) et des liens existant entre elles (Cass. com. 15 janvier 2002, n° 67 FD).

La Cour de cassation a étendu les responsabilités personnelles du gérant en précisant que le gérant d'une société à responsabilité limitée qui commet une faute constitutive d'une infraction pénale intentionnelle, séparable comme telle de ses fonctions sociales, engage sa responsabilité civile à l'égard des tiers à qui cette faute a porté préjudice (Cass. com., 28 sept. 2010, n° 09-66.255, Épx X c/ Mme Y, P+B+R+I).

Les pouvoirs des gérants impliquent qu'ils aient des devoirs : un devoir de diligence et de vigilance qui peut engager leur responsabilité civile et pénale. Notons également que les statuts peuvent limiter ces pouvoirs. Ces clauses, inopposables aux tiers, ouvrent droit à une condamnation du gérant à des dommages et intérêts pour violation des stipulations contractuelles.

Les associés ont la possibilité de nommer un ou plusieurs gérants. En cas de pluralité de gérants, il est possible de prévoir la création d'un conseil de gérance dont les modalités de fonctionnement seront fixées par les statuts (répartition des tâches entre les gérants, conditions de majorité pour la prise des décisions).

En pratique, l'institution d'un conseil de gérance est utilisée dans les SARL ayant pour activité la gestion d'une autre société (SARL désignée comme gérant d'une commandite par actions ou président d'une société par actions simplifiée).

2. L'assemblée générale des associés

a. Les pouvoirs des associés

La consultation en assemblée est obligatoire en vue de l'approbation des comptes annuels ou quand l'assemblée a été demandée par les associés détenant la moitié du capital social ou représentant le quart en nombre et en parts sociales (art. L. 223-27 C. com.).

La convocation se fait par lettre recommandée quinze jours au minimum avant la réunion et doit indiquer l'ordre du jour. L'assemblée ne peut se tenir avant l'expiration du délai de communication des documents sociaux aux associés.

En effet, les associés ont un double droit de communication : permanent, au cours de la vie sociale, et préalable à chaque assemblée. Les associés peuvent également poser des questions écrites ou demander la désignation d'un expert de gestion.

Avant l'assemblée générale, le gérant doit communiquer l'inventaire, les comptes annuels et le rapport du gérant sur sa gestion. Chaque associé a le droit de participer aux décisions et dispose d'un nombre de voix égal à celui des parts sociales qu'il possède. Le procès-verbal d'assemblée doit être établi sur un registre spécial ou sur des feuilles mobiles, cotées et paraphées. Les statuts peuvent autoriser la consultation écrite des associés à l'initiative du gérant (art. L. 223-27 C. com.). Les décisions collectives des associés peuvent aussi résulter du consentement de tous les associés exprimé dans un acte sous seing privé ou notarié, à condition que ce procédé soit prévu par les statuts et qu'il ne s'agisse pas de décisions pour lesquelles une assemblée est obligatoire.

Les associés sont amenés à prendre trois catégories de décisions :

- des décisions ordinaires, qui portent sur des questions qui n'entraînent pas de modifications statutaires, pour lesquelles la majorité simple suffit (art. L. 223-29 C. com.) ;
- des décisions extraordinaires qui ont pour objet les modifications statutaires, pour lesquelles la majorité renforcée est nécessaire (trois quarts des parts sociales). Toute clause exigeant une majorité plus élevée est réputée non écrite. En aucun cas, un associé ne peut être contraint d'augmenter son engagement social (art. L. 223-30 C. com.) ;
- des décisions à l'unanimité pour changer la nationalité de la société.

b. L'encadrement des pouvoirs des associés : l'abus de majorité et l'abus de minorité

Selon l'article 1844 alinéa 1 du Code civil, « tout associé a le droit de participer aux décisions collectives ». Le droit de vote est donc une prérogative essentielle de l'associé, mais il ne peut cependant en faire un usage discrétionnaire : l'intérêt commun doit guider son vote. S'il ne respecte pas cette finalité et poursuit son intérêt égoïste contre l'intérêt de la société elle-même, il commet un abus de droit : abus de majorité ou abus de minorité.

• L'abus de majorité

Selon la formule de la Cour de cassation, l'abus de majorité vise l'hypothèse dans laquelle une résolution a été prise « contrairement à l'intérêt général de la société et dans l'unique dessein de favoriser les membres de la majorité au détriment des membres de la minorité ».

Ainsi, la jurisprudence a retenu l'abus de majorité dans de multiples hypothèses. Il peut ainsi s'agir de résolution accordant des rémunérations excessives aux dirigeants majoritaires, eu égard à leur activité et au chiffre d'affaires de la société, ou nommant, contrairement à l'intérêt social, des administrateurs parents d'actionnaires du groupe majoritaire, etc.

La mise des bénéfices en réserve (que doivent décider les associés) a ainsi suscité de nombreux débats car elle oppose très souvent les minoritaires, attendant une rentabilité immédiate dans leur investissement et espérant donc la distribution de bénéfices, aux majoritaires, privilégiant dans une perspective à long terme la mise en réserve des bénéfices face à d'éventuelles difficultés ultérieures. La Cour de cassation a posé le principe que la mise en réserve des bénéfices n'était pas en elle-même constitutive d'un abus. Au contraire, elle révèle une gestion prudente qui est même encouragée fiscalement par le législateur. Cependant, des intérêts personnels peuvent être à l'origine d'une telle décision qui serait alors constitutive d'un abus. Tel a été le cas s'agissant d'une société ne distribuant aucun dividende pendant vingt ans et qui avait mis en réserve des sommes considérables.

La résolution litigieuse encourt la nullité. Par ailleurs, si les minoritaires ont subi un préjudice personnel, ils peuvent se voir allouer des dommages et intérêts complémentaires, à la charge des majoritaires (et non de la société elle-même).

- L'abus de minorité

Il s'agit de l'hypothèse où des minoritaires empêchent l'adoption d'une délibération qui satisferait l'intérêt social mais nuirait à leur propre intérêt. Les minoritaires usent de leur droit de vote dans leur intérêt personnel contrairement à celui de la personne morale face à des décisions devant recueillir une majorité qualifiée.

L'augmentation de capital d'une société utile à son développement peut ainsi faire l'objet d'un refus des minoritaires empêchant qu'une telle décision ne soit prise.

Des dommages et intérêts peuvent être alloués aux majoritaires ou à la société elle-même en réparation de leur préjudice. Cependant, le problème n'est pas pour autant réglé : la mesure nécessaire à la société n'est toujours pas prise. Le juge peut-il prendre une décision valant délibération sociétaire ? La doctrine était divisée sur cette question, et la jurisprudence peu fixée. Il semble que la Cour de cassation a posé la solution dans un arrêt en date du 9 mars 1993 (arrêt Flandin) en affirmant que les magistrats peuvent dans une telle situation « désigner un mandataire aux fins de représenter les associés minoritaires défaillants à une nouvelle assemblée et voter en leur nom dans le sens des décisions conformes à l'intérêt social mais ne portant pas atteinte à l'intérêt légitime des minoritaires ».

LECTURE

Cass. com., 3 juill. 2001 : « Un nouveau type d'engagement sociétaire : les associés à responsabilité limitée et solidaire ? », *Rev. soc.* 2002, p. 298, note Godon.

3. Surveillance de la société à responsabilité limitée

Les associés contrôlent le fonctionnement de la SARL à travers :

- un contrôle collectif en assemblée générale de certaines conventions passées entre la SARL et certaines personnes ;
- un contrôle individuel de l'associé à travers son droit d'information sur la marche de la société ;
- un contrôle du commissaire aux comptes : selon l'article L. 223-35 du Code de commerce, les associés peuvent toujours procéder à la nomination d'un ou plusieurs commissaires aux comptes.

Dans toutes les sociétés à responsabilité limitée, les associés peuvent nommer un ou plusieurs commissaires aux comptes. La désignation d'un commissaire titulaire et d'un suppléant devient obligatoire dans les sociétés qui dépassent deux des trois seuils fixés par l'article 12 du décret de 1967 (total du bilan : 1,55 M€; montant hors taxe du chiffre d'affaires : 3,1 M€; nombre des salariés : 50). Même si ces chiffres ne sont pas atteints, la nomination d'un commissaire peut être demandée au président du tribunal de commerce par un ou plusieurs associés représentant au moins le dixième du capital social.

Le commissaire aux comptes est avisé de la réunion de l'assemblée des associés, à laquelle il a accès. Les documents soumis à l'approbation de l'assemblée sont tenus à sa disposition, au siège social, un mois au mois avant la convocation.

●●● C. Durée et dissolution de la société à responsabilité limitée

La SARL peut être constituée pour une durée maximale de 99 ans. Elle peut cependant être prorogée par les associés.

Le Code de commerce prévoit des causes possibles de dissolution de la société, à défaut de régularisation ou selon la décision des associés : elle peut résulter de l'augmentation du nombre des associés au-delà de 100 pendant plus d'un an (art. L. 223-3 C. com.), ou de la perte de la moitié du capital (art. L. 223-42 C. com.).

En dehors de ces hypothèses, la société à responsabilité limitée est dissoute, comme toutes les sociétés, par l'arrivée du terme convenu, sauf dissolution anticipée ou prorogation par les associés, et par la disparition de l'objet social. Elle ne l'est pas en revanche par la réunion de toutes les parts sociales en une seule main, à cause de la reconnaissance par le législateur de la société à responsabilité limitée unipersonnelle (art. L. 223-4 C. com).

La mort, sauf stipulation contraire des statuts, l'incapacité, le redressement ou la liquidation judiciaire, la déconfiture d'un associé, n'entraînent pas la dissolution de la société à responsabilité limitée.

Section II : L'entreprise unipersonnelle à responsabilité limitée (EURL)

L'EURL est une SARL dans laquelle la totalité des parts sociales est détenue par un associé unique. Le principal avantage de l'EURL consiste à limiter la responsabilité de l'entrepreneur à ses seuls apports. L'EURL permet finalement d'échapper au principe d'unicité du patrimoine : on rejoint l'idée d'un patrimoine d'affectation. Sur le plan fiscal, l'EURL est un instrument facilitant la transmission d'entreprise.

La forme juridique de l'entreprise unipersonnelle à responsabilité limitée peut également être utilisée par des personnes morales afin de gérer ou développer tel ou tel secteur d'activité, notamment au sein d'un groupe. Dans une telle hypothèse, il y a lieu de respecter la réglementation sur les participations réciproques. Ainsi, si l'EURL a pour associé une société par actions, elle ne pourra détenir d'actions émises par la société par actions.

§ 1 : Caractéristiques

C'est la loi du 11 juillet 1985 qui introduit ce concept nouveau d'entreprise unipersonnelle à responsabilité limitée. Ce cadre permet aux commerçants exerçant seul leur activité de limiter leur responsabilité. Il s'agit ni plus ni moins d'une SARL à un seul associé. C'est donc le régime des SARL qui va être appliqué sous réserve de quelques adaptations. Les membres des professions libérales soumises à un statut législatif ou réglementaire ou dont le titre est protégé peuvent constituer des sociétés d'exercice libéral à responsabilité limitée (loi 90-1258 du 31 décembre 1990) ; en effet, la pratique en commun de chaque profession n'est plus exigée. À noter que la possibilité de retenir le cadre juridique de l'EURL a été expressément prévue pour les pharmaciens (art. L. 575 modifié C. santé pub.). Pour le secteur agricole, on parlera d'EARL (entreprise agricole à responsabilité limitée). La loi 99-1124 du 28 décembre 1999 a aussi permis la création d'EURL à objet sportif.

§ 2 : Règles de constitution

Notons quelques particularités de cette forme de société :

- l'EURL peut être créée par une personne physique ou morale. Elle peut résulter d'une transformation d'une SARL dont le nombre d'associés serait réduit à une seule personne ;
- une seule personne peut créer plusieurs EURL ;
- l'apport réalisé doit l'être en nature ou en numéraire.

§ 3 : L'organisation de l'EURL

L'EURL est dirigée par un gérant (l'entrepreneur lui-même ou un tiers). Le gérant exerce les mêmes pouvoirs que ceux prévus pour les SARL (tels que définis par les statuts). Toutefois, les formalités de tenue d'assemblées et de convocation des associés aux assemblées générales ne s'appliquent évidemment pas.

L'associé unique d'une entreprise unipersonnelle n'a pas la qualité de commerçant ; il est traité à cet égard comme tout membre d'une SARl.

A. La gérance de l'EURL

Elle peut être confiée à l'associé unique s'il s'agit d'une personne physique. Il devra cependant se garder de confondre les affaires de la société avec ses propres affaires, car en cas de procédure collective menée contre la société, il risque de la voir étendue à sa personne.

Le gérant associé unique ne pourra pas revendiquer le régime social des salariés. L'associé unique peut souhaiter, pour des raisons diverses, confier la gérance à un tiers ; en tout état de cause, il devra le faire s'il est une personne morale ou un mineur. Lorsque l'associé unique est une personne morale, celle-ci doit obligatoirement désigner un tiers comme gérant ; l'article L. 223-18, alinéa 1 du Code de commerce exige, en effet, que le gérant soit une personne physique. Au sein d'un groupe, la gérance sera souvent confiée à un cadre de la société. Il peut désigner une ou plusieurs personnes physiques ; là encore, la désignation sera faite dans les statuts ou par acte séparé.

B. L'assemblée

Les pouvoirs de l'assemblée seront exercés par l'associé unique : il approuve les comptes sociaux, décide de la distribution des bénéfices, modifie les statuts, approuve les conventions qu'il passe avec la société.

Chaque décision prise par l'associé unique au lieu et place de l'assemblée est consignée par l'associé unique sur un registre. Les conventions soumises à la procédure de l'article L. 223-19 du Code de commerce sont portées au registre dans les mêmes conditions.

Le registre est tenu au siège social. Il est coté et paraphé soit par un juge du tribunal de commerce, soit par un juge du tribunal d'instance, soit par le maire de la commune ou un adjoint du maire, dans la forme ordinaire et sans frais.

Les copies ou extraits du registre sont valablement certifiés conformes par un seul gérant. Toute infraction aux dispositions de l'article 42-2 du décret du 23 mars 1967 peut être punie de l'amende prévue pour les contraventions de la cinquième classe (actuellement 1 500 €). Les dispositions prises en violation des règles légales peuvent être annulées à la demande de tout intéressé (art. L. 223-31 C. com.).

L'associé unique ou le gérant doit en conséquence déposer au greffe du tribunal de commerce, dans le mois qui suit leur approbation, les comptes annuels, le rapport de gestion, et éventuellement le rapport du commissaire aux comptes (art. L. 232-22 C. com.). À défaut, tout intéressé ou le ministère public peut demander au président du tribunal, statuant en référé, d'enjoindre sous astreinte le gérant de procéder au dépôt des documents précités au registre du commerce et des sociétés. Le président peut, dans les mêmes conditions, et à cette même fin, désigner un mandataire chargé d'effectuer ces dépôts (art. L. 123-5-1 C. com.).

Lecture

Lucas F.-X., « Défense et illustration de l'EURL », *Droit et Patrimoine* 2010, n° 191, p. 67.

EXERCICE

QUESTIONNAIRE

Que pensez-vous des affirmations suivantes ?

1. Jean, gérant majoritaire d'une SARL, voudrait avoir le statut de salarié vis-à-vis de sa société. Est-ce envisageable ?

   ❑ oui ❑ non

2. Jean veut céder ses parts sociales à son fils Tony. Doit-il obtenir l'accord des autres associés ?

   ❑ oui ❑ non

3. Mme Marco s'inquiète des difficultés financières grandissantes de la société Baca, dont son mari détient quelques parts sociales. Doit-elle craindre pour ses bien personnels ?

   ❑ oui ❑ non

4. Tony a déjà une EURL. Peut-il en créer une deuxième ?

   ❑ oui ❑ non

5. La société Decro a créé une filiale sous forme d'EURL. Peut-elle en être considérée comme le gérant ?

   ❑ oui ❑ non

Corrigé

1. NON

Le gérant majoritaire ne peut conclure de contrat de travail avec sa société en raison de l'absence de lien de subordination.

2. NON

La cession des parts est en principe libre entre parents et enfants.

3. NON

La responsabilité est limitée à hauteur des apports. Il n'y a donc aucune raison pour que les biens personnels d'un associé ou de son épouse entrent en jeu.

4. OUI

Une même personne peut créer plusieurs EURL.

5. NON

Le gérant d'une EURL est nécessairement une personne physique.

Chapitre VII
Les sociétés par actions

Les sociétés par actions sont des sociétés dans lesquelles la personnalité des actionnaires ne joue en principe qu'un rôle mineur, sauf dans la société par actions simplifiée. Elles concernent plutôt les activités qui ont un fort besoin de financement, et s'adressent dès lors en principe surtout aux grandes entreprises ; toutefois, c'est loin d'être toujours le cas en pratique, et les sociétés par actions restent très nombreuses (il en existe plus de 200 000).

Les sociétés par actions, et la société anonyme en particulier peuvent être marquées par une certaine lourdeur de gestion. Cependant, les formes les plus récentes (comme la société par actions simplifiée) laissent une large place à la libre volonté.

Les sociétés par actions sont des sociétés de capitaux dont le modèle est la société anonyme (SA). La société anonyme est étudiée de façon détaillée (section I), avant d'aborder les autres formes de sociétés par actions (section II) et en particulier la société européenne (section III).

Section I : La société anonyme

Au début du XIXe siècle, le Code de commerce avait établi les bases de la société anonyme, à laquelle il refuse cependant la liberté de constitution. La loi du 24 juillet 1867 (article 21) permet la création de la société anonyme en déclarant « qu'à l'avenir, les sociétés anonymes pourront se former sans l'autorisation du gouvernement ».

Le chapitre IV de la loi du 24 juillet 1966 consacre huit sections à la société anonyme. Elles sont devenues les articles L. 225-1 à L. 225-270 du Code de commerce. Ces articles organisent à la fois les différents organes de ce type de société, ainsi que les étapes successives et les principales opérations de la vie sociale.

Après avoir cerné la société anonyme au travers de sa définition et de ses caractéristiques (§ 1), il convient d'étudier ses règles de constitution (§ 2), et d'organisation (§ 3).

§ 1 : Définition et caractéristiques

La société anonyme (SA) est une société commerciale dans laquelle les associés appelés actionnaires possèdent un droit représenté par un titre négociable que l'on appelle action. Ils ne sont tenus qu'à proportion de leurs apports. L'article L. 225-1 du Code de commerce définit la société anonyme comme suit : « la société anonyme est la société dont le capital est divisé en actions et qui est constituée entre des associés qui ne supportent les pertes qu'à concurrence de leurs apports ». Les actionnaires et les administrateurs n'ont pas la qualité de commerçant. La société est donc la seule à faire le commerce. La société anonyme procède de l'idée d'un financier ou d'un industriel (ou, en pratique, de leurs conseils) de former une société. Des statuts sont alors rédigés par avance. Ensuite, une souscription est ouverte pour émettre des actions en contrepartie desquelles chaque souscripteur donne de l'argent ou un bien meuble ou immeuble. Il y a une publicité dans les journaux et le concours des banques. Il est ainsi constitué le capital de la société. Les titulaires des actions, les associés, sont très nombreux, et ne se connaissent pas entre eux, d'où l'appellation « société anonyme ». La structure juridique société anonyme est normalement destinée aux entreprises de grande taille. Ce postulat de départ a fait que le législateur a permis la mise en place de systèmes de gestion beaucoup plus complexes que dans les autres formes de sociétés commerciales. Les dirigeants doivent également faire des choix :

- quant à l'origine du capital social, il est possible pour une SA de faire offre au public de titres financiers, et d'avoir des titres admis à la négociation sur des marchés financiers, ce qui permet d'avoir accès à des sources de capitaux très élargies, mais qui suppose une plus grande exigence de transparence et de rigueur de gestion ;

- quant aux organes dirigeants : les fondateurs de la SA ont le choix entre 3 formules : la SA à conseil d'administration « direction à la française », la SA à directoire « direction à l'allemande » qui fonctionne avec un conseil de surveillance et un directoire et la SA à directeur général, formule issue de la loi du 15 mai 2001. Ces dernières lois ont introduit la possibilité de dissocier les fonctions de président et de directeur général. Le choix appartient au conseil d'administration qui doit en informer les actionnaires et les tiers.

De façon générale se posent les questions de la dénomination de la SA (A), de la responsabilité de ses associés (B) et de la composition du capital social (C).

●●● A. La dénomination de la SA

La SA peut librement choisir sa dénomination (article L. 224-1 C. com.). La société anonyme n'a jamais eu de raison sociale. Sa dénomination peut soit être tirée de la nature de l'exploitation, soit de la région où elle est poursuivie, ou bien être de pure fantaisie. Elle peut inclure le nom d'un ou de plusieurs associés. En pratique, on utilise souvent la dénomination sociale comme nom commercial.

La société doit se désigner par sa dénomination et la faire précéder ou suivre de l'indication « société anonyme au capital de... ». Cette mention est exigée sur tous les actes, factures, annonces et autres pièces émanant de la société.

●●● B. La responsabilité des associés

De par la définition même de la société anonyme, la responsabilité des associés est limitée.

Les actionnaires perdront au maximum l'apport qu'ils ont investi dans la société.

●●● C. Capital divisé en actions

Il doit être d'au moins 37 000 €. Le capital est réuni sous forme d'apports, les apports numéraires et les apports en nature. En revanche, les apports en industrie ne sont pas possibles.

§ 2 : La constitution de la société anonyme

La société anonyme doit toujours respecter certaines conditions de constitution (A) ; d'autres conditions, en revanche, varient selon que la société fait ou non offre au public de titres financiers (B). En toutes hypothèses, les fondateurs engagent leur responsabilité (C).

●●● A. Conditions communes à toutes les formes de société anonyme

La société anonyme doit, comme toutes les sociétés, satisfaire aux conditions de l'article 1108 du Code civil (quatre conditions sont essentielles pour la validité d'une convention : le consentement de la partie qui s'oblige, sa capacité de contracter, un objet certain qui forme la matière de l'engagement, une cause licite dans l'obligation).

Il n'existe aucune incompatibilité ou interdiction pour être associé d'une société anonyme. Le nombre d'associés est de 7 au minimum, et il n'y a pas de maximum (art. L. 225-1 C. com.).

Son objet, c'est-à-dire son activité sociale, doit être licite et moral. La durée maximum prévue dans les statuts est de 99 ans. La société peut bien sûr être prorogée par décision des associés.

La SA ne peut être régulièrement formée que si le capital social indiqué dans le projet de statuts est intégralement souscrit (art. L. 225-3 C. com).

La souscription peut se faire en espèces (apports en numéraire) ou en nature. Les apports en industrie y sont interdits (art. L. 225-3 C. com). La loi prévoit une procédure d'évaluation des apports en nature. Un ou plusieurs commissaires aux apports sont désignés par le président du tribunal de commerce à la requête des fondateurs ou de l'un d'eux. Les commissaires aux apports expertisent les apports, font un rapport sur la valeur proposée et affirment qu'elle correspond au moins à la valeur du nominal des actions à émettre (art. L. 225-8 C. com.). Pour la constitution de la société, il est exigé par la loi que chaque souscripteur verse au moins la moitié du montant nominal de l'action (art. L. 225-3 C. com.). Les actions d'apport qui sont créées pour représenter les apports en nature doivent être intégralement libérées lors de leur émission.

Les apports en numéraire doivent être déposés dans les huit jours de leur réception auprès d'une banque, d'un notaire ou de la caisse des dépôts et consignations (art. L. 225-5 C. com.).

La société doit bien sûr être immatriculée au registre du commerce et des sociétés.

B. Modes de constitution selon l'existence ou non d'offre au public de titres financiers

L'offre au public de titres financiers est le fait pour le(s) fondateur(s) (personne physique ou personne morale) de rechercher des souscripteurs par voie de publicité, c'est-à-dire dès lors qu'un large moyen de communication est utilisé. L'entrepreneur utilise dans ce cas en principe la voie des banques, établissements financiers ou agents de change pour trouver des apporteurs de capitaux. Il peut aussi officier par voie de petites annonces, communiqués de presse ou radiophoniques, ou par internet. Les nombreuses règles qui entourent la création d'une SA faisant offre au public de titres financiers traduisent le souci du législateur de limiter les risques que fait courir cette procédure à un grand nombre de personnes qui ne se connaissent pas.

1. La société anonyme ne faisant pas offre au public de titres financiers

Le capital minimum est de 37 000 € (art. L. 224-2 C. com.). La signature des statuts peut prendre la forme d'un écrit sous seing privé ou notarié (art. L. 225-2 C. com.).

Le capital peut n'être libéré que du quart lors de la constitution, le reste étant versé dans un délai maximum de 5 ans. Toutefois tant que ce capital n'est pas entièrement libéré, la société ne peut procéder à une augmentation de capital, ni émettre des obligations.

2. La société anonyme faisant offre au public de titres financiers

L'offre au public de titres financiers est constituée par l'une des opérations suivantes : « une communication adressée sous quelque forme et par quelque moyen que ce soit à des personnes et présentant une information suffisante sur les conditions de l'offre et sur les titres à offrir, de manière à mettre un investisseur en mesure de décider d'acheter ou de souscrire ces titres financiers, ou un placement de titres financiers par des intermédiaires financiers » (art. L. 411-1 du Code monétaire et financier). Cela s'accompagne souvent de la négociation des titres sur un marché réglementé.

L'offre au public de titres financiers s'accompagne donc d'une obligation de transparence, afin d'assurer l'information des épargnants éventuels actionnaires. C'est un moyen de financement, qui suppose pour la société une plus grande rigueur de gestion.

Certaines conditions doivent être remplies :

- le capital minimum est également de 37 000 € ;
- le projet de statut signé par les fondateurs est déposé au greffe du tribunal de commerce du futur siège social (art. L. 225-2 C. com.) ;
- cette offre nécessite l'établissement d'un prospectus, soumis au visa de l'Autorité des marchés financiers (AMF) lorsque son montant est supérieur à 2 500 000 € ou, est compris entre 100 000 € et 2 500 000 € et représente plus de 50 % du capital de l'émetteur ; ainsi que le précise l'AMF, « la documentation commerciale établie par l'émetteur doit être transmise en amont du visa aux services de l'AMF. Elle doit être cohérente avec le contenu du prospectus soumis à visa. Par ailleurs, en vertu de l'article L. 533-12 I du Code monétaire et financier, toutes les informations, y compris les communications à caractère promotionnel, adressées par un prestataire de services d'investissement à des clients, notamment des clients potentiels, doivent présenter un contenu exact, clair et non trompeur et les communications à caractère promotionnel doivent être clairement identifiables en tant que telles. En conséquence, les documents commerciaux doivent notamment s'attacher à présenter de façon équilibrée (y compris dans les tailles de caractères et polices utilisées) les risques et avantages de l'investissement proposé » (notice d'information AMF, 22 janvier 2010) ;
- la souscription au capital est constatée par l'émission de bulletins, qui seront signés par les futurs associés (art. L. 225-4 C. com.).

Ensuite, selon l'article L. 225-7 du Code de commerce, l'assemblée générale constitutive qui regroupe tous les futurs associés se réunit pour :

- constater que le capital est souscrit et libéré du montant exigé par la loi ;
- adopter les statuts ;
- nommer les organes de gestion ;
- donner mandat aux premiers organes de gestion d'engager la société.

●●● C. Responsabilité des fondateurs

La loi a développé la responsabilité des fondateurs et des premiers organes d'administration pour renforcer la sécurité des tiers à l'occasion des opérations de constitution. Sur le plan civil, les fondateurs sont responsables du préjudice causé par défaut d'une mention obligatoire dans les statuts, ainsi que par l'omission ou l'accomplissement irrégulier d'une des formalités prescrites pour la constitution (art. L. 210-8 C. com.) ; en cas de nullité de la société, l'article L. 225-249 du Code de commerce déclare responsables les fondateurs auxquels la nullité est imputable.

La loi sanctionne pénalement l'absence d'accomplissement de toutes les formalités de constitution (art. L. 242-1 et s. C. com.). D'autre part, les fondateurs sont personnellement et solidairement responsables, le cas échéant, des actes qu'ils ont accomplis pour le compte de la société en formation, si la société ne se constitue pas ou si, étant constituée, elle ne reprend pas les engagements souscrits (art. 1843 C. civ.). Cependant, il faut remarquer que les engagements souscrits pour le compte de la société en formation ne sont pas nécessairement souscrits par les fondateurs, ou par tous les fondateurs, et que, si la société ne reprend pas ces engagements, la responsabilité qui en découle ne pèse pas sur ceux, même fondateurs, qui sont restés étrangers à leur conclusion.

§ 3 : L'organisation de la SA

La SA étant une société par actions, le capital social y joue un rôle primordial (A). Ses organes d'administration (B) se caractérisent par un choix entre deux modes de gestion possibles, ainsi que par des dispositifs de protection des actionnaires. Cette structure relativement lourde justifie l'existence d'organes de surveillance (C) et la mise en œuvre de règles particulières quant à leur dissolution (D).

●●● A. Le capital social

Le capital social se trouve réuni grâce à l'émission d'actions (1), et éventuellement d'obligations (2). Au cours de la vie sociale, il peut être modifié (3).

1. Les actions des sociétés anonymes

a. Définition

Le capital social est divisé en actions dont le montant minimal est fixé par les statuts. Il ne peut pas être émis d'actions sans valeur nominale. Les actions se distinguent des parts sociales constatant les droits des associés dans les SARL, les SNC, en ce qu'elles sont, en principe, librement négociables.

b. Classification des actions en fonction de leur forme

Cette classification est basée sur le mode d'établissement et de transmission de la propriété du titre.

• Les actions nominatives

Les actions nominatives sont des actions personnelles créées au nom de personnes déterminées. Les noms des propriétaires sont inscrits chez la société émettrice ou chez un mandataire désigné par l'émetteur pour tenir sa comptabilité-titre à sa place. Elles ne sont donc pas admises aux négociations sur un marché réglementé (art. L. 228-1 C. com., et L. 211-4 et L. 213-3 du Code monétaire et financier).

• Les actions au porteur

La société ignore l'identité du ou des propriétaires de ces actions. Ce sont des titres impersonnels qui confèrent à leurs propriétaires les mêmes droits que les actions nominatives. La loi de finances pour 1982 (art. L. 228-1 et 2 C. com.) a imposé la représentation des valeurs mobilières par de simples inscriptions dans des comptes tenus par les sociétés émettrices ou des intermédiaires habilités (banques, sociétés de Bourse). Ainsi, les documents matériels ont disparu, mais le législateur a conservé la terminologie traditionnelle.

c. Classification des actions en fonction de leur droit

Une société peut émettre plusieurs types d'actions qui se différencient en fonction des droits qu'elles confèrent à l'actionnaire. Le principe d'égalité entre actionnaires n'est en effet pas absolu.

• Les actions de jouissance et actions de capital

L'action de jouissance est le titre délivré à un actionnaire qui est remboursé du montant nominal de son action à la suite d'une opération dénommée amortissement du capital (art. L. 225-198 et 200 C. com.). L'action de capital est au contraire une action demeurée dans l'état où elle a été émise, et qui correspond donc à un apport constitutif du capital. L'action de jouissance reçoit un dividende inférieur à celui de l'action de capital pour compenser l'intérêt que le porteur de l'action de jouissance retire du capital qui lui a été versé (art. L. 225-122 C. com.).

- **Les actions de priorité**

Les actions dites de priorité, ou de préférence ou privilégiées, donnent à leurs titulaires des droits que n'ont pas les autres actions. La préférence accordée aux actions de priorité porte le plus souvent sur la distribution de dividende. Les actions de priorité peuvent recevoir une quote-part des bénéfices supérieure à celle qui revient aux autres actions (art. L. 228-11 C. com.).

- **Les actions à dividende prioritaire sans droit de vote**

La création d'actions à dividende prioritaire sans droit de vote a été autorisée par la loi du 15 juillet 1978. Les porteurs de ces actions bénéficient d'un revenu mieux garanti que les actionnaires ordinaires, mais ne participent pas normalement à l'exercice du pouvoir délibérant (art. L. 225-126 et L. 228-12 et s. C. com.).

- **Les actions à vote plural**

La loi du 26 avril 1930 a défendu de créer des actions à vote plural dans l'avenir. La loi du 13 novembre 1933 a supprimé toutes celles qui existaient en faisant de la règle de la proportionnalité des voix au nombre des actions souscrites une règle d'ordre public. Or, cette loi avait admis des exceptions. En conséquence, il est permis de prévoir dans les statuts que certaines actions nominatives ont droit à un vote double pour attacher les actionnaires à la société (art. L. 225-123 C. com.).

- **Actions à dividende majoré**

La loi modifiée du 24 juillet 1966 autorise le versement d'un dividende majoré à tous les actionnaires qui justifient à la clôture de l'exercice d'une inscription de deux ans au moins. Celle-ci doit subsister jusqu'à la mise en paiement du dividende. La prime consiste en une majoration du dividende dans la limite de 10 %. Son taux est fixé par les statuts.

2. Les obligations des sociétés anonymes

Pour se procurer des moyens de financement durables, une société anonyme peut recourir à une augmentation de capital, à un emprunt bancaire ou à l'émission d'un emprunt obligataire. L'augmentation de capital – par l'apparition de nouveaux actionnaires – risque de provoquer des bouleversements dans la composition de l'actionnariat, et le recours à l'emprunt bancaire rend la société dépendante d'un seul créancier. On comprend dès lors le succès grandissant de l'émission d'emprunts obligataires comme moyen de financement des grandes sociétés anonymes.

a. Définition

Les obligations sont des titres négociables, émis par une société qui emprunte un capital important, généralement à long terme, et divise sa dette en un grand nombre de coupures. Chaque obligataire a une créance ferme contre la société pour le paiement de l'intérêt promis et le remboursement du capital prêté (art. L. 2135 du Code monétaire et financier).

b. Émission d'un emprunt-obligations

Lorsqu'il est fait publiquement appel à l'épargne, la société doit accomplir les formalités prescrites par l'article 211 du décret du 23 mars 1967 qui impose, pour l'émission des obligations, une publicité semblable à celle qui est exigée pour les actions.

Une notice doit être publiée au *BALO* (*Bulletin des annonces légales obligatoires*). Elle contient des renseignements détaillés sur la société débitrice et les caractéristiques des obligations à émettre. Des renseignements sur la situation active et passive de la société et sur la marche des affaires sociales depuis le début de l'exercice en cours y sont annexés (article 212 du décret du 23 mars 1967). Les circulaires et prospectus destinés à informer le public de l'émission, ainsi que les affiches et les annonces dans les journaux reproduisent les énonciations de la notice avec indication du numéro du *BALO* dans lequel elle a été publiée (article 213 du décret du 23 mars 1967).

La société doit faire publier d'autre part un prospectus portant sur son organisation, sa situation financière et les caractéristiques des titres offerts.

c. Les différents types d'obligations

Les obligations, comme les autres valeurs mobilières, ne peuvent être représentées que par une inscription dans un compte ouvert au nom du propriétaire à la société émettrice ou chez un intermédiaire financier agréé.

L'émission d'obligations n'est permise qu'aux sociétés par actions qui remplissent deux conditions posées par l'article L. 228-39 Code de commerce :

- une société ne peut émettre d'obligations que si elle a établi deux bilans régulièrement approuvés par les actionnaires ;
- l'emprunt obligataire ne peut être émis que si le capital social est entièrement libéré.

Toutefois, l'émission est possible, quoique le capital ne soit pas entièrement libéré, si les actions non libérées ont été réservées aux salariés au titre de l'actionnariat ou du plan d'épargne d'entreprise ou si l'émission est faite en vue d'attribuer aux salariés des obligations émises en vue de leur participation aux fruits de l'expansion.

d. Les droits des obligataires

Les obligataires ont droit :

- à un intérêt ;
- au remboursement du capital au bout d'un certain temps (art. L. 228-72 C. com.) ;
- de participer à la gestion de la société, à travers la « masse des obligataires » ;
- de céder ses obligations.

e. La représentation des obligataires

Les obligataires sont groupés en une assemblée générale, composée de tous les obligataires. L'assemblée générale de la masse délibère sur toutes les mesures ayant pour objet la défense des intérêts des obligataires, et ces délibérations doivent être exécutées par les représentants de la masse (art. L. 228-46 et s. C. com.).

Si l'exercice des droits intéresse l'ensemble des obligataires, les représentants sont seuls à pouvoir agir.

3. Les modifications du capital social

Deux opérations peuvent venir modifier le capital : l'augmentation ou la réduction du capital social.

a. L'augmentation du capital

• Les modalités d'augmentation du capital

Comme le capital social est fixé dans les statuts de la société, le pouvoir de décider l'augmentation du capital social appartient exclusivement à l'assemblée générale extraordinaire (art. L. 225-137 C. com.).

Depuis la loi du 8 août 1994, l'assemblée peut conférer au conseil d'administration ou au directoire une autorisation globale d'émettre toutes les valeurs mobilières donnant accès immédiatement ou à terme, à une part du capital de la société. En conséquence, l'assemblée fixe le plafond de l'ensemble des émissions qui pourront être lancées durant une période de vingt-six mois (art. L. 225-129 C. com.).

• L'augmentation de capital par incorporation des réserves

La société qui augmente son capital social par l'emploi de ses réserves fait une opération qui s'analyse de la façon suivante : elle pourrait distribuer à chaque actionnaire sa part dans les réserves libres ; puis l'actionnaire apporterait à la société la part reçue par lui en souscrivant des actions nouvelles. En faisant passer directement les réserves dans le capital, la société abrège l'opération et en même temps la rend obligatoire pour l'actionnaire.

• L'augmentation de capital par des apports nouveaux

Cette forme d'augmentation est soumise à plusieurs conditions. Ainsi, à peine de nullité de l'opération, une société ne peut procéder à une augmentation de capital en numéraire que si le capital ancien est intégralement libéré (art. L. 225-131 C. com.). Cette règle de bon sens est sanctionnée pénalement. Elle n'est pas applicable au cas où l'augmentation de capital provient de nouveaux apports en nature, non plus qu'aux augmentations de capital réservés aux salariés.

À moins d'exiger une prime importante des nouveaux actionnaires, la souscription d'actions nouvelles est avantageuse toutes les fois que les actions ont atteint en Bourse un cours supérieur à leur montant nominal. Le décret-loi du 8 août 1935 a créé au profit des actionnaires un droit préférentiel de souscription, nonobstant toute stipulation contraire des statuts. C'est la traduction légale du droit qui appartient à l'actionnaire sur l'actif social ; l'émission d'actions nouvelles viendrait diminuer la quotité de son droit.

Le droit préférentiel n'est créé par la loi que pour la souscription des actions de numéraire émises par la société : l'article L. 225-132 du Code de commerce ne vise pas les augmentations de capital par apports en nature ou incorporation de réserves.

Il faut également signaler l'existence d'une prime d'émission, représentant le droit d'entrée des nouveaux actionnaires. Elle n'est cependant que facultative (art. L. 228-128 C. com.).

b. La réduction de capital (art. L. 225-204 C. com.)

La réduction de capital est décidée par l'assemblée générale extraordinaire, sur la base d'un rapport des commissaires aux comptes qui font connaître leur appréciation sur les causes et conditions de l'opération.

Il existe deux procédés concevables pour réduire le capital :

- diminuer le montant nominal des actions ;
- diminuer le nombre d'actions.

Le capital social ne peut être réduit en dessous du minimum légal que sous la condition suspensive soit d'une augmentation ayant pour effet de porter le capital à un montant au moins égal au minimum légal, soit d'une transformation de la société en société d'une autre forme. La réduction de capital opérée sans respecter l'égalité des actionnaires ou sans assurer la publicité de la décision est punie pénalement (art. L. 242-23 C. com.).

●●● B. L'administration des sociétés anonymes

L'administration de la société anonyme est assurée au quotidien par des organes de gestion (1). Les actionnaires interviennent par le biais de l'organe délibérant : les assemblées générales (2).

1. La gestion des sociétés anonymes

La loi de 1966 propose deux organisations : la gestion classique (a) et la gestion dualiste (b). La loi pour la confiance et la modernisation de l'économie du 26 juillet 2005 vise à faciliter la tenue de leurs organes de gestion.

a. La gestion classique : société anonyme avec conseil d'administration et président

C'est la structure historique de la société anonyme. Elle permet une certaine flexibilité, mais le lien, par nature, entre le conseil d'administration et son président peut limiter le contrôle nécessaire des organes de direction. La loi du 15 mai 2001 autorise toutefois la possibilité de dissocier les fonctions de président du conseil d'administration et de directeur général.

SA de type classique

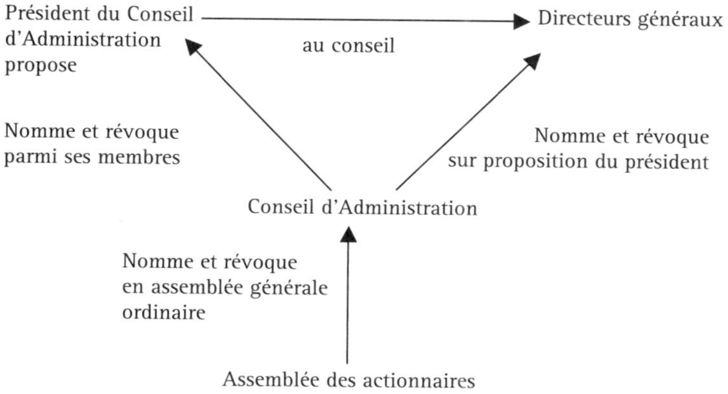

• Le conseil d'administration

Le conseil d'administration est composé de 3 à 18 membres (art. L. 225-17 C. com.). Pour être administrateur, il faut :

- être actionnaire de la société au moment de la nomination ou dans les trois mois ;
- être une personne physique ou morale ;
- être capable ;
- ne pas être frappé d'interdiction ou de déchéance ni d'incompatibilité ;
- ne pas dépasser la limite d'âge fixée par les statuts. Dans le silence des statuts, le nombre des administrateurs ayant dépassé l'âge de 70 ans ne peut être supérieur au tiers des administrateurs en fonction (art. L. 225-19 C. com.) ;
- ne pas cumuler plus de cinq mandats (art. L. 225-21 C. com.) ; ne sont pas pris en compte les mandats d'administrateurs ou de membre du conseil de surveillance exercés dans les sociétés contrôlées par la société en question, et les mandats d'administrateur dans une société dont les titres ne sont pas côtés et dans la société qui contrôle celle-ci, ne comptent que pour une seule.

La composition du Conseil d'administration doit rechercher une « répartition équilibrée entre hommes et femmes » (art. 1, Loi n° 2011-103 du 27 janvier 2011 relative à la représentation équilibrée des femmes et des hommes au sein des conseils d'administration et de surveillance et à l'égalité professionnelle). Cette loi impose une proportion d'au minimum 20 % des représentants de chaque sexe à partir de 2014, et de 40 % à compter de 2017 « dans les sociétés dont les actions sont admises aux négociations sur un marché réglementé et, à l'issue de la plus prochaine assemblée générale ayant à statuer sur des nominations, dans les sociétés qui, pour le troisième exercice consécutif, emploient un nombre moyen d'au moins cinq cents salariés permanents et présentent un montant net de chiffre d'affaires ou un total de bilan d'au moins 50 M€. Dans ces mêmes sociétés, lorsque le conseil d'administration est composé au plus de huit membres, l'écart entre le nombre des administrateurs de chaque sexe ne peut être supérieur à deux. Toute nomination intervenue en violation du premier alinéa et n'ayant pas pour effet de remédier à l'irrégularité de la composition du conseil est nulle. Cette nullité n'entraîne pas celle des délibérations auxquelles a pris part l'administrateur irrégulièrement nommé » (art. L. 225-18-1 C. com., dont l'entrée en vigueur est différée au 1er janvier 2017). Pour un administrateur personne morale, sera pris en compte le sexe de son représentant permanent (art. L. 225-20 C. com.). Seront également pris en compte bien sûr les représentants des salariés, le cas échéant.

Ces règles, même si elles ont été assouplies, demeurent très complexes.

Les personnes qui sont interdites d'activité commerciale ne peuvent être administrateurs d'une SA. Un mineur non émancipé ne peut pas administrer une SA.

Les premiers administrateurs sont désignés dans les statuts. Ils sont ensuite, en principe, désignés par l'assemblée générale ordinaire des actionnaires. La cooptation est admise à titre exceptionnel (art. L. 225-24 C. com.).

Un salarié de la société peut devenir administrateur, s'il justifie d'au moins deux ans d'ancienneté et d'un emploi effectif (art. L. 225-22 C. com.). Le nombre d'administrateurs salariés ne saurait cependant excéder le tiers des membres du conseil d'administration. La présence d'administrateur(s) salarié(s) de la société est même obligatoire lorsque le personnel de la société détient au moins 3 % du capital social (art. L. 225-23 C. com.). Dans ce cas, l'administrateur n'est pas pris en compte pour le nombre de membres du conseil d'administration.

En revanche, un administrateur ne peut cumuler son mandat avec un contrat de travail, et devenir salarié de la société (art. L. 225-44 C. com.). Il s'agit d'éviter les contrats de travail de convenance, qui pourraient correspondre à un emploi fictif. La durée des fonctions est fixée par les statuts ; elle ne peut excéder six ans en cas de nomination par les assemblées générales, et trois ans en cas de nomination par les statuts (art. L. 225-18 C. com.). Les administrateurs sont rééligibles, sauf stipulation contraire des statuts, mais peuvent aussi être révoqués à tout moment par l'assemblée générale ordinaire de façon discrétionnaire (on parle de révocation « *ad nutum* », car il n'est pas nécessaire de donner des motifs à la révocation). Un administrateur peut toujours, par ailleurs, démissionner.

Un administrateur peut être rémunéré par des jetons de présence, correspondant à une somme globale fixée par l'assemblée générale chaque année et répartie librement par le conseil d'administration entre les administrateurs (art. L. 225-45 C. com.).

Le conseil est un organe collégial qui exerce collectivement ses fonctions. Il ne délibère valablement que si la moitié au moins des membres est présente (art. L. 225-37 C. com.).

Toutefois, le recours à de nouvelles technologies de communication à distance, essentiellement Internet, dans les assemblées d'actionnaires a été rendue possible par l'article L. 225-107-II du Code de commerce inséré par la loi sur les nouvelles régulations économiques du 15 mai 2001 qui admet à cet effet la participation des actionnaires « par visioconférence ou par des moyens de télécommunication », complétée par le décret d'application du 3 mai 2002 qui a modifié le décret du 23 mars 1967 sur les sociétés commerciales dont les articles 119 et suivants précisent qu'il s'agit des « moyens électroniques de télécommunication ».

De façon générale, le conseil détermine les orientations de l'activité de la société, et veille à leur mise en œuvre. Il peut agir pour toute question concernant la marche de la société, dans les limites de l'objet social. Cette limite n'est pas opposable aux tiers de bonne foi (art. L. 225-35 C. com.). Le conseil d'administration détermine les orientations de l'activité de la société (les buts à atteindre) et veille à leur mise en œuvre. Il se saisit de toute question qui intéresse la bonne marche de la société et règle par ses délibérations les affaires qui la concerne. Il procède aux contrôles et aux délibérations qu'il juge opportuns.

Par ailleurs, le conseil d'administration dispose de pouvoirs spécifiques :

- convoquer les assemblées générales ;
- établir les comptes sociaux, le rapport annuel de gestion, les comptes consolidés éventuels, et les documents prévisionnels (art. L. 225-100 C. com.) ;
- autoriser les conventions passées entre la société et le directeur général, un administrateur, ou un actionnaire détenant plus de 10 % des droits de vote (art. L. 225-38 C. com.) ;
- répartir les jetons de présence (art. L. 225-45 C. com.) ;
- nommer et révoquer le président et éventuellement les directeurs généraux, et au maximum cinq directeurs généraux délégués (art. L. 225-47, L. 225-51-1, et L. 225-53 C. com.) ;
- décider du transfert du siège social, sous réserve de l'approbation à la prochaine assemblée générale (art. L. 225-36 C. com.) ;
- autoriser les cautions, avals et garanties donnés par d'autres sociétés (art. L. 225-35 C. com.). Il est à noter que les administrateurs, personnes physiques, n'ont pas le droit se faire consentir un emprunt, un découvert, un cautionnement ou aval, par la société (art. L. 225-43 C. com.).
- les administrateurs ont également une mission permanente de contrôle de la gestion du président, et disposent, à cet égard notamment, d'un droit d'information ;
- le conseil d'administration délibère annuellement sur la politique de la société en matière d'égalité professionnelle et salariale (art. L. 225-37-1 C. com., créé par la loi n° 2011-103 du 27 janvier 2011, art. 8).

Lecture

- Cass. com., 2 juill. 1985 : *Grands Arrêts du droit des affaires*, Paris, Dalloz, p. 468, note Storrer ; *Rev. soc.* 1986, p. 231, note P. Le Cannu ;
- Didier P., Conac P.-H., Le Nabasque H., « Loi "Copé-Zimmermann" numéro 2011-103 du 27 janvier 2011 relative à la représentation équilibrée des femmes et des hommes au sein des conseils d'administration et de surveillance (de certaines sociétés) et à l'égalité professionnelle ; Loi dont l'application différée doit être anticipée », *Revue des sociétés* 2011, n° 7-8, p. 454.

• **Le président du conseil d'administration**

Le président du conseil d'administration est nommé par le conseil d'administration et doit être une personne physique (art. L. 225-47 C. com.). Une limite d'âge peut être prévue par les statuts, sinon elle est de 65 ans (art. L. 225-48 C. com.). Une personne physique ne peut, sauf exception, exercer plus d'un mandat de directeur général de société anonyme (art. L. 225-54-1 C. com.).

Puisque le président est également administrateur, il perçoit nécessairement des jetons de présence. Il perçoit également une rémunération spéciale fixée par le conseil d'administration, versée en numéraire ou sous forme d'avantages en nature. Il peut également bénéficier de stock-options. Toutefois, dans les sociétés dont les titres financiers sont admis aux négociations sur un marché réglementé, sont interdits les éléments de rémunération, indemnités et avantages dont le bénéfice n'est pas subordonné au respect de conditions liées aux performances du bénéficiaire, appréciées au regard de celles de la société dont il préside le conseil d'administration (art. L. 225-42-1 C. com.). S'il est directeur général de la société, il a le droit d'une deuxième rémunération au titre de cette deuxième fonction. Il peut également cumuler sa fonction avec un contrat de travail dans les mêmes conditions que les administrateurs. À ce titre, il peut donc percevoir un salaire.

Le président du conseil d'administration est investi des pouvoirs les plus étendus pour agir au nom de la société, dans les limites de l'objet social (art. L. 225-56 C. com.). Il représente la société vis-à-vis des tiers. Il représente le conseil d'administration, et s'assure du bon fonctionnement des organes de la société (art. L. 225-51 C. com.). Pour cela, il peut se faire seconder par des directeurs généraux (art. L. 225-51-1 C. com.).

Dans les sociétés dont les titres financiers sont admis aux négociations sur un marché réglementé, le président du conseil d'administration rend compte, dans un rapport complémentaire à celui du Conseil d'administration, de la composition du conseil et de l'application du principe de représentation équilibrée des femmes et des hommes en son sein, des conditions de préparation et d'organisation des travaux du conseil, ainsi que des procédures de contrôle interne et de gestion des risques mises en place par la société, en détaillant notamment celles de ces procédures qui sont relatives à l'élaboration et au traitement de l'information comptable et financière pour les comptes sociaux et, le cas échéant, pour les comptes consolidés (art. L. 225-37 C. com).

Lecture

- Cass. civ., 4 juin 1946 (arrêt Motte) : *JCP* 1947.II.3518, note Bastian ;
- Trib. com. Bordeaux, ord. réf., 2 janv. 2003 : « Difficultés de répartition des pouvoirs entre le conseil d'administration et le directeur général de la société anonyme après la loi NRE du 15 mai 2001 », *Rev. soc.* 2003, p. 134, note B. Saintourens ;
- Cass. com., 2 juin 1992 : « Révocabilité *ad nutum*, et clause limitative », *RTD com.* 1993, p. 521, obs. C. Champaud et D. Danet ;
- Cass. ass. plén., 18 nov. 1994 : « Une décision attendue : le directeur général d'une société anonyme en est le représentant légal », *D.* 1995, p. 101, concl. M. Jéol, note D. Cohen ;
- Cass. crim., 19 août 1997 : « Responsabilité pénale de principe du dirigeant social », *Rev. soc.* 1997, p. 863, note B. Bouloc.

• Le directeur général et les directeurs délégués

Le directeur général est à la fois le chef de l'entreprise et le représentant légal de la société. Il peut également avoir la qualité de président du conseil d'administration. Le directeur général est désigné par le conseil d'administration, il est nécessairement une personne physique, il ne doit pas être âgé de plus de 65 ans, sauf si les statuts prévoient le contraire. Une même personne ne peut pas simultanément exercer plus d'un mandat de directeur général, avec des exceptions en cas de filiale. Le directeur général ne peut pas être un administrateur mais le plus souvent la fonction est cumulée avec celle de président du conseil d'administration.

Le directeur général n'a pas la qualité de commerçant, même s'il en possède certaines prérogatives : par exemple il est électeur et éligible dans les chambres de commerce et d'industrie et aux tribunaux de commerce. Il n'a pas non plus la qualité de salarié, il ne bénéficie donc pas des protections offertes par le droit du travail. Par exception, il pourra, dans les mêmes conditions que les administrateurs, être titulaire d'un contrat de travail. Les modalités de sa rémunération sont variables : il peut exercer ses fonctions bénévolement ou se faire rémunérer ses fonctions. Cette rémunération comprend alors une partie fixe et un intéressement à la progression du chiffre d'affaires.

S'il cumule sa fonction avec un contrat de travail, il percevra en sus un salaire. S'il a la qualité d'administrateur, il reçoit également des jetons de présence et peut bénéficier d'avantages particuliers (logement et voiture de fonction).

La durée des fonctions du directeur général est fixée par le conseil d'administration. S'il assume également les fonctions de président il est révocable à tout moment sans avoir à indiquer les motifs de sa révocation. Lorsque ces deux fonctions sont dissociées, c'est-à-dire si la personne est seulement directeur général, la révocation doit être justifiée par de justes motifs, sans le cas contraire des dommages-intérêts devront être versés. Le directeur général peut également négocier son départ en se faisant octroyer une indemnité.

b. La gestion dualiste : société anonyme avec directoire et conseil de surveillance

Cette formule permet une bonne dissociation des fonctions de direction et des tâches de contrôle. Elle présente donc l'avantage d'une plus grande surveillance des organes de direction, et l'inconvénient corollaire d'une certaine lourdeur de gestion.

SA avec directoire

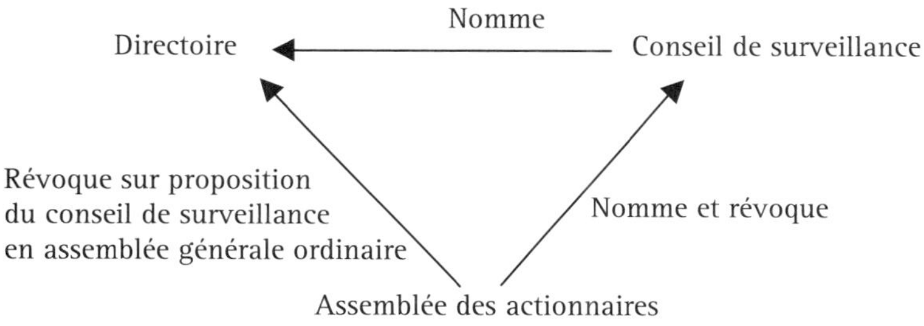

• Le directoire

Le nombre de membres du directoire est fixé par les statuts (art. L. 225-58 C. com.) ; le minimum est en principe de deux (le directoire peut cependant ne comporter qu'un seul membre dans les sociétés anonymes dont le capital est inférieur à 150000 €) ; le nombre maximum est de cinq (ce nombre est porté à sept dans les sociétés dans les sociétés faisant offre au public de titres financiers).

Les membres :

- sont nommés par le conseil de surveillance, qui désignera parmi eux un président du directoire (art. L. 225-59 C. com.). Ils sont révoqués par l'assemblée générale, et, si les statuts le prévoient, par le conseil de surveillance. À défaut de justes motifs, ils ont droit à une indemnité (art. L. 225-61 C. com.) ;

- sont des personnes physiques, actionnaires ou non ;
- peuvent cumuler leurs mandats avec un contrat de travail s'ils ont un emploi effectif et des fonctions différentes de la fonction directoriale ;
- ont au maximum 65 ans à défaut de disposition statutaire expresse (art. L. 225-60 C. com.) ;
- ne peuvent en principe exercer plus d'un mandat de membre du directoire ou de directeur général (art. L. 225-67 C. com.). Le directoire est investi des pouvoirs les plus étendus pour agir en toutes circonstances au nom de la société (art. L. 225-64 C. com.) ; il convoque les assemblées générales, fixe l'ordre du jour et établit les comptes annuels ; il réalise les modifications de capital sur délégation de l'assemblée générale extraordinaire et représente la société envers les tiers. Il doit cependant obtenir l'autorisation du conseil de surveillance pour accomplir certains actes (cession d'immeubles, par exemple). Chaque trimestre, le directoire soumet au conseil de surveillance un rapport sur la marche de la société.

• Le conseil de surveillance

Il se compose de 3 membres au moins et 18 membres au plus (art. L. 225-69 C. com.). Par ailleurs, viennent s'ajouter un ou plusieurs membres représentant les salariés actionnaires de la société, si les salariés détiennent plus de 3 % du capital social (art. L. 225-71 C. com.).

Pour être membre, il faut :

- être propriétaire d'actions de la société (art. L. 225-72 C. com.), qu'il s'agisse d'une personne physique ou morale (dans ce cas, elle doit désigner un représentant permanent : art. L. 225-76 C. com.) ;
- être capable ;
- ne pas dépasser la limite d'âge prévue par les statuts (à défaut, les membres ayant plus de 70 ans ne peuvent représenter plus d'un tiers du conseil de surveillance : art. L. 225-70 C. com.) ;
- pour les personnes physiques, ne pas cumuler plus de cinq mandats de membre de conseil de surveillance (art. L. 225-77 C. com.), et ne pas faire partie du directoire (art. L. 225-74 C. com.). Ces exigences traduisent bien sûr une exigence d'indépendance, sans

laquelle le conseil de surveillance ne pourrait remplir sa mission ;
- être désigné soit par les statuts, par l'assemblée générale constitutive, soit plus tard par l'assemblée générale des actionnaires (art. L. 225-75 C. com.). La cooptation est ici aussi exceptionnelle (art. L. 225-78 C. com.).

Il faut également veiller à une « représentation équilibrée » des hommes et des femmes (art. L. 225-69 C. com.). La proportion de représentant de chaque sexe devra atteindre 20 % en 2014, puis 40 % à compter de 2017 « dans les sociétés dont les actions sont admises aux négociations sur un marché réglementé et, à l'issue de la plus prochaine assemblée générale ayant à statuer sur des nominations, dans les sociétés qui, pour le troisième exercice consécutif, emploient un nombre moyen d'au moins cinq cents salariés permanents et présentent un montant net de chiffre d'affaires ou un total de bilan d'au moins 50 M€. Dans ces mêmes sociétés, lorsque le conseil de surveillance est composé au plus de huit membres, l'écart entre le nombre des membres de chaque sexe ne peut être supérieur à deux. Toute nomination intervenue en violation du premier alinéa et n'ayant pas pour effet de remédier à l'irrégularité de la composition du conseil est nulle. Cette nullité n'entraîne pas celle des délibérations auxquelles a pris part le membre du conseil irrégulièrement nommé » (art. L. 225-69-1 C. com., dont l'entrée en vigueur est différée), y compris pour les représentants des personnes morales et des salariés au sein du Conseil de surveillance (art. L. 225-76 et 79 C. com.).

Les membres du conseil de surveillance ont le même statut que les membres du conseil d'administration quant à la durée de leur fonction, leur rémunération, et la possibilité de cumuler leur mandat avec un contrat de travail.

Sa mission principale est d'exercer un contrôle permanent de la gestion de la société par le directoire.

De la même manière que le président du Conseil d'administration dans la gestion classique, « dans les sociétés dont les titres financiers sont admis aux négociations sur un marché réglementé, le président du conseil de surveillance rend compte, dans un rapport joint [...], de la composition du conseil et de l'application du principe de représentation équilibrée des femmes et des hommes en son sein, des conditions de préparation et d'organisation des travaux du conseil, ainsi que des procédures de contrôle interne et de gestion des risques mises en place par la société, en détaillant notamment celles de ces procédures qui sont relatives à l'élaboration et au traitement de l'information comptable et financière pour les comptes sociaux et, le cas échéant, pour les comptes consolidés » (art. L. 225-68 C. com.).

Il doit :

- vérifier les comptes annuels dressés par le directoire ;
- présenter à l'assemblée générale ordinaire annuelle un rapport avec ses observations ;
- nommer les membres du directoire, et proposer leur révocation à l'assemblée des actionnaires qui en décidera (art. L. 225-61 C. com.) ;
- convoquer les assemblées générales à défaut de convocation par le directoire ;
- autoriser les conventions réglementées (art. L. 225-86 et s. C. com.), ainsi que les cautions, avals, garanties donnés par le directoire ;
- décider le déplacement du siège social ;
- répartir les jetons de présence (art. L. 225-83 C. com.) ;
- élire un président et un vice-président en son sein (art. L. 225-81 C. com.).

Avantages et inconvénients des deux formes de gestion de la SA

	Gestion classique	Gestion dualiste
Avantages	LA SOUPLESSE Le conseil d'administration ne doit rendre des comptes qu'à l'assemblée des actionnaires Les pouvoirs de représentation du président du conseil d'administration sont très étendus	UN SYSTÈME RATIONNEL Les fonctions de contrôle et de direction sont confiées à des organes différents Les membres du directoire ont un statut favorable (possibilité de cumul avec un contrat de travail, révocation seulement par l'assemblée avec justes motifs...)
Inconvénients	Le même organe exerce les fonctions de direction et de surveillance Le président du conseil d'administration a un statut précaire : révocable à tout moment, *ad nutum*.	La gestion est de ce fait plus lourde : le directoire doit rendre compte de sa gestion tous les trois mois...

2. Les assemblées d'actionnaires

Les assemblées d'actionnaires constituent les organes délibérants et souverains de la société anonyme. Elles sont composées d'actionnaires : le droit de participer et d'assister à l'assemblée est un élément essentiel de la qualité d'associé.

Les assemblées d'actionnaires sont convoquées par le conseil d'administration, le directoire ou le conseil de surveillance ; lorsqu'il y a urgence, tout intéressé ou plusieurs actionnaires réunissant au moins 5 % du capital social peuvent demander au tribunal de commerce de désigner un mandataire qui aura pour mission de procéder à la convocation et de fixer l'ordre du jour (art. L. 225-103 C. com.). Le commissaire aux comptes peut aussi procéder à la convocation de l'assemblée des actionnaires en cas de carence des organes compétents.

L'actionnaire dispose d'un droit d'information permanent. Ainsi, il peut à tout moment consulter au siège social de la SA les documents suivants :

- les comptes annuels des trois derniers exercices ;
- la liste des administrateurs (ou des membres du directoire et du conseil de surveillance) ;
- les rapports de gestion des organes sociaux établis lors des trois derniers exercices ;
- les procès-verbaux et les feuilles de présence des assemblées tenues dans la même période. Tout refus de la société expose celle-ci à devoir verser des dommages-intérêts et peut donner lieu à une injonction de la part des tribunaux (sous astreinte).

Tout actionnaire représentant au moins 5 % du capital social (ou moins dans les sociétés dont le capital est supérieur à 750000 €) peut demander l'inscription de points ou de résolutions à l'ordre du jour, à condition, depuis 2010, de motiver sa demande (art. R. 225-71 C. com.). La modification de l'ordre du jour doit être présentée sans délai sur le site internet de la société.

Les assemblées générales ordinaires sont celles qui se réunissent dans un autre but que de modifier les statuts : elles délibèrent sur toutes les questions relatives aux comptes de l'exercice écoulé (art. L. 225-100 al. 3 C. com.). Les décisions sont prises à la majorité des voix des actionnaires présents ou représentés (art. L. 225-98 C. com. modifié par la loi du 26 juillet 2005). Sur première convocation, la tenue de l'assemblée requiert la présence ou la représentation d'actionnaires possédant au moins un cinquième des droits de vote ; sur seconde convocation, aucun quorum n'est nécessaire.

C'est également l'assemblée générale ordinaire qui :

- nomme les administrateurs ou les membres du conseil de surveillance. (art. L. 225-24 et L. 225-75 C. com.), ainsi que les commissaires aux comptes ;
- fixe la rémunération des dirigeants ;
- approuve les conventions passées entre la société et les dirigeants. (art. L. 225-40 et 42 C. com.). La loi sur les nouvelles régulations économiques a ainsi largement étendu le domaine des conventions interdites ou réglementées ;
- approuve les comptes de l'exercice et affecte le résultat. Les assemblées générales extraordinaires sont organisées pour modifier les statuts (art. L. 225-96 C. com. modifié par la loi du 26 juillet 2005, qui a assoupli les règles de quorum). Elles sont seules habilitées à opérer les modifications statutaires, c'est-à-dire changer les règles du contrat initial, comme par exemple une augmentation de capital, ou un changement de nationalité. Les décisions y sont alors prises à une majorité des deux tiers des actionnaires présents ou représentés. Leur tenue suppose la présence ou la représentation d'actionnaires possédant au moins un quart des droits de vote à la première convocation et un cinquième à la deuxième. Les actionnaires peuvent percevoir :
  . des dividendes : possibilité d'établir des distinctions entre les actionnaires : actions ordinaires/actions privilégiées : elles représentent une part du bénéfice que l'assemblée générale ordinaire, lors de sa réunion annuelle, décide de distribuer aux actionnaires ;
  . des réserves : chaque année 5 % au moins du bénéfice doit être mis en réserve jusqu'à ce qu'elles atteignent 10 % du capital social (la « réserve légale »). Les statuts peuvent prévoir qu'une réserve statutaire soit constituée. Enfin, les actionnaires peuvent décider qu'une réserve libre soit créée. Les actionnaires se partageront ces réserves en cas de dissolution ou en cours de vie sociale de la société ;
  . un boni de réserve : cette prérogative joue au moment de la liquidation de la société. Si les dettes ont été honorées et les apports remboursés et qu'il reste de l'argent dans les caisses de la société, ce solde représente un boni de liquidation. Il est réparti entre les actionnaires, en proportion de leur quote-part dans le capital social.

L'actionnaire (cédant) a le droit de vendre ses actions à condition qu'il trouve un acheteur (cessionnaire). Toute personne peut devenir actionnaire d'une SA à la suite d'une vente, sans avoir à solliciter l'accord des actionnaires en place. Cependant, par exception, les statuts peuvent prévoir que (sauf en cas de succession, de liquidation de communauté de bien entre époux ou de cession, soit à un conjoint, soit à un ascendant ou à un descendant) la vente d'actions à un tiers (c'est-à-dire à une personne qui n'est pas déjà actionnaire), est soumise à l'agrément de la société. Cette clause nécessite que les actions soient nominatives, ce qui n'est pas le cas dans les sociétés cotées, l'agrément n'étant pas possible en ce qui concerne ces sociétés.

L'organe compétent pour donner l'agrément doit être désigné dans les statuts (en pratique c'est généralement le conseil d'administration). Le cédant n'est pas interdit de vote. Si la société ne répond pas à la demande d'agrément dans un délai de trois mois, on considère que l'agrément est donné. Le refus de l'agrément n'a pas à être motivé.

Si une procédure d'agrément est mise en place, les actionnaires peuvent disposer d'un droit de préemption. L'actionnaire qui veut vendre ses actions devra les proposer en priorité aux autres actionnaires.

Lecture

- T. com. Marseille, 7 nov. 2001 : « La convocation d'une assemblée générale d'actionnaires à la demande d'un comité d'entreprise », *Rev. soc.* 2002, p. 57, note R. Vatinet ;
- Dom J.-Ph., « La protection des minoritaires », *Rev. soc.* 2001, p. 533 ;
- Boubaker S., Labégorre F., « Quand le droit détermine l'influence d'un actionnaire ». *Banque Magazine* 2007, n° 693, p. 48.

C. La surveillance de la société anonyme

Toute société anonyme doit avoir un commissaire aux comptes, quels que soient le total de son bilan, le montant de son chiffre d'affaires, et le nombre de salariés (art. L. 225-218 C. com.). Nommés par l'assemblée générale, les commissaires aux comptes appartiennent à une profession réglementée (art. L. 822-9 et s. C. com.). Ils sont investis d'une mission permanente de contrôle sur la situation comptable et financière de la société. Ils certifient ainsi que « les comptes annuels sont réguliers et sincères et donnent une image fidèle du résultat des opérations de l'exercice écoulé ainsi que de la situation financière et du patrimoine de la société à la fin de cet exercice » (art. L. 225-235 C. com.).

Grâce aux renseignements recueillis dans l'exercice de leur mission de contrôle, les commissaires remplissent ensuite une mission d'information. Ils doivent informer à titre principal l'assemblée générale des actionnaires, à laquelle ils présentent des rapports sur la situation de la société et certains aspects de la vie sociale. La loi leur impose également le devoir de porter le résultat de leurs investigations à la connaissance des organes de gestion et du comité d'entreprise (art. L. 225-240 C. com.). Ils sont responsables, tant à l'égard de la société que des tiers, des conséquences dommageables des fautes et négligences commises dans l'exercice de leurs fonctions (art. L. 225-241 C. com.). En outre, la loi leur attribue une mission d'alerte qui les oblige à attirer l'attention des dirigeants, des actionnaires et du comité d'entreprise sur la dégradation de la situation de la société contrôlée.

Lecture

- Couret A. et Tudel M., « Le nouveau contrôle légal des comptes », *D.* 2004, chron. 2290 ;
- Cass. com., 19 oct. 1999 : « Caractère permanent de la mission du commissaire aux comptes », *D.* 2001, somm. 623, obs. J.-L. Navarro.

D. La dissolution de la société anonyme

La dissolution de la société anonyme peut avoir lieu dans différents cas :

- Le terme convenu : dans les grandes sociétés, les statuts indiquent en général un terme très éloigné et fixent souvent la durée de la société à 99 ans (durée prévue par l'article 18446 du Code civil). L'assemblée générale peut voter la prorogation de la société, pour éviter la dissolution.
- La disparition de l'objet social si l'objet de la société est nettement spécialisé, ce qui est rare.
- La dissolution pour justes motifs : la mésentente entre les associés est prise en considération si elle compromet le fonctionnement de

la société. À la demande d'un associé, c'est le tribunal qui décidera de cette dissolution.

- La décision de l'assemblée générale extraordinaire (art. L. 225-246 C. com.) : les actionnaires réunis en assemblée générale extraordinaire peuvent librement décider la dissolution de la société avant le terme convenu.
- Lors de pertes importantes (art. L. 225-248 C. com.) : si du fait des pertes constatées dans les documents comptables, le total des capitaux propres est devenu inférieur à la moitié du capital, le conseil d'administration ou le directoire est tenu, dans les quatre mois qui suivent l'approbation des comptes ayant fait apparaître cette situation, de convoquer l'assemblée générale extraordinaire pour qu'elle délibère sur la dissolution anticipée.

  Si l'assemblée prononce la dissolution, il y a lieu à liquidation. Si la dissolution n'est pas prononcée, la société doit, au plus tard à la clôture du deuxième exercice suivant celui au cours duquel la perte a été constatée, à l'occasion de l'approbation des comptes par l'assemblée générale annuelle, réduire son capital d'un montant au moins égal à celui des pertes qui n'ont pu être imputées sur les réserves, à moins que, dans le délai imparti, les capitaux propres n'aient été reconstitués jusqu'à concurrence de la moitié au moins du capital.
- La réduction du nombre d'actionnaires (art. L. 225-247 C. com.) : la dissolution de la société peut être prononcée si le nombre des associés tombe en dessous du minimum légal. Quand les actions sont au porteur, il est toutefois impossible de constater si le nombre des actionnaires est tombé en dessous du minimum légal de sept. Même dans le cas où cette constatation est faite, la dissolution de la société ne peut être prononcée que lorsqu'un an au moins s'est écoulé depuis l'époque où le nombre des associés est tombé en dessous de sept, et encore la loi multiplie-t-elle les moyens permettant d'éviter la dissolution : le tribunal peut accorder à la société un délai de six mois pour régulariser la situation, et il ne peut prononcer la dissolution si, le jour où il statue sur le fond, la régularisation a eu lieu.

Une décision de liquidation judiciaire entraîne par définition la dissolution de la société. La dissolution entraîne la liquidation de la société :

- un liquidateur est nommé par les associés qui vont contrôler les opérations ;

- ce liquidateur présente les comptes aux associés qui, en les approuvant, clôturent la liquidation ;
- après publicité au RCS, la société va alors perdre sa personnalité morale. S'il reste de l'actif, le partage va s'effectuer entre les associés, en appliquant les règles de droit civil (les associés sont en indivision) et les prévisions des statuts.

Section II : Les autres sociétés par actions

La société en commandite par actions (§ 1) est une forme sociale hybride, permettant de rassembler des caractéristiques des sociétés de personnes et de la société anonyme. Au cours des dernières années, les évolutions législatives nationales et communautaires ont donné naissance à de nouvelles formes sociales : la société par actions simplifiée (§ 2).

§ I : La société en commandite par actions

La société en commandite par actions procède de la SA et de la société en commandite simple. Elle est donc un peu complexe mais possède une structure souple en raison d'une grande liberté statutaire. Elle convient particulièrement aux entreprises qui veulent assurer un pouvoir fort et stable avec une ouverture aux capitaux extérieurs. Ce type de société permet au gérant commandité de garder le pouvoir au sein de sa société, de par la liberté contractuelle qu'elle offre. C'est une arme « anti OPA » (offre publique d'achat) appréciée des groupes importants cotés en Bourse, du fait de la quasi-incessibilité des parts détenues par les commandités. Au plan fiscal, la société est soumise de plein droit à l'impôt sur les sociétés sur tout son résultat. Les gérants commandités ont un statut fiscal et social identique à celui des gérants majoritaires de SARL, ils ne sont pas considérés comme des salariés.

●●● A. Caractéristiques

La société en commandite par actions est une société constituée entre un ou plusieurs associés appelés commandités qui ont le statut juridique des associés en nom collectif, et des associés appelés commanditaires qui sont des actionnaires responsables seulement dans la limite de leur apport.

Elle est réglementée par les articles L. 226-1 et suivants du Code de commerce. La Société en commandite par actions est toujours commerciale, et peut faire offre au public de titres financiers. Les commanditaires ont la qualité d'actionnaire. Les commandités sont personnellement et solidairement responsables des dettes sociales ; eux seuls peuvent gérer la société.

●●● B. Règles de constitution

1. Conditions de fond

La société en commandite par actions doit satisfaire aux conditions de l'article 1108 du Code civil relatif à la capacité, au consentement, à la cause et à l'objet de la société, et à celles de l'article 1832 du Code civil relatif au contrat de société.

Le nombre d'associés est au minimum de quatre (un associé commandité et trois associés commanditaires). En l'absence de dispositions spéciales, les règles applicables sont les mêmes que celles concernant les sociétés en commandite simple et les sociétés anonymes (art. L. 226-1 al. 2 C. com.).

Le capital minimum est de 37 000 €. Les types d'apports sont identiques à ceux de la société en commandite simple ; en échange de leurs apports, tous les associés recevront des actions.

La durée maximale est de 99 ans, renouvelable.

2. Conditions de forme

Les formalités de constitution sont analogues à celles de la société anonyme. Il faut signaler que l'assemblée constitutive devra désigner un conseil de surveillance.

●●● C. Organisation

1. La gérance

Elle peut être confiée à un ou plusieurs gérants, personnes physiques ou morales, associés commandités ou étrangers à la société. Les commanditaires ne peuvent pas être gérants.

Les gérants sont désignés dans les statuts, puis leur nomination se fait selon les règles librement fixées dans les statuts. La limite d'âge est de 65 ans sauf disposition statutaire contraire (art. L. 226-3 C. com.).

Les gérants ont les pouvoirs les plus étendus pour agir en toutes circonstances au nom de la société (art. L. 226-7 C. com.). Ils peuvent :

- convoquer les assemblées dont ils fixent l'ordre du jour ;
- établir l'inventaire, les comptes annuels ;
- permettre aux actionnaires d'exercer leur droit de communication.

2. Les associés

On peut distinguer deux types d'associés : les associés commandités ont la qualité de commerçant et répondent indéfiniment et solidairement des dettes sociales. Les parts sociales des associés commandités ne sont pas des titres négociables ; pour les céder, il faut obtenir l'accord préalable de tous les associés commandités. Les associés commanditaires ne peuvent accomplir aucun acte de gestion externe. Ils peuvent librement céder leurs actions, et ne sont responsables que dans la limite de leurs apports. Les associés qui ne sont pas gérants ont deux fois par an le droit d'obtenir communication des livres et des documents sociaux ainsi que celui de poser des questions sur la gestion de la société.

Les comptes annuels seront soumis à l'approbation des commandités et de l'assemblée générale ordinaire des commanditaires dans les six mois de la clôture de l'exercice.

3. Le conseil de surveillance

Prévu par les articles L. 226-4 et 5 du Code de commerce, il est composé d'au moins trois membres (parmi les commanditaires, un commandité ne pouvant en faire partie). Comme dans les SA, il faut veiller à une répartition équilibrée entre hommes et femmes (art. L. 226-4 C. com.) ; la proportion des représentants de chaque sexe pourra être d'au moins 40 % à compter de 2017 (art. L. 226-4-1 C. com. dont l'entrée en vigueur est différée). Il assure le contrôle de la gestion de la société (article L. 226-9 C. com). Lorsque les actions de la société sont admis aux négociations sur un marché réglementé, le président du conseil de surveillance établit un rapport joint au rapport de contrôle de gestion, pour assurer une transparence de l'information financière (art. L. 226-10-1 C. com.).

§ 2 : La société par actions simplifiée

La constitution d'une société par actions impose de faire le choix entre la SA et la Société par actions simplifiée (SAS). La SA, créée par la loi du 24 juillet 1966, est la forme sociale la plus classique. Depuis 1994, la SA est concurrencée par une forme de société moins rigide, la société par actions simplifiée (SAS), qui attire un nombre accru de créateurs d'entreprise en raison d'un formalisme simplifié. La loi du 12 juillet 1999 sur l'innovation et la recherche a bouleversé cette forme sociale, d'une part, en l'ouvrant à toute personne physique ou morale, d'autre part, en autorisant la création de sociétés par actions simplifiées unipersonnelles (SASU).

●●● A. Caractéristiques

Il s'agit d'une nouvelle forme de société par actions régie par les articles L. 227-1 et suivants du Code de commerce. C'est un instrument très souple, révélateur de la tendance à la contractualisation du droit des sociétés. Les règles impératives sont très peu nombreuses. Le droit applicable à la société anonyme s'applique essentiellement de façon supplétive.

L'un des aspects les plus remarquables de la SAS est la liberté qu'elle offre aux associés pour organiser contractuellement leurs relations réciproques et également l'efficacité qu'elle assure à ces conventions. Les statuts régissent ainsi tout le fonctionnement de la SAS.

Il en est ainsi des conditions de nomination et de révocation des dirigeants, de la durée de leurs fonctions (aucun texte ne limite le nombre de mandats de président de SAS). Les conventions dites « réglementées », entre le président ou les dirigeants et la société, ne nécessitent pas l'autorisation préalable des associés. Les associés prennent leurs décisions collectives en toute liberté : modalités et exercice du droit de vote sont fixés par les statuts.

Dans ce type de société, il peut également exister une variété de clauses créées par la pratique :

- des clauses d'agrément concernant les cessions entre associés eux-mêmes ;
- des clauses de sauvegarde du contrôle d'un actionnaire qui exige de tout actionnaire que toute modification des organes dirigeants, des masses d'actionnaires, d'une société associée soit indiquée à la société ;

- des clauses d'inaliénabilité concernant les titres de la société ;
- des clauses d'exclusion ;
- des pactes d'actionnaires, c'est-à-dire des contrats conclus entre certains actionnaires seulement au sein de la société ayant pour but d'orienter leurs votes dans le même sens avant la réunion des assemblées générales.

La responsabilité des actionnaires est limitée à leurs apports. La présence d'un commissaire aux comptes est obligatoire dans cette société.

Dès lors que les statuts ne prévoient rien, le droit des sociétés retrouve son empire. La société par actions simplifiée ne peut en effet se constituer sans respecter une certaine hiérarchie des normes. Elle relève toujours, dans cet ordre :

- du droit commun des sociétés contenu dans les articles 1832 à 1844-17 du Code civil ;
- subsidiairement du Code de commerce et plus précisément de la réglementation relative aux sociétés anonymes sauf en ce qui concerne la direction, l'administration de la société et les assemblées d'actionnaires ;
- sauf exception, les statuts régissent de manière supplétive la SAS. La société par actions même simplifiée a toutefois l'obligation de se conformer à des prescriptions considérées par le législateur comme impératives.

Ainsi en est-il du caractère fermé de la société : en aucun cas, la SAS ne peut faire offre au public de titres financiers (seules les opérations prévues par le Code L. 411-2 du Code monétaire et financier sont autorisées ; art. L. 227-2 C. Com.). D'autres limites légales à la liberté statutaire tendent à assurer la protection des associés non dirigeants et des tiers comme la sécurité des relations commerciales :

- les textes imposent d'abord la désignation d'un président dont le rôle est de représenter la SAS à l'égard des tiers ;
- les dispositions statutaires, qui restreignent le cas échéant les pouvoirs du président, sont inopposables aux tiers ;
- la société est, dans ses rapports avec les tiers, engagée même par les actes du président qui ne relèvent pas de l'objet social, à moins qu'elle ne prouve que le tiers savait que l'acte dépassait cet objet ou qu'il ne pouvait l'ignorer compte tenu des circonstances, étant exclu que la seule publication des statuts suffise à constituer cette preuve ;

- les décisions fondamentales (approbation des comptes, modification du capital, fusion, scission, transformation, dissolution) relèvent des seuls associés.

Les statuts « peuvent prévoir les conditions dans lesquelles une ou plusieurs personnes autres que le président, portant le titre de directeur général ou de directeur général délégué, peuvent exercer les pouvoirs confiés à ce dernier » (art. L. 227-6 al. 3 C. com.).

●●● B. Règles de constitution

Depuis le 1er janvier 2009, il est possible de créer une SAS avec un capital minimum de 1 €. Le capital doit être libéré en totalité dès sa souscription. Cette forme de société ne peut pas faire offre au public de titres financiers (art. L. 227-2 C. com.).

La société par actions simplifiée peut être créée par un ou plusieurs associés, personne physique ou morale. En cas d'associé unique, on parle de société par actions simplifiée unipersonnelle (SASU).

C'est une structure adaptée aux filiales de groupe, mais dont l'usage est aussi autorisé pour l'exercice d'une profession libérale par exemple.

Pour le reste, les règles de constitution sont celles applicables à la société anonyme.

●●● C. Organisation

1. Le pouvoir de direction

Les associés ont toute liberté pour organiser le pouvoir de direction de la société par actions simplifiée. Un président représente la société vis-à-vis des tiers, et a les pouvoirs les plus larges pour exercer la direction de la société (J.-C. Hallouin, « Le monopole de représentation du président de la société par actions simplifiée », *D.* 2002. chron. 2263).

Dans le silence des statuts, le président est présumé avoir été nommé pour la durée de la société. La direction peut être collégiale. Les statuts peuvent aussi prévoir la nomination d'un ou plusieurs directeurs généraux.

2. Les assemblées

Les statuts vont déterminer le fonctionnement des assemblées. Le pacte social, c'est-à-dire le contrat initial prévoit la périodicité des consultations, lieu de réunion, les documents d'information à mettre à disposition des actionnaires. Certaines décisions sont prises obligatoirement en assemblée générale (art. L. 227-9 C. com.) :

- l'approbation des comptes et affectation des bénéfices ;
- la nomination du commissaire aux comptes ; modification du capital social ;
- la dissolution ;
- la transformation en une autre forme sociale ;
- toute fusion, scission, apport partiel d'actif.

D'autres doivent être prises en assemblée à l'unanimité : l'inaliénabilité des titres ;

- l'agrément des cessions d'actions ;
- l'exclusion d'un associé ;
- la suspension des droits de vote.

Lecture

- Laval M., Torre P., « Les SAS, une structure décisionnaire à risque », *Décideurs juridiques et financiers* 2011, n° 131, p. 74 ;
- Altide W., « Sociétés unipersonnelles (EURL et SASU) dirigées par leur associé unique personne physique », *JCP N* 2009, n° 48, p. 36.

Section III : La société européenne

La société européenne a été créée par un règlement du Conseil européen en date du 8 octobre 2001 (Règl. CE n° 2157/2001 du Conseil, 8 oct. 2001 Dir. 2001/86/CE du Conseil, 8 oct. 2001 : *JOCE* n° L. 294, 10 nov.). La date limite de transposition a été fixée au 8 octobre 2004, mais celle-ci est loin d'avoir été respectée sur l'ensemble du territoire de l'Union européenne. Une société européenne (SE) est une société anonyme (SA) rattachée à un état membre et en a donc la nationalité mais son organisation est unifiée au plan communautaire.

Le règlement propose, en effet, à l'échelle européenne, un modèle de société par actions. L'objectif de ces textes est de créer une personne morale unique dont le régime harmonisé permet les fusions intracommunautaires, la création de holdings, de filiales communes, le transfert de siège social d'un État membre à un autre en supprimant les blocages liés notamment aux conflits de lois qui empêchaient ces opérations pour les sociétés commerciales.

Désormais lesdites sociétés pourront, pour réaliser de telles opérations, se transformer en société européenne. Le chapitre IX du titre II du livre II du Code de commerce intitulé « Des sociétés européennes » a été modifié par la loi du 26 juillet 2005 pour la confiance et la modernisation de l'économie, qui a introduit la société européenne en droit français. Celle-ci se trouve maintenant codifiée L. 229-1 et s. du Code de commerce. Le siège statutaire de la société européenne doit être situé à l'intérieur de la Communauté, dans le même État membre que celui de l'administration centrale. Enfin, le siège peut faire l'objet d'un transfert qui n'emporte ni dissolution, ni création d'une personne morale nouvelle (art. L. 229-2 C. com).

La directive 2001/86 du Conseil du 8 octobre 2001 complétant le statut de la Société européenne pour ce qui concerne l'implication des travailleurs prévoit que la création d'une société européenne implique une négociation sur la participation des salariés, avec un organe unique représentant tous les salariés des sociétés concernées.

La société européenne renvoie ainsi largement aux dispositions applicables aux sociétés anonymes.

Son capital minimum est de 120000 €. Un accord d'implication des salariés est obligatoire, donnant lieu à un organe permettant une représentation permanente des salariés dans la société.

La société européenne pourra être constituée :

- par la fusion de deux sociétés anonymes ou plus, situées dans au moins deux États membres différents ;
- par la constitution d'une société holding, à l'initiative de sociétés anonymes ou à responsabilité limitée situées dans au moins deux États membres différents ;
- par la constitution d'une filiale commune par des sociétés situées dans au moins deux États membres différents ;
- par la transformation d'une société anonyme possédant une filiale dans un autre État membre depuis au moins deux ans. Le règlement n° 2157/2001 est des plus souples quant au fonctionnement de la SE. Il prévoit que :
  . la personnalité juridique s'acquiert à dater de son immatriculation,

- la SE est une société de capitaux,
- le siège statutaire est celui du principal établissement,
- le nombre minimum d'actionnaires est de deux mais elle admet une société européenne unipersonnelle lorsqu'elle est filiale d'une autre SE.

L'organe de direction peut être :

- de type moniste avec un conseil d'administration de 3 membres au moins ;
- ou de type dualiste avec un organe de direction et un organe de surveillance ;
- l'assemblée générale a une compétence d'attribution ;
- les comptes annuels sont publiés selon les mêmes règles qu'une SA ;
- la dissolution et la liquidation se font selon les mêmes règles que la SA et droit commun de la faillite du pays où elle est immatriculée.

Les opérations suivantes requièrent l'autorisation de l'organe de surveillance ou une délibération de l'organe d'administration :

- tout projet d'investissement dont le volume est supérieur au pourcentage du capital souscrit ;
- la création, l'acquisition, l'aliénation ou la liquidation d'entreprises, d'établissements ou de parties d'établissements, lorsque le prix d'achat ou le produit de la vente est supérieur au pourcentage du capital souscrit ;
- le recours au crédit ou l'octroi de crédits, l'émission d'obligations et la reprise ou le cautionnement d'engagements de tiers, lorsque l'opération globale est supérieure au pourcentage du capital souscrit ;
- la passation de contrats de livraison et de prestation lorsque le chiffre d'affaires global qui y est prévu est supérieur au pourcentage du chiffre d'affaires du dernier exercice commercial ;
- le pourcentage visé aux tirets susmentionnés est fixé par les statuts. Il ne peut être inférieur à 5 %, ni supérieur à 25 %. La société européenne établit des comptes annuels comprenant le bilan, le compte des profits et pertes ainsi que l'annexe et un rapport de gestion contenant un exposé sur l'évolution des affaires et la situation de la société, et, le cas échéant, des comptes consolidés.

Sur le plan fiscal, la SE est traitée comme n'importe quelle multinationale : elle est soumise au régime fiscal de la législation nationale applicable au niveau de la société, comme au niveau de ses succursales. La SE reste assujettie aux impôts et taxes de tous les États membres où ses établissements stables sont situés.

Lecture

- Cathiard C., « La société coopérative européenne », *JCP E* 2009, 1012 ;
- Cathiard C., Lecourt A., « Les structures européennes : principales caractéristiques et intérêts pour les entreprises », *Droit des sociétés* 2011, n° 8-9, p. 5 ;
- Frison-Roche M.-A., « La société européenne », *D.* 2001, chron. 290.

Exercice

Questionnaire

Que pensez-vous des affirmations suivantes ?

1. La SA « Les matelots », au capital de 157 000 €, peut-elle être cotée en Bourse ?

   ❑ oui ❑ non

2. M. Greg peut-il librement vendre à Mlle Céli ses actions de la SA « Marie-Galante » ?

   ❑ oui ❑ non

3. Mlle Celi peut-elle librement lui vendre en échange ses parts de la société en commandite par actions, dont elle est associée commanditée ?

   ❑ oui ❑ non

4. M. et Mme Rika, avocats, peuvent-ils ensemble créer une SAS ?

   ❑ oui ❑ non

5. La SA « Les matelots » peut-elle être membre du directoire de la société « Marie-Galante » ?

   ❑ oui ❑ non

6. Mme Borah, comptable de la SA « Les matelots » depuis 14 ans, peut-elle faire partie de son conseil d'administration ?

   ❑ oui ❑ non

Corrigé

1. OUI

Le capital minimum pour faire offre au public de titres financiers est de 37 000 €, mais cela impose transparence et rigueur de gestion accrues.

2. OUI

Les actions d'une SA sont librement cessibles.

3. NON

Les associés commandités ont le statut d'associés en nom collectif : l'unanimité est donc en principe nécessaire pour céder ses parts.

4. OUI

Une SAS peut même être créée par une seule personne, à condition bien sûr de remplir toutes les conditions de formation. Les associés d'une SAS n'ont pas la qualité de commerçant.

5. NON

Tous les membres du directoire doivent être des personnes physiques, associées ou non.

6. OUI

Un salarié peut faire partie du conseil d'administration d'une SA s'il justifie d'au moins deux ans d'ancienneté.

Chapitre VIII
La restructuration de sociétés

Dans un environnement fortement marqué par la mondialisation, de nombreuses entreprises modifient leurs contours. Les sociétés sont confrontées à des situations de croissance, de développement et de crise. Ces contingences les conduisent à réaliser des opérations de toutes sortes qui rythment leur vie. Certaines restructurations n'affectent pas directement le droit des sociétés. Ainsi, l'adoption de nouvelles technologies représente le type de restructuration le plus courant. Un autre type de restructuration observé est l'expansion de l'entreprise, qui est réalisée par un renforcement des points de vente. Il y a parfois également fermeture de sites de travail jugés non rentables ou insuffisamment rentables. Il est alors procédé à « l'externalisation » de certaines activités (habituellement la comptabilité, les services juridiques, le service de la paye, le soutien informatique, la gestion de site et les ressources humaines). En impartissant des fonctions auparavant assumées à l'interne, les entreprises s'attendent à réaliser des économies. Elles estiment également que le recours à des firmes de services professionnels leur permettra de réduire leurs frais généraux ainsi que les coûts reliés au recrutement et à la rémunération des employés.

Les opérations qui nous intéressent dans ce chapitre sont les modifications de la composition du capital social. La restructuration se caractérise par un ensemble d'opérations de transfert de propriété d'actifs réels et de titres. Elle influe sur l'activité productive et financière des entreprises participant au processus.

La restructuration se distingue de la transformation de la société. La restructuration conduit, comme son nom l'indique soit à la modification de la personne morale même des sociétés concernées (section I).

La transformation est l'opération qui consiste à changer sa forme juridique, tout en maintenant inchangée sa personnalité morale. La transformation traduit simplement le changement de forme de la société. Par essence, elle n'intéresse qu'une seule société (section II).

À mi-chemin entre ces deux opérations se trouve l'apport partiel d'actifs qui consiste à ce qu'une société apporteuse (qui fournit les apports) transfère une partie de ses actifs (immeuble, branche d'activité) à une société bénéficiaire (qui reçoit les apports). Les actionnaires de la société apporteuse reçoivent, en contrepartie de l'apport d'actifs, des titres de la société bénéficiaire. Par l'apport partiel d'actifs, la ou les société(s) apporteuse(s) et société bénéficiaire préexistent à l'opération et continuent toutes deux d'exister à la suite de l'opération de restructuration. À la différence d'une fusion, ou d'une scission également, l'apport partiel d'actif s'analyse en un apport en nature de biens particuliers ou d'un ensemble de biens : il n'entraîne donc pas en principe transmission universelle d'une partie de son patrimoine, à moins que les sociétés apporteuse et bénéficiaire aient décidé, lorsqu'elles en ont la faculté, de soumettre l'opération au droit commun des scissions (section III).

Ne sont pas traitées comme des opérations de restructuration ou de transformation au sens du présent chapitre :

- *l'acquisition d'une participation par achat en Bourse ou de quelque autre manière que ce soit ;*
- *la mise en location-gérance d'un fonds industriel ou commercial.*

Section I : Les restructurations

Les opérations de restructurations se réalisent sous l'une des formes suivantes :

- la fusion par laquelle deux (ou plusieurs) sociétés mettent en commun leurs actifs et leurs activités ;
- la scission qui consiste à ce qu'une société disperse ses actifs entre plusieurs autres sociétés. La scission est définie à l'article L. 236-1

alinéa 2 du Code de commerce comme une transmission du patrimoine d'une société « à plusieurs sociétés ». On notera qu'au point de vue fiscal, ces opérations se traduisent par des transferts de biens ou de titres. Elles sont susceptibles d'une part, de dégager des plus values, qui, sauf régime de faveur, sont soumises à l'impôt et, d'autre part, de donner lieu au paiement des droits d'enregistrement dont les taux varient en fonction de la nature des biens, sauf, là encore, application d'un régime de faveur (régime spécial des fusions, apports partiels d'actifs et scissions). De même, les opérations de réduction de capital, dissolution ou partage partiel d'actifs conduisent, pour les associés de la société, à l'appréhension de tout ou partie des actifs de la société. Ces opérations peuvent générer des impôts de distribution.

Le phénomène de restructuration suit des modes. À certaines époques, les entreprises préfèrent filialiser. À d'autres époques, elles vont au contraire chercher à absorber d'autres sociétés. Ainsi, l'un des traits marquants des années 1990 aura été la course à l'expansion (« *bigger is better* ») ; depuis, les grands conglomérats ont laissé place à des firmes recentrées sur quelques métiers de base.

Bien qu'il s'agisse d'opérations aux définitions différentes (§ 1), les régimes juridiques de la fusion et la scission sont identiques (§ 2).

§ 1 : Définitions de la fusion et de la scission

La fusion est l'opération par laquelle deux (ou plus) sociétés se réunissent pour n'en former qu'une seule (art. 1844 al. 1 C. civ., art. L. 235-1 al. 1 C. com).

On distingue la fusion-absorption (ou fusion-annexion), une des sociétés existantes absorbe toutes les autres entreprises participant à l'opération, qui sont alors dissoutes de la fusion par création d'une société nouvelle. Fréquemment, les sociétés absorbées étaient, avant l'opération des filiales de la société absorbante, il est alors réalisé une fusion-combinaison, les sociétés fusionnantes, avant de se dissoudre, apportent leurs actifs à une nouvelle société qui reprend la totalité des activités. Il est aussi des cas des fusions dites « à l'envers », où la filiale absorbe la société mère.

La scission est l'opération par laquelle une société (la société « scindée ») transmet son patrimoine à deux ou plusieurs sociétés existantes ou nouvelles (art. L. 236-1 al. 2 C. com.).

Deux cas de figure peuvent également se présenter en cas de scission. Dans l'hypothèse d'une fusion-scission les sociétés bénéficiaires de l'opération de restructuration existaient avant ladite opération. En cas de scission pure et simple, les sociétés bénéficiaires de l'opération de restructuration sont des sociétés nouvelles, créées pour recueillir une fraction des actifs de la société scindée, dissoute à cette occasion.

La fusion et la scission ont pour caractéristiques communes d'entraîner la dissolution sans liquidation de la société absorbée ou scindée, la transmission universelle de son patrimoine à la société absorbante (ou nouvelle) ou à la société bénéficiaire des apports-scissions, dans l'état où il se trouve à la date de réalisation définitive de l'opération, ainsi que l'échange des droits sociaux de la société dissoute par des titres émis par la société bénéficiaire de la transmission universelle du patrimoine (art. L. 236-3 C. com.). Cette transmission et la dissolution sont automatiques il n'est pas besoin d'un liquidateur pour procéder à cette opération. Toutefois, la dissolution ne produit ses effets à l'égard des tiers qu'à compter de la date à laquelle elle a été publiée au registre du commerce et des sociétés.

On notera de même que l'actif net transmis par l'effet d'une fusion ou d'une scission ne peut être rémunéré par des biens autres que des parts ou des actions. Toutefois, par dérogation à cette règle, le versement d'une soulte en espèces ne fait pas perdre à l'opération son caractère de fusion ou de scission à condition que son montant ne dépasse pas 10 % de la valeur nominale des droits sociaux attribués (art. L. 236-1, al. 4 C. com.).

§ 2 : Le régime juridique de la fusion ou de la scission

La procédure comprend l'établissement d'un projet de fusion par les conseils d'administration de chacune des sociétés, faisant l'objet d'une publicité légale qui définit les modalités de la fusion, notamment la parité de l'échange entre les actions des deux sociétés. L'élément central d'une fusion ou d'une scission est le projet écrit de fusion ou de scission entre les sociétés (B). Celui-ci est précédé d'une évaluation de la valeur des sociétés et de négociations entre les sociétés concernées (A). L'ensemble doit être validé par le conseil d'administration et être rendu public (C).

Cette procédure très lourde laisse parfois sa place à une fusion ou scission simplifiée (D). On distingue parfois, sans que cela affecte le régime juridique de l'opération :

- la « fusion à l'endroit », dans laquelle après la fusion, l'actionnaire principal de l'absorbante conserve son pouvoir de contrôle, bien que dilué (sauf dans les cas de fusion simplifiée), sur celle-ci. La cible est la société absorbée et l'initiatrice est la société absorbante ou l'une de ses filiales ;
- la « fusion à l'envers » par laquelle, après la fusion, l'actionnaire principal de l'absorbée prend le contrôle de l'absorbante, la cible est alors la société absorbante, l'initiatrice est la société absorbée ou sa société mère.

●●● A. La phase préalable au projet de fusion ou de scission

Les fusions et scissions nécessitent une comparaison entre deux ou plusieurs sociétés devant aboutir à fixer la valeur des entités participant à l'opération. Toutefois, le législateur n'a fixé aucune règle d'évaluation des sociétés.

Différentes méthodes coexistent : celles proposées par l'Autorité des marchés financiers et celles du Conseil national des commissaires aux comptes sont le plus souvent utilisées. Des recommandations de l'ordre des experts-comptables fournissent également une aide précieuse en la matière (Conseil national de la comptabilité, avis n° 2004-01 du 25 mars 2004).

Toutes ces opérations sont très strictement réglementées à plusieurs titres :

- au titre de la concurrence, les fusions ou scissions ont le plus souvent pour objet un repositionnement des sociétés concernées sur un ou plusieurs marchés ; elles sont dès lors soumises à la réglementation sur la concurrence édictée par les articles L. 430-1 et suivants du Code de commerce et donc à un accord du ministre en charge de l'Économie ou, suivant la taille de l'opération, de la Commission de l'Union européenne (Règlement CE n° 139/2004 du Conseil 20 janv. 2004, *JOUE* n° L. 24, 29) ;
- afin de protéger les porteurs de parts sociales et des tiers, tels les créanciers d'une des sociétés participante à l'opération. Ainsi, les articles 1844-4, alinéa 1er du Code civil et L. 236-1, alinéa 3 du Code de commerce exigent pour qu'une société en liquidation puisse participer à une opération de fusion ou de scission

qu'aucune opération de répartition des actifs de la société en liquidation n'ait commencé.

De même, certaines sociétés de formes différentes ne peuvent fusionner. L'obligation d'indiquer la répartition des parts dans les statuts conduit à ce qu'une société anonyme dont les actionnaires ne sont pas tous connus, ne peut être absorbée par une SARL (art. L. 223-7 al. 3 C. com.). Pareillement, une fusion ne peut intervenir entre une société et une autre forme de personne morale, comme une association ou un groupement d'intérêt économique ; seules les sociétés peuvent, aux termes de l'article 1844-4 du Code civil, fusionner ou être scindées. Également par exemple, une société d'investissement à capital variable (SICAV) ne peut être absorbée ou scindée au profit d'une société de droit commun, car cette opération remettrait en cause ses caractères et statuts originaux.

Enfin, la possibilité de fusionner ou de participer à une scission suppose l'existence de la personnalité morale. Il n'est donc pas possible à une société dépourvue de cette prérogative d'être partie prenante à de telles opérations. Deux sociétés en participation ne pourraient fusionner, ne serait-ce que parce qu'elles n'ont pas de patrimoine autonome.

••• B. Le projet de fusion ou de scission

Le ou les gérant(s), le conseil d'administration ou le directoire des sociétés intéressées arrêtent le projet de fusion ou de scission. Le projet est souvent précédé d'un document précontractuel dit « protocole d'accord » qui rend compte des conditions de l'opération.

Seul le projet signé par le représentant de chacune de ces sociétés va fixer l'ensemble des conditions de réalisation de l'opération. Le législateur a encadré ce contrat. Un certain nombre de mentions doivent obligatoirement figurer dans le projet de fusion :

- la forme, la dénomination et le siège de chaque société participante ;
- les motifs, buts et conditions de l'opération ;
- la désignation et l'évaluation de l'actif et du passif dont la transmission aux sociétés absorbantes ou nouvelles ;
- les modalités de remise des parts et la date à laquelle les opérations de la société absorbée (ou scindée) sont considérées, du point de vue comptable, comme accomplies par la ou les sociétés bénéficiaires des apports ;

- les dates auxquelles ont été arrêtés les comptes des sociétés intéressées utilisés pour établir les conditions de l'opération ;
- le rapport d'échange des droits sociaux et éventuellement le montant de la soulte ;
- le montant prévu de la prime de fusion ou de scission ;
- les droits octroyés aux associés bénéficiant de droits spéciaux et aux porteurs de titres autres que des actions ainsi que, le cas échéant, tous avantages particuliers ;
- l'indication des conditions tout obligataire, qui n'a pas demandé le remboursement de ses titres, conserve ses droits dans la société absorbante ou bénéficiaire de l'opération (décret du 23 mars 1967).

●●● C. La décision de fusion ou de scission et sa publicité

Le projet de fusion ou de scission établi et signé doit être déposé au greffe du tribunal de commerce du lieu du siège social de chacune des sociétés participant à l'opération (art. L. 236-6 al. 2 C. com.). Il fait également l'objet d'un avis inséré dans un journal d'annonces légales du département du siège social par chacune des sociétés intéressées. Les mentions suivantes doivent figurer dans l'avis publié :

- la dénomination sociale éventuellement suivie du sigle de la société, la forme, l'adresse du siège, le montant du capital et les numéros d'immatriculation au registre du commerce et à l'INSEE de chacune des sociétés concernées, c'est-à-dire de celles existant au début et à la fin de l'opération ;
- l'évaluation de l'actif et du passif dont la transmission aux sociétés absorbantes ou nouvelles est prévue ;
- le rapport d'échéance des droits sociaux ;
- le montant prévu de la prime de fusion ou de scission ;
- la date du projet de fusion ou de scission ainsi que les dates et lieu des dépôts aux greffes.

Depuis le 11 novembre 2011 :

- les projets de fusion, de scission et d'apport partiel d'actifs doivent faire l'objet d'un avis au *Bulletin officiel des annonces civiles et commerciales* (BODACC), pour chacune des sociétés participant à l'opération. La publication au Bodacc remplace désormais l'insertion dans le journal d'annonces légales. Comme auparavant, cette publication est effectuée après le dépôt du projet au greffe du tribunal de commerce. (art. R. 236-2 du Code de commerce, modifié par le décret n° 2011-1473 du 9 novembre 2011 relatif aux formalités de communication en matière de droit des sociétés, publié au J.O. du 10 novembre 2011) ;

- l'insertion au Bodacc n'est pas requise lorsque, pendant une période ininterrompue commençant au plus tard 30 jours avant la date fixée pour l'assemblée générale appelée à se prononcer sur le projet de fusion ou de scission, la société publie sur son site internet le projet de fusion ou de scission, dans des conditions de nature à garantir la sécurité et l'authenticité des documents. Cet avis contient les mêmes mentions que pour celui prévu à l'article R. 236-2 et peut être consulté sans frais. (art. R. 236-2-1 du Code de commerce, nouvellement créé) ;
- l'opposition d'un créancier à la fusion ou à la scission, est formée dans le délai de 30 jours à compter de la publication au Bodacc ou de la mise à disposition du public du projet de fusion ou de scission sur le site internet de chacune des sociétés participantes. (art. R. 236-8 du Code de commerce, modifié).

Un commissaire à la fusion rédige un rapport à l'attention des associés ; le commissaire à la fusion :

- vérifie la pertinence des valeurs relatives attribuées aux actions ou parts des sociétés participant à l'opération ;
- analyse le positionnement du rapport d'échange par référence aux valeurs relatives jugées pertinentes et à l'importance relative qui leur est donnée.

On notera qu'il n'est pas nécessaire de procéder à la désignation d'un commissaire à la scission lorsque la scission est réalisée par création de sociétés nouvelles constituées sans autres apports que ceux de la société scindée et que les actions ou parts des sociétés nouvelles sont attribuées aux associés de la société scindée proportionnellement à leurs droits dans le capital de cette société.

Les opérations de fusion ou de scission sont ensuite décidées par chacune des sociétés intéressées dans les conditions prévues pour la modification des statuts (art. L. 236-2 al. 2 C. com.).

En principe, la fusion des sociétés anonymes est décidée par l'assemblée générale extraordinaire de chacune des sociétés qui participent à l'opération (art. L. 236-9 C. com.).

Pour les sociétés anonymes, la fusion ou la scission devra être adoptée à la majorité des deux tiers, compte tenu du respect des conditions de quorum. Dans les SARL, l'opération devra réunir la majorité des trois quarts des parts sociales.

Il est toutefois des cas ou la fusion ne peut être décidée qu'à l'unanimité. Il est en notamment ainsi lorsque la fusion ou la scission aboutit, pour les associés ou actionnaires de la société absorbée ou scindée, à une augmentation de leurs engagements (art. L. 236-5 C. com.).

●●● D. Le régime simplifié de la fusion ou de la scission

Lorsqu'une société anonyme ou une SARL absorbe une ou plusieurs de ses filiales détenues à 100 %, la fusion est soumise à un régime simplifié (art. L. 236-11 C. com.).

Il n'est alors pas nécessaire :

- de réunir l'assemblée générale de la société absorbée ;
- de faire désigner un commissaire à la fusion ;
- d'établir un rapport du conseil d'administration ou du directoire.

Dans la mesure où la fusion n'entraînera pas d'augmentation de capital, le projet de fusion, qui doit être déposé au greffe du tribunal de commerce et faire l'objet de la publicité prévue par les textes. Celle-ci fait l'objet d'une « rédaction simplifiée » : il n'y a pas lieu d'indiquer le rapport d'échange des actions ou des parts, les modalités de remise des actions ou parts de l'absorbante et leur date de jouissance.

Cette simplification n'est cependant pas absolue, puisque la nomination d'un commissaire aux apports est nécessaire, et qu'il s'agit même désormais du seul cas où elle l'est.

La fusion simplifiée est approuvée par la seule assemblée générale extraordinaire de la société absorbante, qui doit statuer sur l'évaluation des apports en nature au vu du rapport d'un commissaire aux apports désigné sur requête par ordonnance du président du tribunal de commerce.

Lorsque la société absorbante est une société anonyme, le rapport du commissaire aux apports doit être déposé au siège social et tenu à la disposition des actionnaires huit jours au moins avant la date de l'assemblée générale. Pour les SARL, le rapport du commissaire aux apports doit être adressé aux associés de la société absorbante et être tenu à leur disposition au siège social, quinze jours au moins avant la date de l'assemblée. En cas de consultation écrite, le rapport du commissaire aux apports doit être adressé aux associés avec le texte des résolutions (art. 40 al. 1, *D.* n° 67-236, 23 mars 1967). En pratique, il est recommandé d'effectuer au greffe du tribunal de commerce, huit jours avant l'assemblée générale, le dépôt du rapport du commissaire aux apports. La fusion simplifiée ne peut être mise en œuvre que si la société absorbante détient en permanence, depuis le dépôt au greffe du projet de fusion jusqu'à la tenue de l'assemblée générale extraordinaire « la totalité des actions (ou des parts) représentant la totalité du capital des sociétés absorbées » (art. L. 236-11 C. com.).

Section II : La transformation de la société

La transformation peut être imposée par la loi aux associés, en tant que condition de survie de la société. Telle est la situation d'une société en nom collectif dans laquelle les parts d'un associé décédé sont transmises à un héritier mineur. Ce dernier ne pouvant être associé en nom, faute d'obtenir la qualité de commerçant, la société doit dans un délai d'un an se transformer le plus souvent en société en commandite simple dans laquelle il aura la qualité de commanditaire responsable des dettes sociales à concurrence du montant de l'apport en société réalisé par son auteur et recueilli dans le patrimoine successoral (art. L. 221-15 C. com.).

Le plus souvent la transformation est volontaire. La transformation de la société obéit aux règles prescrites par la loi et les statuts pour la modification du pacte social. Bien que les règles de majorité dépendent du type de société dont la transformation est envisagée, la règle de principe est celle de l'unanimité. Toutefois :

- les statuts peuvent stipuler une exigence moins contraignante : l'accord unanime, en principe requis pour modifier les statuts, peut faire place à une simple décision majoritaire expressément prévue par eux (art. 1836 C. civ.) ;
- les règles spéciales applicables à certaines formes de sociétés dérogent fréquemment à la règle de l'unanimité (art. L. 221-6, L. 223-30, L. 225-96 C. com.).

Depuis 2003, la transformation d'une société qui n'a pas de commissaire aux comptes en société par actions suppose l'intervention spéciale d'un commissaire à la transformation (art. L. 224-3 C. com.). La transformation prend effet au jour où elle a été décidée par l'assemblée générale des associés, elle ne devient opposable aux tiers qu'à compter de l'accomplissement des formalités de publicité.

Section III : L'apport partiel d'actif

L'apport partiel d'actif est l'opération par laquelle une société fait apport à une autre société (existante ou nouvelle) d'une partie de ses éléments d'actif et reçoit, en échange, des parts ou actions émises par la société bénéficiaire des apports. Une société A apporte l'une de ses activités à une autre société B et reçoit en échange des actions de la société B. L'apport n'étant que partiel, la société A n'est bien sûr pas dissoute. Pour la société qui le reçoit, l'apport est analysé soit comme une constitution de société, soit comme une augmentation de capital selon qu'elle existait ou non avant l'opération.

§ I : L'utilisation de la technique de l'apport partiel d'actif

L'utilité de l'apport partiel d'actif est multiple. Cependant, il est essentiellement exploité dans les opérations de restructuration des groupes de sociétés.

En effet, il peut être utilisé pour réaliser une opération de filialisation : une société avec une activité va devenir une société holding en filialisant son activité (on parle de « filialisation par le bas »).

Par ailleurs, l'apport partiel d'actif permet de regrouper des activités au sein de société. Ainsi, une société détenant deux branches d'activité identique peut regrouper ses deux activités dans une seule et même filiale par deux méthodes : soit la société mère apporte les titres de sa filiale à son autre filiale, soit la filiale réalise elle-même l'apport de sa branche d'activité à la seconde filiale.

L'apport partiel d'actif est aussi utilisé pour scinder des activités. La société mère scinde sa filiale afin que les deux activités de la filiale soient réalisées par des sociétés distinctes. De même, la filiale ayant deux activités peut réaliser un apport d'une de ses branches d'activité à une autre filiale, et transmettre les titres reçus en échange à la société mère. Il s'agit alors d'un « apport-attribution » prévu à l'article 115-2 du Code général des impôts.

L'apport peut aussi être *un préalable à la cession*. En effet, si une société-mère veut céder une de ses branches à un acquéreur, mais que celui-ci souhaite acquérir une société plutôt que de simples actifs, la société-mère a la possibilité de filialiser sa branche d'activité grâce à un apport partiel d'actif. Dans un second temps, la société-mère cédera les titres de sa filiale. Là encore, il s'agit d'un apport-cession. Cette opération permet d'éviter de céder un fonds de commerce, largement taxé par des droits d'enregistrement. L'apport partiel d'actif est donc fiscalement avantageux puisqu'il permet des économies de droits d'enregistrement.

Enfin, l'apport partiel d'actif est employé pour *céder une filiale*. Dans cette hypothèse, la société-mère veut céder une de ses filiales à un acheteur n'ayant pas la trésorerie suffisante. L'idée est alors de réaliser un apport partiel d'actif des titres de la filiale à céder, de la société-mère vers la société acquéreuse. La société apporteuse aura donc des titres de la société bénéficiaire. Puis, la société apporteuse va céder les titres de la société acquéreuse. Ainsi, la société bénéficiaire de l'apport n'aura pas à débourser de trésorerie, mais en contrepartie, ses actionnaires se feront diluer.

§ 2 : Le régime juridique de l'apport partiel d'actif

La société apporteuse et la société bénéficiaire des apports (dès lors qu'elles sont soit des SA, soit des SARL) peuvent décider d'un commun accord de soumettre l'opération au régime juridique des scissions.

Lorsque l'apport partiel d'actif n'est pas soumis au régime juridique des scissions, celui-ci est régi par les règles du droit commun applicables aux augmentations de capital par apports en nature ou aux constitutions par apports en nature, selon que la société bénéficiaire est existante ou nouvelle.

La nomination d'un commissaire aux apports est obligatoire lorsque la société bénéficiaire est une société par actions ou une SARL. Pour les sociétés anonymes et pour les apports au profit de SARL existantes, le commissaire aux apports est désigné par ordonnance du président du tribunal de commerce statuant sur requête (art. L. 223-33 C. com.). Il doit y avoir ensuite une décision de l'assemblée générale extraordinaire.

Différentes formalités doivent être accomplies, lors de la transmission des éléments d'actif en raison de la nature des éléments d'actif apportés : leur régime juridique est celui des apports transférés.

Il existe deux régimes fiscaux applicables : le régime de droit commun et le régime de faveur.

Si une société A fait un apport de fonds de commerce à une société B. La valeur nette comptable du fonds est de 800, et sa valeur réelle est de 2 000. Par la suite, B va revendre le fonds de commerce pour 3 000 et A vendra les titres B pour 2 500.

Dans le régime de droit commun, la société apporteuse va payer l'impôt sur l'apport. En effet, elle supportera l'impôt sur les sociétés relatif aux plus-values de cession d'actif. Ainsi, A va dégager une plus-value d'apport de 1 200 (2 000-800) et supporter l'IS sur cette plus-value.

À l'inverse, si le régime de faveur s'applique, A va apporter à B tout en étant exonéré d'impôt sur les plus-values latentes de l'apport. Ce sera B qui paiera l'impôt sur la plus-value quand il cédera le fonds de commerce. B sera donc imposé sur une plus-value de 2 200 (1 000 de plus-value comptable et 1 200 de plus-value latente). Ainsi, dans le régime de faveur, l'acquéreur supporte l'impôt sur les plus-values latentes, mais ne doit ce dernier que lors de la cession de l'actif apporté. Néanmoins, en régime de faveur, il y a une double imposition économique de la même plus-value à cause de la cession de titre. En effet, si A cède les titres de B, la plus-value comptable sera de 500 (2 500-2 000) et la plus-value fiscale sera de 1 700 (2 500-800) ; soit une plus-value imposée pour 2 200. Ainsi, la plus-value est imposée à deux fois : une fois chez A et une fois chez B. Cependant, cette double imposition ne se réalisera que rarement en pratique grâce au régime particulier d'imposition des plus-values à long terme.

Section IV : Les opérations d'acquisition de sociétés avec effet de levier

Les opérations d'acquisition de société avec effet de levier, désignées sous l'acronyme anglais « LBO » (*Leverage Buy Out*), n'ont de cesse de se développer, avec un succès grandissant.

Le LBO est une technique particulière d'acquisition des actions d'une société cible par une société holding spécialement constituée à cet effet, et financée pour l'essentiel par des emprunts bancaires (opération à effet de levier financier). Grâce aux dividendes versés par la société cible, la société holding rembourse les emprunts souscrits pour financer l'acquisition des titres de la société cible.

Alliant technique juridique, financière et fiscale, une opération de LBO repose toujours sur un objectif de revente de la société cible à moyen terme (cession à un industriel, introduction en Bourse, LBO secondaire, etc.) susceptible de générer à cette occasion une forte plus-value sur les fonds propres investis dans l'opération.

§ I : Les divers types de LBO

Compte tenu de cette diversité de situations, le terme LBO apparaît comme une appellation générique qui regroupe dans les faits différents types d'opérations :

- LMBO (*Leverage Management Buy Out*) : rachat d'une société par un ou plusieurs cadres dirigeants de l'entreprise et des investisseurs financiers ;
- LMBI (*Leverage Management Buy In*) : rachat d'une société par un ou plusieurs repreneurs extérieurs à l'entreprise et des investisseurs financiers.
- BIMBO (*Buy In Management Buy Out*) : rachat d'une société par un ou plusieurs dirigeants repreneurs extérieurs à l'entreprise en association avec le vendeur et/ou avec des cadres de l'entreprise ;
- OBO (*Owner Buy Out*) : rachat d'une société par une société holding détenue conjointement par les associés dirigeants actuels et des investisseurs financiers ;

- LBU (*Leverage Build Up*) : rachat d'une première entreprise servant de plate-forme pour l'acquisition d'autres entreprises du même secteur ou d'un secteur connexe.

§ 2 : La mécanique du LBO

Le montage du LBO se décompose en trois étapes.

Tout d'abord, plusieurs investisseurs acquièrent une entreprise (la cible) via une société mère (la holding, souvent désignée sous le terme générique Newco) créée pour l'occasion, en faisant en sorte d'être majoritaires dans le capital.

Cette holding va ensuite s'endetter autant que la capacité d'autofinancement de la société cible le permettra, et qui sera capitalisée, par les acquéreurs, uniquement à hauteur du solde du prix d'acquisition, ce qui est appelé l'effet de levier.

La société mère va donc se charger d'acquérir la « société cible », en acquérant la majorité de son capital. Elle paye par le recours à un emprunt contracté auprès d'une banque. Cet emprunt est qualifié de « dette senior ».

Dans les grosses opérations, le repreneur est en général un fonds de capital-investissement. Dans ce cas, la société holding ne s'endette pas seulement auprès d'une banque, mais également en émettant des obligations qui sont souscrites par le fonds de capital-investissement. Cette source de financement est qualifiée de « dette junior ».

Les charges financières des dettes contractées par la holding seront payées grâce aux remontées de dividendes provenant de la cible. Les repreneurs vont pouvoir acquérir la cible grâce aux ressources même de celle-ci.

L'effet de levier du LBO revêt deux caractéristiques. Il s'agit tout d'abord d'un effet de levier financier : l'emprunt de la holding est intégralement payé par le résultat de la cible alors que le repreneur n'a utilisé qu'un minimum de fonds propres. D'autre part, l'effet de levier se fait également en matière fiscale : la holding pourra déduire de l'impôt sur les sociétés les intérêts de l'emprunt si elle détient une forte participation dans la société cible. Le nouveau groupe constitué bénéficiera, en France, du régime de l'intégration fiscale qui permettra de diminuer sa base d'imposition du montant des intérêts de la dette d'acquisition.

Au bout de quelques années, la société cible sera revendue ou introduite en Bourse, ce qui génère souvent de confortables plus-values pour ses actionnaires.

La difficulté réside dans le fait que la société holding ne dispose pas à proprement parler d'actifs pouvant servir de garantie aux emprunts bancaires puisque les actions qui figurent à son bilan n'ont de valeur qu'à concurrence de la valeur, nette de dettes, des actifs de la société cible. Les emprunts bancaires sont donc garantis par les titres de la société cible.

Lecture

- Bateman L., « L'objectif du LBO n'est pas de s'inscrire dans du long terme », *Semaine sociale Lamy* 2010, n° 1434, p. 7 ;
- Bertrel M., « L'activation de la holding de reprise dans un LBO », *Revue trimestrielle de droit financier* 2011, n° 4, p. 185.

Chapitre IX
Synthèse des grandes formes sociales

Pour compléter cet ouvrage, des tableaux récapitulatifs donnent une vision d'ensemble des grandes formes sociales, dans un objectif de compréhension et de comparaison de leurs mécanismes principaux (sections I et II).
Ces tableaux permettent également d'ouvrir vers de nouveaux thèmes, complétant les chapitres précédents en quelques points, tel un aperçu sommaire des régimes fiscaux applicables aux sociétés commerciales (section III), ou les sociétés d'exercice libéral (section IV).

Section I : Tableaux récapitulatifs des principales caractéristiques de sociétés commerciales

§ I : Comparaison des sociétés par actions et à responsabilité limitée

Type de société	SA	SAS SASU	SARL EURL
Capital minimum	37 000 €	37 000 €	1 €
Minimum à verser lors de la création	18 500 €	18 500 €	20 %
Nombre	Minimum 7 Pas de maximum	Minimum 1 Pas de maximum	Minimum 1 Maximum 100
Qualité	Personne physique ou personne morale Ne donne pas la qualité de commerçant	Personne physique ou personne morale Ne donne pas la qualité de commerçant	Personne physique ou personne morale Ne donne pas la qualité de commerçant
Responsabilité financière	Responsabilité limitée au montant des apports	Responsabilité limitée au montant des apports	Responsabilité limitée au montant des apports
Droit de vote	Proportionnel à la part du capital détenue (sauf actions à droit de vote double et actions à dividende prioritaire sans droit de vote)	Possibilité de créer des actions privilégiées bénéficiant de droits de vote multiples	Proportionnel à la part du capital détenue
Droits dans les bénéfices	Proportionnels à la quotité de capital détenue (sauf actions à dividende prioritaire sans droit de vote et actions privilégiées)	Possibilité de créer des actions privilégiées bénéficiant de droits financiers accrus	Proportionnel à la part du capital détenue

Type de société	SA	SAS SASU	SARL EURL
Types d'apports autorisés	Numéraire Nature Interdiction des apports en industrie	Numéraire Nature Interdiction des apports en industrie	Numéraire Nature Apports en industrie autorisés
Imposition des bénéfices	Impôt sur les sociétés	Impôt sur les sociétés	SARL : Impôt sur les sociétés EURL : Impôt sur le revenu (BIC ou BNC) avec possibilité d'option à l'IS
Introduction en Bourse	Oui	Non	Non
Stock-options, BSA, BSPCE	Oui	Oui	Non
Emprunt bancaire	Oui	Oui	Oui
Émission d'obligations	Possibilité d'émettre des obligations avec appel public à l'épargne ou dans le cadre d'un placement privé	Possibilité d'émettre des obligations dans le cadre d'un placement privé	Possibilité d'émettre des obligations dans le cadre d'un placement privé
Modalités de cession	Modalités de cession simplifiées	Modalités de cession simplifiées	Obligation de signifier les cessions
Liberté de cession	Possibilité de prévoir dans les statuts des clauses d'agrément visant les tiers ou des clauses de préemption	Peut tout prévoir dans les statuts : clause d'agrément clause de préemption clause d'inaliénabilité (ces clauses peuvent viser les tiers, mais aussi les associés)	Liberté de cession entre associés (voir procédure d'agrément) Liberté de cession aux conjoint, ascendants ou descendants Agrément obligatoire pour les cessions à des tiers

Type de société	SA	SAS SASU	SARL EURL
Organes de la société	Deux formules possibles : • Président et/ou directeur général, Conseil d'administration et assemblée générale des actionnaires • Président du directoire Directoire, Conseil de surveillance et assemblée générale des actionnaires	Président Assemblée des associés Les statuts ont toute liberté pour prévoir d'autres organes (conseil d'administration, conseil de surveillance, comité stratégique, conseil consultatif, comité des rémunérations, etc.)	Gérant, Assemblée
Révocation	Président et membres du Conseil d'administration révocables *ad nutum* Directeur général révocable pour juste motif (sauf s'il est également président)	Liberté statutaire : les statuts peuvent prévoir soit une révocation *ad nutum* des dirigeants, soit une révocation pour justes motifs, (et, dans ce cas, avec ou sans indemnités)	Gérant révocable pour juste motif
Qualité	Le président et les membres du Conseil d'administration doivent être actionnaires	Le président peut être une personne morale ou une personne physique. Le président peut être actionnaire ou non	Le gérant doit être une personne physique, actionnaire ou non
Régime social	Le président est assimilé à un salarié	Le président, personne physique, est assimilé à un salarié	Gérant non associé et gérant minoritaire : assimilés à des salariés Gérant majoritaire : travailleur non salarié
Régime fiscal / rémunération	Président : assimilé salarié Membres du Conseil d'administration : jetons de présence Membres du directoire : leur rémunération est décidée par le Conseil de surveillance Membres du Conseil de surveillance : jetons de présence	Président : assimilé salarié	Le gérant est assimilé à un salarié (sauf dans une EURL qui n'a pas opté pour l'IS)

Type de société	SA	SAS SASU	SARL EURL
Commissaire aux comptes	Obligation d'avoir un Commissaire aux comptes	Obligation d'avoir un Commissaire aux comptes	Pas de Commissaire aux comptes, sauf exceptions
Avantages	Peut faire appel public à l'épargne Bonne crédibilité vis-à-vis des banques Le fonctionnement d'une SA est connu d'un grand nombre Facilité de cession des actions Il est facile de faire entrer des partenaires dans le capital	Très grande souplesse de fonctionnement Possibilité de faire du « sur-mesure » dans la répartition des bénéfices, des votes et des pouvoirs Facilité de cession des actions Image moderne Il est facile de faire entrer des partenaires dans le capital	Simplicité Le fonctionnement d'une SARL est connu d'un grand nombre Faible capital à libérer à la création Apports en industrie autorisés
Inconvénients	Coûts fixes de fonctionnement assez importants Peut être lourd à gérer Il faut réunir au moins sept actionnaires	Coûts fixes de fonctionnement assez importants Nécessite une rédaction très minutieuse des statuts réalisée avec l'assistance d'un professionnel Interdiction de s'introduire en Bourse	Limité en nombre d'associés Crédibilité inférieure à une SA vis-à-vis des banques Interdiction de s'introduire en Bourse

§ 2 : Tableau récapitulatif des modalités de constitution de l'entreprise

Objet	Capital total minimum	Capital minimum à débloquer	Nombre d'associés
SNC	Pas de capital Minimum exigé par la Loi	1 € par associé	2 minimum, pas de limite maximum
EURL	1 €		1 seul associé (personne physique ou morale à l'exception d'une autre EURL)
SARL	1 €		2 minimum, 100 maximum
SARL à capital variable	1 €		2 minimum, 100 maximum
SARL de famille	1 €		2 minimum, 100 maximum
SARL de presse	1 €		2 minimum, 100 maximum
SA Société Anonyme	37 000 €	50 % soit 18 500 €	7 minimum, pas de limite maximum
SAS Société par Action simplifiée	37 000 €	50 % soit 18 500 €	2 minimum, pas de limite maximum
SASU Société par Action Simplifiée Unipersonnelle	37 000 €	50 % soit 18 500 €	1 associé, pas de limite maximum

Section II : Synthèse avantages/inconvénients des grandes formes sociales

Structure juridique	Avantages	Inconvénients
EURL Entreprise Unipersonnelle à Responsabilité Limitée	Pas de risque de conflits avec d'autres associés pour partager les bénéfices et contrôler la société. Capital minimum de 1 € Protection du patrimoine de l'associé unique	La personnalité morale de la société ne fait, en pratique, pas toujours écran par rapport à la personnalité de l'associé unique, qui se retrouve souvent responsable des dettes.
SASU Société par Action Simplifiée Unipersonnelle	Souplesse Contractuelle Responsabilité des actionnaires limitée aux apports Structure évolutive facilitant le partenariat Crédibilité vis-à-vis des partenaires	Capital minimum de 37 000 € dont 18 500 € doivent être versés à la constitution. Obligation d'être très rigoureux dans la rédaction des statuts. Obligation de désigner un commissaire aux comptes.
SNC Société en Nom Collectif	Pas de Capital Minimum Grande stabilité du ou des gérants associés (révocables à l'unanimité) IR : défiscalisation totale si l'entreprise rentre dans le champ d'application de la mesure d'exonération d'impôt sur les bénéfices des entreprises nouvelles	Responsabilité solidaire et indéfinie de tous les associés. Formalisme de fonctionnement (décisions collectives) Difficulté pour quitter la société (cessions de parts à l'unanimité).
SARL Société à Responsabilité Limitée	Responsabilité des actionnaires limitée aux apports Cessions de parts libres entre associés, ascendants, descendants et conjoints (sauf clause d'agrément prévue dans les statuts)	Capital minimum de 1 € (relativement inapplicable en pratique) Le gérant doit être une personne physique.
SARL CV Société à Responsabilité Limitée à Capital Variable	Absence de formalisme lié aux opérations d'augmentation du capital et de diminution du capital Aspect particulièrement intéressant lorsque les associés sont amenés à changer fréquemment ou lorsqu'ils se trouvent souvent dans l'obligation de renforcer les fonds propres de la société Responsabilité des actionnaires limitée aux apports	Une clause de variabilité du capital doit figurer dans les statuts. Un capital maximum doit être fixé dans les statuts. Au-delà de cette limite supérieure, il ne peut être procédé à une augmentation du capital souscrit, qu'en respectant les règles ordinaires prévues pour les SARL classiques.

Structure juridique	Avantages	Inconvénients
SA Société Anonyme	Responsabilité des actionnaires limitée aux apports Structure évolutive facilitant le partenariat Possibilité de consentir des options de souscription ou d'achat d'actions aux dirigeants et/ou aux salariés de la société Crédibilité vis-à-vis des partenaires	Capital minimum de 37 000 € dont 18 500 € doivent être versés à la constitution. Frais et formalisme de constitution. Obligation de désigner un commissaire aux comptes. Gestion complexe
SAS Société par Action Simplifiée	Souplesse Contractuelle Responsabilité des actionnaires limitée aux apports Structure évolutive facilitant le partenariat Crédibilité vis-à-vis des partenaires	Capital minimum de 1 €. Obligation d'être très rigoureux dans la rédaction des statuts. Obligation de désigner un commissaire aux comptes.

Section III : Le régime fiscal des principales formes sociales

	Quel est le mode d'imposition des bénéfices?
Entreprise individuelle	Il n'y a pas d'imposition au niveau de l'entreprise. Le chef d'entreprise est imposé directement au titre de l'impôt sur le revenu. NB L'entrepreneur individuel qui a choisi le régime de l'EIRL peut sous certaines conditions opter pour l'impôt sur les sociétés.
EURL	Il n'y a pas d'imposition au niveau de la société. L'associé unique est imposé directement au titre de l'impôt sur le revenu (catégorie des bénéfices industriels et commerciaux ou des bénéfices non commerciaux). L'EURL peut cependant opter pour l'impôt sur les sociétés.
SARL	Les bénéfices sont soumis à l'impôt sur les sociétés. Il est toutefois possible d'opter pour l'impôt sur le revenu dans le cas de la SARL de famille. Une option pour l'IR est également possible, sous certaines conditions, pour les SARL de moins de 5 ans.
SA (forme classique)	Les bénéfices sont soumis à l'impôt sur les sociétés. Une option pour l'IR est possible pour les SA de moins de 5 ans, sous certaines conditions.
SAS / SASU	Les bénéfices sont soumis à l'impôt sur les sociétés. Une option pour l'IR est possible pour les SAS de moins de 5 ans, sous certaines conditions.
SNC	Il n'y a pas d'imposition au niveau de la société. Chaque associé est personnellement imposé sur sa part de bénéfices au titre de l'impôt sur le revenu (dans la catégorie des bénéfices industriels et commerciaux). La société peut toutefois opter pour l'impôt sur les sociétés.

Section IV : Présentation sommaire des sociétés d'exercice libéral

	SELARL : Société d'Exercice Libéral à Responsabilité Limitée	SELARL unipersonnelle	SELAFA : Société d'Exercice Libéral à Forme Anonyme	SELAS : Société d'Exercice Libéral par Actions Simplifiée	SELCA
Associés	2 au minimum 100 au maximum	1	3 au minimum	1 au minimum	au minimum dont 3 commanditaires au moins
Capital minimum	Pas de minimum	Pas de minimum	37000 €	1 €	37000 €
Responsabilité civile professionnelle	Oui personnellement sur l'ensemble de leur patrimoine et la SEL solidairement	Oui personnellement sur l'ensemble de son patrimoine et la SEL solidairement	Oui personnellement sur l'ensemble de leur patrimoine et la SEL solidairement	Oui personnellement sur l'ensemble de leur patrimoine et la SEL solidairement	Oui personnellement sur l'ensemble de leur patrimoine et la SEL solidairement
Responsabilité des dettes sociales	Limitée à leurs apports dans le capital social	Limitée à leurs apports dans le capital social	Limitée à leurs apports dans le capital social	Limitée à leurs apports dans le capital social	Commandités : responsables indéfiniment et solidairement des dettes sociales
Exercice des fonctions de direction	Par un associé exerçant sa profession libérale au sein de la SEL	Par un associé exerçant sa profession libérale au sein de la SEL	Par un associé exerçant sa profession libérale au sein de la SEL	Par un associé exerçant sa profession libérale au sein de la SEL	Par un associé exerçant sa profession libérale au sein de la SEL

Méthodologie et exercices corrigés

Le cas pratique

La fiche d'arrêt

L'analyse d'arrêt

Introduction méthodologique : la préparation d'un exercice de droit

Le repérage de la documentation ou la recherche proprement dite est une étape capitale du travail de l'étudiant confronté au droit quel que soit l'exercice proposé.

Les principales sources formelles du droit sont : le droit international, la Constitution, la législation, la jurisprudence (judiciaire et administrative) et la doctrine.

Le but d'une recherche en droit n'est pas l'exhaustivité mais la pertinence. Il est faux de croire qu'il est nécessaire de dépouiller tous les arrêts et articles de doctrine se rapportant à un sujet pour réaliser un bon travail. Il convient de procéder avec méthode.

Quelques conseils

1. À moins de procéder à une étude historique, les sources les plus récentes devront prioritairement retenir l'attention du chercheur. L'avantage de privilégier et de commencer par les documents les plus récents est que, bien souvent, un article ou un jugement récent fera état d'une controverse ou d'une évolution jurisprudentielle ou législative sur le point à travailler.
2. La date de publication de l'outil consulté est également importante. Il convient de consulter la plus récente mise à jour des textes législatifs : les recherches dans des Codes (Code de commerce, Code général des impôts) sont à cet égard bien utiles.

3. Une solution juridique doit d'abord être recherchée dans le droit international ou européen (là où il existe et où il est directement applicable), dans la législation nationale, puis dans la jurisprudence et, enfin, dans la doctrine.
4. La masse de documentation qui existe dans le domaine juridique vous oblige à être logique et systématique. Ne vous éparpillez pas dans tous les sens et procédez de façon ordonnée. Afin de diminuer le temps nécessaire à la recherche, il faut toujours commencer par se dresser une liste de quelques mots-clés.
5. Une fois cette étape préliminaire franchie, il y a deux façons de procéder : soit vous commencez par l'interrogation des banques de données qui sera suivie d'une recherche « traditionnelle » à la bibliothèque. Grâce à l'ouvrage de base ou à l'article récent qui vous a introduit à la matière, vous disposez déjà d'une bibliographie précieuse sur votre sujet puisque l'ouvrage ou l'article vous fournira de nombreuses références. On ne peut évidemment pas se contenter de cela et il faudra effectuer des démarches supplémentaires de repérage documentaire.
6. La recherche en doctrine se déroule selon le schéma suivant : ouvrage de base, bibliographie, écrits de doctrine.
7. On lira évidemment pendant ce processus les textes ou articles de lois pertinents. La plupart des codes du commerce édités en France sont des codes annotés, chaque article est suivi d'une présentation d'arrêts importants et de quelques références doctrinales. On consultera ces sources.
8. On complétera ces recherches par des recherches de jurisprudence. Le répertoire le plus important est le *Bulletin des arrêts de la Cour de cassation*. Aujourd'hui l'outil informatique est devenu d'utilisation quotidienne. On consultera le site de la Cour de cassation qui publie les arrêts notables, www.courdecassation.fr, et le site www.legifrance.gouv.fr, qui contient l'essentiel du droit français en texte intégral : constitution, codes, lois et règlements, traités et accords internationaux, droit communautaire, conventions collectives, jurisprudence, actualité juridique, etc., ainsi qu'une consultation en ligne du *Journal officiel*.

Le cas pratique

Méthodologie

Le cas pratique est aussi appelé consultation ou consultation juridique. L'exercice consiste, à partir de faits, d'un cas pratique, à dégager les problèmes de droit qui se posent et à y apporter les solutions.

Aussi, la réussite d'un cas pratique procède d'un bon déroulement du raisonnement juridique. En d'autres termes, pour réussir, soyez logique !

On ne vous sanctionnera pas pour le fait d'avoir abouti à une réponse différente de la correction, mais pour une réponse illogique juridiquement. Il vaut mieux présenter plusieurs solutions possibles. En revanche, l'absence de réponse sera sanctionnée.

Il convient de vous imaginer que vous avez une personne en face de vous qui a un problème (et qui ne connaît pas forcément toutes les données). À vous de lui tracer les perspectives de solutions possibles face à son problème en les justifiant toutes par un texte, par une jurisprudence que vous connaissez ou par un raisonnement logique.

Néanmoins, certaines règles sont à respecter durant les diverses étapes de l'exercice.

L'introduction

Il est d'abord souhaitable de reprendre rapidement les principaux faits sans rentrer véritablement dans les détails, et de les ordonner de façon logique (chronologique le plus souvent). La sélection des faits pertinents pour parvenir à la solution permet de faire preuve, dès les premières lignes du devoir, d'une bonne réflexion d'ensemble. Ensuite, on rappelle généralement les thèmes juridiques abordés, sous forme de « problème(s) de droit ». L'introduction ne vise pas à résoudre les problèmes posés mais amène à leur résolution.

Suit l'annonce du plan ; il convient de consacrer une partie pour chaque problème de droit. Le plan ne doit pas automatiquement satisfaire à la division classique pour les juristes en deux parties et deux sous-parties. Chaque problème juridique doit être résolu séparément.

Cela n'exclut pas un plan travaillé pour rassembler si possible des questions proches. Évitez toutefois les plans artificiels et incompréhensibles uniquement pour aboutir au plan « en deux parties et deux sous-parties ».

Pour chaque problème juridique, la technique sera toujours celle exposée précédemment (exposé des faits, règle, application) : le cas pratique est un exercice qui permet de confronter les règles théoriques aux faits.

Le corps du devoir (les développements)

Pour le titre : préférer un titre simple mais compréhensible à un titre complexe. Pour les faits : un tri parmi les faits présents dans l'énoncé est à effectuer. En effet, toutes les informations ne sont pas à reprendre pour résoudre les problèmes de droit posés.

Le problème de droit est ensuite posé. Puis viennent les éléments de résolution : il faut donner par ordre de valeur juridique les éléments permettant de répondre au problème posé. Il s'agit de répondre explicitement à chaque problème que vous aurez repéré. Surtout ne vous contentez pas de citer le texte pertinent et éventuellement un arrêt sans que cela débouche sur une (ou plusieurs) solution(s).

En cas d'absence d'éléments suffisants d'information, il faut bâtir des hypothèses de travail. Ainsi si vous ne savez pas si telle ou telle condition est remplie, il convient de présenter la solution en cas d'absence de cette condition, puis la solution dans le cas où la condition est remplie.

Aussi votre devoir doit être construit sous forme d'une arborescence logique, il doit pouvoir être suivi même par celui qui ne connaît rien au domaine spécifique que vous traitez.

Évitez à tout prix les formules du type : « le juge tranchera » puisqu'il vous appartient de proposer des solutions ou « en l'absence d'informations, nous estimons que la condition X est remplie ou n'est pas remplie ».

Le début de l'exercice du cas pratique

Pour résoudre un cas pratique, il faut que vous soyez aussi structuré que possible et que vous vous posiez les bonnes questions.

Pour cela lisez les faits deux ou trois fois, puis soulignez tout ce qui peut avoir de l'importance (faites un tri). Détectez, parmi les faits, les éléments qui ont le plus d'importance en excluant ceux qui ne présentent aucun intérêt et qui sont insérés, dans votre cas pratique, en vue de vous tromper ou de vous conduire sur une fausse piste.

À l'issue de cette lecture minutieuse, vous devez être en mesure de qualifier juridiquement la situation factuelle. Cette étape est déterminante car elle vous met sur les rails qui vous conduisent à l'identification du (des) problème(s) juridique(s) et à sa (leur) résolution(s).

Remémorez-vous les cours et les travaux dirigés portant sur le thème étudié. Bien les connaître est nécessaire pour trouver les réponses attendues et pour les justifier.

Recherchez ensuite les textes qui vous semblent applicables dans le Code de commerce.

Cas pratique n° 1

La location-gérance du fonds de commerce

Voir chapitre II

●●● Énoncé

M. Robert exploite depuis 12 ans déjà un commerce de prêt-à-porter dans un local qu'il loue à Mme Huguette.

M. Robert tombe cependant malade, et décide de confier la gérance de son fonds de commerce ; un contrat de location-gérance est signé avec M. Albert le 1er février 2004, et fut publié le 15 février 2004, dans un journal d'annonces légales. À peine installé, M. Albert décida de donner un « coup de jeune » au magasin, et acheta de nouvelles étagères très « design » qu'il fit installer (le tout pour 3 000 €), ainsi qu'un écran géant équipé d'un lecteur vidéo, présentant les défilés parisiens, d'une valeur de 7 500 €. Le tout est acheté à crédit. Malheureusement, la maladie de M. Robert s'aggrave, il décide dès lors de cesser toute activité, et de vendre son fonds de commerce. Il trouve un acquéreur et le 1er décembre 2004, le fonds est vendu. En signe de protestation, M. Albert ne rembourse pas les crédits consentis pour ses achats ; il souhaiterait par ailleurs réagir pour continuer à gérer le fonds.

Quelle est la situation juridique de nos protagonistes ?

●●● Proposition de correction

M. Robert exploite son fonds de commerce depuis 12 ans. Il en confie la location-gérance à M. Albert le 1er février 2004, et procède à la publication 15 jours plus tard. M. Albert engage rapidement des dépenses à crédit pour le fonds. M. Robert décide finalement de vendre le fonds, la 1er décembre de la même année. M. Albert décide de ne pas rembourser les crédits, et se demande s'il est possible de rester gérant du fonds.

Ce cas pratique nous permet de nous pencher sur les effets de la location-gérance, tant entre les parties qu'à l'égard des tiers.

Il nous faudra voir deux problèmes :

Que vont devenir les dettes contractées ? (1)

Que peut faire le locataire gérant face à la vente du fonds qu'il exploite ? (2)

Préalablement, il nous faut noter que les articles L. 144-1 et suivants du Code de commerce posent des conditions concernant la validité du contrat de location-gérance (cf. *supra*).

En premier lieu, le locataire-gérant doit avoir la qualité de commerçant. En l'espèce, si M. Albert n'a pas cette qualité, le contrat de location-gérance n'est pas valable, et peut donc être annulé rétroactivement (et dès lors, les autres questions n'ont plus d'objet). Dans l'hypothèse, plus probable, où M. Albert a bien la qualité de commerçant, le contrat peut être considéré comme valable.

En second lieu, le propriétaire du fonds doit l'avoir exploité pendant plus de deux ans, et être commerçant depuis plus de 7 ans. En l'espèce, M. Robert exploite le fonds objet du cas depuis 12 ans, et remplit donc cette condition.

1. Les dettes contractées par M. Albert

M. Albert a effectué des dépenses pour améliorer le fonds de commerce. Or, l'article L. 144-7 du Code de commerce prévoit : « jusqu'à publication du contrat de location-gérance et pendant un délai de 6 mois à compter de cette publication, le loueur du fonds est solidairement responsable avec le locataire gérant des dettes contractées par celui-ci à l'occasion de l'exploitation du fonds ».

Plusieurs conditions semblent requises pour considérer M. Robert comme un débiteur solidaire :

- D'une part, les dettes doivent être de nature contractuelle (et non délictuelle). M. Albert a acheté différents objets : il s'agit donc bien de dettes nées de contrats.
- D'autre part, les dettes doivent être nées durant une période allant de la conclusion du contrat de location-gérance jusqu'au terme d'un délai de 6 mois à compter de sa publication. La période en question correspond ici du 1er février 2004 au 15 août 2004. Nous savons que M. Albert a engagé ces dépenses « à peine installé ». On peut donc supposer, en absence d'autres précisions, que les dettes sont nées durant cette période.

Enfin, les dettes doivent avoir été contractées à l'occasion de l'exploitation du fonds. Il faut cependant distinguer les dettes nécessaires à l'exploitation du fonds de celles de nature somptuaire, disproportionnées par rapport à l'objet de la location-gérance. Or, dans notre hypothèse, si l'on peut aisément considérer que l'achat et la pose d'étagères entreraient a priori dans la catégorie des « dettes nécessaires », on peut au contraire s'interroger sur la nécessité d'acquérir un écran géant pour l'exploitation d'un commerce de prêt-à-porter. En réalité, tout va dépendre du « standing » du magasin, objet de la location-gérance.

Il faut donc distinguer les deux opérations réalisées par M. Albert :

- L'achat et la pose d'étagères sembleraient constituer une dépense engageant la responsabilité solidaire du loueur, M. Robert, au titre de l'article L. 144-7 du Code de commerce. Les créanciers auraient alors deux débiteurs pour obtenir paiement de leur créance.
- L'achat d'un écran géant ne semble pas *a priori* constituer une dépense nécessaire à l'exploitation du fonds de commerce. Les créanciers de M. Albert ne sauraient alors se retourner contre M. Robert.

2. La situation du locataire gérant face à la cession du fonds de commerce

Deux questions se posent ici :

- Le contrat de location-gérance est-il opposable à l'acquéreur d'un fonds de commerce ?
- Le locataire-gérant peut-il au moins être indemnisé ?

À la première question, il faut répondre par la négative. Sauf clause contraire, le contrat de vente d'un fonds de commerce n'entraîne pas la cession du contrat de location-gérance. La condition d'exploitation du fonds pendant au moins 2 ans n'est par définition pas remplie pour le nouvel acquéreur du fonds : celui-ci ne peut donc en principe pas conclure de contrat de location-gérance avec M. Albert. D'où l'intérêt de la seconde question : peut-il être indemnisé ? Il faut envisager deux hypothèses :

- soit le contrat de location-gérance avait une durée déterminée : il ne saurait être résilié avant le terme convenu qu'avec l'accord des deux parties. Si l'accord du locataire n'a pas été obtenu (ce qui semble être le cas ici), il pourrait agir sur le terrain de la responsabilité contractuelle pour obtenir réparation de son préjudice ;
- soit le contrat de location-gérance avait une durée indéterminée, ou une clause de résiliation de plein droit en cas de cession du fonds : la responsabilité du loueur ne saurait alors être engagée.

M. Albert devra restituer le fonds tel qu'il existe, et ne pourra alors prétendre à aucune indemnité au titre de l'accroissement de la clientèle.

Cas pratique n° 2

La concurrence

Voir chapitre III

●●● Énoncé

Alors que vous êtes à peine embauché comme juriste d'entreprise d'une société de vente par correspondance, on vous soumet deux problèmes :

- Le responsable publicité-marketing a une idée géniale : puisque la publicité comparative est autorisée, il veut lancer une grande campagne d'affichage où l'on mettrait en avant les points forts de la société. Il prévoit ainsi une affiche en deux parties : à gauche, figerait le nom de l'entreprise, en dessous duquel on lirait : « 48 heures chrono », à droite, se trouverait le nom de leur principal concurrent, en dessous duquel figurerait un grand point d'interrogation. Que pensez-vous de cette campagne, sachant que le concurrent livre également ses produits en 48 heures?
- Le responsable du personnel vient également vous consulter : en contact avec le directeur commercial d'une société concurrente, il a appris que le contrat de travail de ce dernier ne contenait pas de clause de non-concurrence. Il compte le contacter et lui offrir un salaire plus important.

Qu'en pensez-vous?

●●● Proposition de correction

Le responsable publicité-marketing d'une grande entreprise a l'intention de mener une campagne publicitaire comparative, sans toutefois démontrer d'avantage significatif.

Le responsable du personnel s'interroge sur la possibilité de recruter le directeur commercial d'une société concurrente.

L'un comme l'autre sollicite des conseils au regard du droit de la concurrence.

1. Que faut-il répondre tout d'abord au responsable publicité-marketing ?

Sans doute le dissuader de son projet eu égard aux conséquences juridiques qu'il entraînerait. En effet, si la loi du 18 janvier 1992 a autorisé la publicité comparative, elle fixe cependant des conditions :

- la comparaison doit porter sur des caractéristiques pertinentes, essentielles et véritables : c'est le cas ici, le délai de livraison garanti étant tout à fait essentiel pour une entreprise de vente par correspondance ;
- la comparaison doit être objective et surtout exacte : nous savons que l'entreprise concurrente pratique le même délai de livraison. En conséquence, la campagne envisagée laissant entendre le contraire constitue un dénigrement. Ce type de publicité est ainsi interdit par l'article L. 121-1 du Code de la consommation. Dès lors, la campagne publicitaire serait, à n'en pas douter, vite interrompue et votre entreprise risquerait de devoir verser des dommages et intérêts sur le fondement de l'article 1382 du Code civil : elle commettrait un dénigrement (une faute), préjudiciable à l'entreprise concurrente (atteinte à l'image de marque, voire perte de clientèle, etc.).

Les lecteurs se reporteront utilement à la lecture de l'arrêt de la cour d'appel de Douai du 2 octobre 1995 (société les Trois Suisses France contre SA La Redoute France) publié dans la revue *Dalloz* 1996, jurisprudence, p. 99.

2. Que doit-on ensuite répondre au responsable du personnel ?

L'absence de clause de non-concurrence dans le contrat de travail ne nous permet pas de penser que l'attitude du responsable du personnel soit à l'abri de tout reproche. En effet, le fait de proposer au salarié de l'entreprise concurrente de remplir les mêmes fonctions moyennant une rémunération plus favorable constitue un acte de concurrence déloyale, indépendamment de toute clause de non-concurrence (CA de Paris, 17 février 1993, *D.* 1994, sommaire p. 223). Eu égard au poste occupé, ce débauchage peut entraîner la désorganisation de l'entreprise concurrente, qui constituerait un préjudice. Si l'entreprise concurrente arrive à démontrer ces différents éléments des dommages et intérêts pourraient être réclamés sur le fondement de l'article 1382 du Code civil.

Cas pratique n° 3

Le sort des actes passés pendant la période de formation de la société

Voir chapitre IV

●●● Énoncé

Robert, Bernard et Claude, salariés chez Halifa, décident de lancer leur propre affaire. Ils démissionnent et créent une SARL qu'ils appellent Halifo, leur activité consistant à livrer des pizzas à domicile. Robert débauche Ridha, le meilleur pizzaïolo de leur ancien employeur, et conclut avec lui un contrat de travail à durée indéterminée en précisant qu'il agit au nom de la société. Bernard, quant à lui, trouve un local approprié et signe un contrat de bail pour une durée de 9 ans.

Quelques jours plus tard, les statuts sont signés. Ils comportent en annexe le contrat de travail de Ridha, et indiquent comme siège social le local loué par Bernard. Enfin, ils désignent Claude comme gérant de la société, et lui donnent mandat de prendre « tout engagement entrant dans l'objet social pour le compte de la société en formation ». Claude va voir son banquier, et, après lui avoir exposé leur projet, obtient un prêt de 100000 €.

Peu après, la société est immatriculée. Quelle est l'étendue des droits et obligations de nos protagonistes ?

●●● Proposition de correction

Le cas concerne le sort des actes passés pendant la période de formation, et en particulier la responsabilité des associés et de la société concernant ces actes. Envisageons donc chacun des actes passés.

Pour rappel, l'article L. 210-6 al. 2 du Code de commerce prévoit que « les personnes qui ont agi au nom d'une société en formation avant qu'elle ait acquis la jouissance de la personnalité morale sont tenues solidairement et indéfiniment responsables des actes ainsi accomplis, à moins que la société, après avoir été régulièrement constituée et immatriculée, ne reprenne les engagements souscrits.

Ces engagements sont alors réputés avoir été souscrits dès l'origine de la société ».

1. Le débauchage de Ridha

Comme nous l'avions vu dans la première partie de cet ouvrage, le fait de débaucher un salarié constitue un acte de concurrence déloyale au titre de la désorganisation interne de l'entreprise concurrente. Une action en concurrence déloyale pourrait donc être envisagée, fondée sur l'article 1382 du Code civil supposant la réunion de trois éléments :

- une faute : il s'agit ici du débauchage de Ridha qui a pu entraîner la désorganisation interne de l'entreprise Halifa ;
- un préjudice : il faudra établir une perte de clientèle ;
- un lien de causalité entre la faute et le préjudice : il faudra démontrer que la perte de clientèle est due au débauchage de Ridha.

Si ces trois conditions sont remplies, l'entreprise Halifa pourrait agir devant le tribunal de commerce afin d'obtenir des dommages et intérêts en engageant la responsabilité délictuelle de Robert.

La société pourrait-elle reprendre à son compte cette faute délictuelle ? Il faut répondre par la négative car la reprise des engagements prévue à l'article L. 210-6 al. 2 du Code de commerce ne vise que les actes juridiques, et non les faits juridiques (CA Paris, 24 février 1977, *JCP* 1978 II 18957, note Chartier).

2. Le contrat de travail de Ridha

Ce contrat a été annexé aux statuts. Il s'agit d'un acte juridique repris par un des trois procédés prévus par le décret de 1978. Par la signature des statuts, le contrat de travail est réputé conclu dès l'origine par la société elle-même, ce dès son immatriculation (Cass. com. 14 janvier 2003, *Bull. Joly* 2003 p. 431).

3. Le bail de Bernard

Bernard a conclu un contrat de bail pour une durée de 9 ans. Les statuts sans reprendre le bail en annexe, déterminent comme siège social de la société le local ainsi loué. Pour autant, il ne saurait y avoir de reprise tacite des engagements par la société (Cass. civ. 1, 26 avril 2000, *JCP E* 2000, p. 1766, note Bonnard ; *Rev. soc.* 2000, p. 722, note L. Godon). Seule une décision des associés à la majorité pourrait permettre la reprise de l'engagement contracté par Bernard (cf. Cass. com., 19 oct. 1984, *Rev. soc.* 1985, p. 821 note Burst ; Cass. com., 3 jan. 1996, *Bull. Joly* 1996, p. 314 note Prieto).

4. Le prêt de Claude

Claude a obtenu au nom de la société un prêt d'un montant de 100000 €. Les statuts prévoient de lui donner mandat pour prendre « tout engagement entrant dans l'objet social pour le compte de la société en formation ». Il faut alors se demander si ce mandat permet la reprise de l'engagement contracté par Claude. En effet, un mandat général ne saurait permettre la reprise des engagements. Le mandat doit préciser la nature des actes à accomplir. Or, en l'espèce, ce n'est pas le cas. La chambre commerciale de la Cour de cassation a ainsi eu l'occasion de préciser dans un arrêt du 21 juillet 1987 (n° 86-11984) qu'une clause générale, semblable à celle contenu dans la société « Halifo », était inefficace : en effet, un engagement de payer de la société doit être donné expressément. (Voir aussi Cass. com. 20 juin 1989, *RTD com.* 1990, p. 399, obs. C. Champaud.)

Reste alors la possibilité pour les associés de prendre une décision à la majorité pour permettre la reprise de l'engagement contracté.

Cas pratique n° 4

Le gérant de la SNC

voir chapitre V

●●● Énoncé

La SNC « Pharma 2005 » est composée de quatre associés : M. Édouard, M. Bernard, Mme Colette et Mlle David. La gérance a été confiée à M. Édouard. M. Bernard vient vous voir et vous expose les faits suivants :

M. Édouard a la folie des grandeurs. Pour agrandir la pharmacie dont il a en charge l'exploitation, il a décidé d'acheter un garage contigu à la pharmacie. Pour ce faire, il a contracté un prêt pour lequel le banquier a obtenu en garantie le nantissement du fonds de commerce que constitue la pharmacie. Les statuts stipulent : « le gérant accomplira tous les actes nécessaires à l'exploitation de la pharmacie Pharma 2005 ».

Les associés sont furieux : le local en question s'est révélé tout à fait inapproprié pour réaliser l'ambitieux projet du gérant, du fait d'une humidité du sol qu'une étude préalable avait pourtant révélée. L'assainissement du sol suppose d'importants investissements, que les associés ne souhaitent évidemment pas faire.

Par ailleurs, une clause des statuts prévoyait que « le fonds de commerce ne saurait être l'objet d'un nantissement sans accord unanime des associés ».

Les associés souhaitent enfin mettre un terme à la gérance de M. Édouard, décidément incompétent.

●●● Proposition de correction

M. Édouard est gérant associé de la société SNC Pharma 2005. À ce titre, il a contracté un prêt pour l'achat d'un local, et a consenti pour cela au nantissement du fonds de commerce exploité par la société. Les trois autres associés refusent de le suivre dans cette voie, et souhaitent mettre fin à son mandat.

Trois questions se posent à la lecture de ce cas pratique. Que vont devenir les actes passés par le gérant : engagent-ils la société? La responsabilité du gérant peut-elle être engagée? Dans quelles conditions le gérant peut-il être révoqué?

1. Les actes accomplis par le gérant

L'article L. 221-5 du Code de commerce prévoit que « le gérant engage la société par tout acte entrant dans l'objet social ». C'est à la lumière de ce texte qu'il faut analyser les actes passés par le gérant :

L'achat du local : cet achat est commandé par le souci d'étendre la pharmacie, sans doute pour proposer un « espace client » plus agréable. On peut penser qu'il entre donc dans le cadre de l'exploitation de la pharmacie. Dès lors, il engage la société, sous réserve bien sûr de la validité du contrat de vente (dont l'étude ne fera pas ici l'objet de développements).

Le nantissement du fonds de commerce : une clause des statuts précise que l'accord des associés est requis pour passer un tel acte. Cependant, les clauses statutaires limitant les pouvoirs du gérant sont inopposables aux tiers, sauf connaissance de leur part d'une telle clause. Aucun élément ne nous permet a priori de penser que le banquier était au courant de l'existence de cette clause, et surtout, aucun élément de preuve ne saurait a priori l'établir. Dès lors, il faut considérer que le nantissement, garantie d'un prêt s'inscrivant dans l'exploitation de la pharmacie, engage la société (voir Cass. com. 26 janv. 1993, *Rev. soc.* 1993, p. 396, note J.-J. Barbièri).

2. Responsabilité du gérant

D'autre part, la responsabilité civile de M. Édouard pourrait être engagée sur le fondement de l'article 1382 du Code civil, en rapportant les trois éléments suivants :

- M. Édouard a commis des fautes : Il a violé les statuts, prévoyant la nécessité d'obtenir l'accord des associés en cas de nantissement du fonds de commerce (cf. Cass. com. 10 mars 1976, *JCP* 1977 II, p. 18566 note Chartier).
- Il a aussi fait preuve de négligence en acquérant un local sans tenir compte des études préalables montrant que le garage en question ne pouvait faire l'objet d'aménagements à un prix raisonnable (cf. Cass. com., 4 mars 1986, *Bull. Joly* 1993, p. 336).

- Un dommage : la société, propriétaire du local, devra procéder, si elle souhaite réaliser l'extension de la pharmacie, à des investissements supplémentaires.
- Un lien de causalité : c'est par la faute du gérant que la société subit ces dommages.

Une action en responsabilité pourra dès lors être menée devant le tribunal de commerce, dans les 30 ans suivant l'accomplissement des actes fautifs, par le nouveau gérant lorsqu'il sera nommé ou par les associés via une action *ut singuli*.

3. Révocation du gérant

Les associés souhaitent mettre un terme au mandat de M. Édouard. Pour le révoquer, une décision à l'unanimité des trois autres associés est requise, M. Édouard étant un gérant associé, à moins que les statuts ne prévoient autrement (art. L. 221-12 C. com.). En l'espèce, cette unanimité semble acquise. (Voir aussi Cass. com., 26 nov. 2003, *D.* 2003, AJ 3055, obs. A. Lienhard).

Notons que si M. Édouard avait été nommé gérant par les statuts, sa révocation peut entraîner la dissolution de la société.

Il faut néanmoins de justes motifs de révocation, à défaut desquels M. Édouard pourrait prétendre à des dommages et intérêts. Les motifs ici ne manquent pas : violation des statuts, incompétence manifeste. M. Édouard a en effet procédé à l'achat d'un local, alors qu'il détenait des informations montrant que ce local était, en l'état, impropre à l'exploitation du fonds de commerce, et supposait des frais importants et inutiles. Par ailleurs, le nantissement du fonds, qu'il n'avait pas le pouvoir de consentir, semble en l'espèce, constituer un risque important pour cette pharmacie.

Cas pratique n° 5

Les règles de prise de décision par les assemblées dans les sociétés anonymes

Voir chapitre VII

●●● Rappels : les règles applicables

L'assemblée générale extraordinaire est soumise aux règles de quorum et de majorité suivantes :

- quorum (pour la tenue de l'assemblée) : doivent être présents ou représentés les actionnaires détenant
  . à la 1re convocation : un tiers des actions (avec droit de vote) ;
  . à la 2e convocation : un quart des actions (avec droit de vote) ;
  . majorité requise : deux tiers des voix des actionnaires présents ou représentés.

L'assemblée générale ordinaire est soumise aux règles de quorum et de majorité suivantes :

- quorum : doivent être présents ou représentés les actionnaires détenant :
  . à la 1re convocation : un quart des actions ;
  . à la 2e convocation : aucun quorum ;
  . La majorité requise est la majorité des voix des actionnaires présents ou représentés.

●●● Énoncé

Une société anonyme dispose d'un capital de 40 000 €, soit 4 000 actions à 10 €. On profite de l'approbation des comptes annuels par les actionnaires pour opérer un changement de dénomination sociale. On vous communique la liste de convocation suivante :

- M. Dupont : 500 actions
- M. Durand : 250 actions (ne viendra pas)

- Mme Étienne : 200 actions
- M. Gérard : 150 actions
- Mlle Bernadette : 900 actions (ne viendra pas)
- Mme Pierre : 700 actions (représentée par Mme Bernard)
- M. Claude : 400 actions
- M. Roger : 300 actions
- Mme Bernard : 600 actions

On suppose que chaque action représente une voix. Appliquez les règles de quorum et de majorité à cette hypothèse.

●●● Proposition de correction

Textes applicables : art. L. 225-96 et s. du Code de commerce. Deux décisions sont à prendre par les actionnaires :

1. L'approbation des comptes annuels

C'est une décision qui sera prise par l'assemblée générale ordinaire, supposant le respect du quorum suivant : doivent être présents ou représentés les actionnaires détenant un quart des actions, soit au moins 1 000 actions ; or, sont présents ou représentés les actionnaires détenant au total :

500 + 200 + 150 + 700 + 600 + 300 = 2 450 actions. L'assemblée peut donc être tenue.

La majorité requise est de la moitié plus une voix des actionnaires présents ou représentés, soit : 2 450/2 + 1 = 1 226 actions.

Notons que Mme Bernard, par la représentation de Mme Pierre possède déjà à elle seule 1 300 voix.

2. Le changement de dénomination sociale

La dénomination sociale figure dans les statuts, qu'il faudra donc modifier par une assemblée générale extraordinaire, supposant le respect des règles suivantes :

Pour que l'assemblée puisse se tenir, doivent être présents ou représentés les actionnaires détenant au moins un tiers des actions, soit 1 334 minimum. Or, sont présents ou représentés les actionnaires détenant au total 2 450 actions. Le quorum est donc atteint. L'assemblée peut statuer.

La majorité requise pour prendre cette décision est des deux tiers des voix des actionnaires présents ou représentés, soit 1 634 actions.

CAS PRATIQUE N° 6

LE CHANGEMENT DE FORME SOCIALE

VOIR CHAPITRE VIII

●●● ÉNONCÉ

Augustin Carli a monté en 2000 une EURL, pour distribuer en région parisienne du sirop d'érable qu'il importe du Canada. Son activité a dépassé toutes ses prévisions : il a maintenant une vingtaine de salariés, et commercialise ses produits dans certains hypermarchés de banlieue. Pour étendre son activité à la France entière, il a maintenant besoin de plus de moyens financiers, et de sérieux dans la gestion.

Augustin vient donc vous trouver pour que vous l'aidiez à transformer son entreprise en société anonyme.

●●● PROPOSITION DE CORRECTION

L'associé unique d'une EURL souhaite transformer sa société en société anonyme.

Quelles sont les grandes étapes à suivre pour cette transformation?

Les conditions de fond et les conditions de forme de cette transformation seront successivement abordées.

1. Les conditions de fond de la transformation

A. Les associés

En premier lieu, Augustin Carli est, par définition, associé unique de sa société, actuellement constituée sous forme d'une EURL.

Or, le passage en société anonyme suppose la collaboration d'au moins sept associés (art. L. 225-1 C. com.).

M. Carli doit donc trouver six autres personnes, ayant la volonté de participer à la société (*affectio societatis*), et de partager les bénéfices comme les pertes.

Ces nouveaux associés doivent réaliser des apports. Ceux-ci prennent la forme d'apports en numéraire ou en nature, les apports en industrie étant interdits dans la société anonyme. Dans la mesure où M. Carli a surtout besoin de davantage de moyens financiers, cela ne semble pas poser de difficultés.

B. Le capital social

L'ensemble des apports forme le capital social, et doit donc atteindre un montant minimal de 37000 €, pour que la transformation en société anonyme soit possible. Il parait très peu probable en l'espèce qu'une offre au public de titres financiers soit déjà envisagée.

Le capital social actuel n'est pas connu, mais la recherche de moyens financiers permet de supposer qu'il est relativement faible. La recherche de fonds doit donc être particulièrement active.

Le capital social sera divisé en actions, librement négociables, et non plus en parts sociales. M. Carli doit donc mesurer le risque de volatilité de son actionnariat.

C. La nomination de commissaires

L'EURL n'a pas de commissaire aux comptes. Dès lors, il faut, d'une part, prévoir de s'attacher les services d'un commissaire aux comptes, dont la présence est obligatoire dans une société anonyme. Celui-ci devrait permettre « plus de sérieux » dans la gestion, ainsi que M. Carli le souhaite...

D'autre part, il est obligatoire de nommer un commissaire à la transformation, chargé d'apprécier la valeur des biens et des avantages sociaux (art. L. 224-3 C. com.). Cela représente bien sûr un coût, mais cela devrait permettre aussi de rassurer les futurs associés.

Une fois toutes ces conditions remplies, la transformation peut être effectivement envisagée. Elle peut avoir lieu au travers de différentes conditions de forme.

2. Les conditions de forme de la transformation

A. La modification des statuts

Le changement de forme sociale suppose évidemment de transformer les statuts.

D'une part, la dénomination sociale doit comprendre les mots « société anonyme » et « SA ». D'autre part, le nouveau montant du capital social doit être mentionné.

Enfin et surtout, les statuts doivent prévoir les nouvelles modalités de fonctionnement de la société. En particulier, il est possible de choisir entre des modalités de gestion classique (avec président et Conseil d'administration), la gestion dualiste (avec directoire et Conseil de surveillance), ou la gestion par un directeur général. En l'espèce, l'objectif d'une gestion bien encadrée peut *a priori* faire davantage pencher pour une gestion dualiste de la société (cf. chapitre VII).

M. Carli devrait alors plutôt faire partie du directoire, mais cela suppose un accord des futurs actionnaires : le dirigeant actuel perd automatiquement ses fonctions.

B. Le vote en assemblée générale

La modification statutaire suppose une assemblée extraordinaire, avec un vote des associés. M. Carli étant en l'espèce seul associé, cette étape ne représente bien sûr aucune difficulté.

C. Les publicités

Les nouveaux statuts doivent être déposés au greffe du tribunal de commerce du lieu du siège social (art. L. 225-2 C. com.), de même que le procès-verbal d'assemblée.

Une inscription modificative doit être effectuée auprès du registre du commerce et des sociétés. Il n'y a pas création d'une personne morale nouvelle.

Afin d'assurer l'information des tiers, la transformation doit faire l'objet de toutes les publicités nécessaires aux créations de société : parution dans un journal d'annonces légales, au *BODACC*, etc. (cf. chapitre IV). En l'espèce, la transformation d'une EURL en société anonyme devrait être accueillie favorablement par les créanciers, pour qui l'augmentation de surface financière représente une garantie supplémentaire. Les contrats en cours se poursuivent normalement.

Cas pratique n° 7

Le choix de la forme sociale

Voir chapitre IX

●●● Énoncé

François tient une petite épicerie fine au centre de Strasbourg. Face à la concurrence, il souhaiterait étendre ses activités vers la vente de grands crus du vignoble français. Un ami, Pierre, œnologue, souhaiterait s'associer à son projet. Tous deux viennent alors vous consulter en vous exposant les faits suivants.

François souhaiterait apporter son fonds de commerce à la société.

Il envisage par ailleurs d'être gérant de la société.

Pierre, fort de ses contacts dans ce secteur d'activité, souhaiterait se charger du démarchage auprès des viticulteurs. Il n'a cependant pas de capitaux propres à investir dans la société.

Le père de François, fonctionnaire, souhaiterait encourager son fils unique et s'associer en faisant un apport de 75000 €.

Quelle forme sociale vous semble juridiquement la plus adaptée?

●●● Proposition de correction

Il convient de déterminer les critères qui vont induire les choix des futurs associés, avant d'envisager chaque type de société une à une.

1. Les critères de choix de la forme sociale

- En l'espèce, le nombre d'associés est de trois : François, son père, et son ami Pierre.
- L'objet de la société est commercial : la vente de grands crus.
- Le capital social est de 75000 € + la valeur du fonds de commerce de François. L'apport en industrie que souhaite faire Pierre ne peut, en tout état de cause, entrer dans la composition du capital social.
- Le père de François, fonctionnaire, ne peut avoir la qualité de commerçant. Par ailleurs, il convient, au moins pour lui, de prévoir une responsabilité limitée : ce serait un effet bien mal

le remercier de son soutien que de l'engager dans une entreprise « risquée », à responsabilité illimitée.
- François souhaite pouvoir être gérant de la société.

2. Le choix entre les différentes formes sociales

Passons en revue les formes sociales les plus caractéristiques :

a. La SNC (art. L. 221-1 et s. du Code de commerce)

Ce type de société ne convient pas en l'espèce car :
- les associés y sont solidairement et indéfiniment responsable des dettes de la société, ce qui ne peut convenir au père de François ;
- les associés y ont tous la qualité de commerçant ; or, le père de François étant fonctionnaire, il n'a pas la possibilité de devenir commerçant.

b. La SA (art. L. 225-1 et s. du Code de commerce)

Ce type de société ne convient pas car il faut au moins sept actionnaires. Par ailleurs, son organisation ne semble pas adaptée à la gestion d'une entreprise de cette taille.

c. La société en commandite simple (art. L. 221-1 et s. du Code de commerce)

Seraient commandités : Pierre, dont l'apport en industrie serait ainsi valable, et François, qui pourrait ainsi être gérant.

Seraient commanditaires : le père de François, qui apporte l'essentiel des fonds.

Pourtant, plusieurs inconvénients sont à relever :
- Pierre et François seraient responsables solidairement et indéfiniment des dettes de la société, ce qui représente pour eux aussi un risque important ;
- le mode de fonctionnement de cette société manque de souplesse : les pouvoirs du gérant sont limités à l'objet social, le fonctionnement est compliqué par l'existence de deux catégories d'associés.

d. La SARL (art. L. 223-1 et s. C. com.)

C'est sans doute la forme sociale semblant le mieux convenir au projet de François et de Pierre. Certes, l'apport en industrie y est en principe interdit (sauf éventuellement pour François, l'apporteur du fonds de commerce), mais Pierre peut faire un apport en numéraire « symbolique » ; les clauses du contrat de société pourront prévoir une répartition des bénéfices plus favorables qu'en fonction des parts sociales. Il pourra par ailleurs être salarié de la société.

Le père de François, comme tous les associés, n'a qu'une responsabilité limitée aux apports.

François pourra être nommé gérant. Il disposera d'une grande marge de manœuvre car il pourra agir en toutes circonstances au nom de la société. Notons que son fonds de commerce ne pourrait faire l'objet que d'un simple apport en jouissance s'il souhaite en conserver la propriété.

Au-delà de ces arguments, le choix d'une forme sociale nécessite également la prise en compte de données fiscales, et d'autres encore (prise en compte du régime matrimonial, de la législation sociale, etc.).

Enfin, quel que soit le choix des futurs associés, il convient d'insister sur l'attention à porter à la rédaction des statuts, et aux formalités constitutives de la société.

La fiche d'arrêt

Méthodologie

A. Rappels sur la rédaction d'une fiche d'arrêt de la Cour de cassation

La fiche d'arrêt se décompose en 6 points :

1. La situation de l'arrêt

En une phrase, il s'agit ici de situer l'arrêt dans le temps dans l'espace et sur le plan juridique. Ex. : l'arrêt de rejet de la Cour de cassation rendu le 26 juillet 1958 sur le régime des preuves civiles.

2. Les faits

Vous devez ici retracer chronologiquement les événements qui ont amené les parties jusqu'aux portes du tribunal. Les faits doivent être transcrits en langage juridique.

3. La procédure

Il s'agit de décrire tout le cheminement de la procédure entre le début de l'instance devant le premier tribunal et le début de l'instance de la juridiction qui a rendu l'arrêt ou le jugement à commenter. Vous devez ici dire dans la mesure du possible qui a gagné en première instance, qui a interjeté appel et qui s'est pourvu en cassation.

4. Les prétentions des parties

Dans cette partie, directement liée à la précédente vous allez expliquer quelles sont les prétentions de chaque partie au procès. Restez objectifs et contentez-vous de résumer ce que les parties demandent. Attention au vocabulaire. Au premier degré, on parle de demandeur et au second, d'appelant...

5. La question de droit

C'est le centre de votre réflexion. Il faut passer du temps à formuler cette question qui sera le centre de tout votre devoir. Formulez la question de façon affirmative ou interrogative. Il peut y avoir plusieurs questions posées par un même arrêt.

6. La solution choisie par le juge et l'intérêt de l'arrêt

Dans cette dernière partie de votre fiche d'arrêt vous devez présenter la ou les décision(s) de la juridiction saisie. Il ne suffit pas de recopier ce que dit le juge. Il faut donner les motifs de droit et de fait qui justifient sa décision.

B. La lecture des arrêts de la Cour de cassation

Les arrêts de la Cour de cassation sont construits selon une méthode rigoureuse. Ils commencent toujours par les mots : « La Cour... » Hélas, les arrêts sont rarement publiés dans leur intégralité. Par exemple, la publication des arrêts au bulletin commence directement par les moyens. Une décision de la Cour de cassation est systématiquement construite d'un bloc, sans point, et rythmée par les « Attendu que... que... ». Il faut se familiariser avec cette technique. Il est conseillé de souligner ou surligner les locutions de liaison ou d'annonce d'idées (attendu que, et que, alors que, d'une part que, mais attendu que, en outre que, etc.). Les arrêts de la Cour de cassation commencent toujours par l'étude successive des moyens au pourvoi, introduite par une phrase telle que « Sur le moyen unique » ou encore « Sur le premier moyen », « Sur le second moyen ». Parfois, la Cour réunit plusieurs moyens pour les analyser ensemble (« Sur les deuxième et troisième moyens réunis »).

L'arrêt de cassation se termine systématiquement par un paragraphe très bref, le dispositif, qui débute par l'expression « par ces motifs » et se borne à prononcer la cassation, la cassation partielle ou le rejet du pourvoi. Lorsqu'il s'agit d'une décision de cassation, figure généralement le renvoi à une cour d'appel chargée de statuer à nouveau sur l'affaire. Toutefois, il peut arriver que le renvoi soit inutile. On se trouve alors en présence d'un arrêt de cassation sans renvoi.

La forme des décisions varie en fonction du type de décision rendue. Les arrêts de cassation présentent en effet une structure différente des arrêts de rejet.

1. Arrêt de cassation

Si la Cour estime que la décision qui lui est déférée contient une erreur de droit, elle censure le raisonnement inexact ou insuffisant des juges du fond en prononçant un arrêt de cassation, c'est-à-dire qu'elle annule leur décision. En principe, elle désigne alors une autre juridiction pour rejuger l'affaire. L'étude des moyens suit alors le schéma général suivant.

a. Visa

La cassation se fonde sur une règle de droit que la cour d'appel a méconnue. Cette règle est donc mentionnée en premier lieu dans un paragraphe très bref, le visa, qui commence comme son nom l'indique par le mot « Vu ». Tout texte légal peut être visé (loi, règlement, traité), seul ou en combinaison avec d'autres textes. Parfois, la Cour de cassation vise un principe général du droit, ce qui renforce la portée de sa décision.

b. Chapeau

Le visa est souvent suivi d'un paragraphe que, dans le langage de la Cour, on appelle le chapeau parce qu'il coiffe l'arrêt. Il a pour objet de développer le principe juridique énoncé dans le visa.

Le chapeau se borne à reproduire tout ou partie du texte visé. Mais il peut être spécialement adapté à la solution et apporter de ce fait des précisions fondamentales, d'autant plus qu'elles sont obligatoirement données sous une forme abstraite, détachée des contingences de l'espèce. Il faut prêter la plus grande attention à de tels chapeaux qui contiennent souvent l'essentiel de l'arrêt. La présence d'un chapeau est un indice de l'importance d'un arrêt.

c. *Motifs censurés*

Suivent un ou deux paragraphes qui exposent d'abord de manière très épurée le litige tel qu'il ressort des constatations faites par les juges du fond et sans rien y ajouter. Puis, la Cour indique les raisons qui ont conduit la cour d'appel à adopter telle ou telle solution. Ce sont les motifs censurés.

d. *Motif de censure*

Le motif de la cassation, appelé également motif de censure, vient après les motifs censurés. Cet attendu contient la motivation de l'arrêt de cassation, les arguments de la Cour de cassation. Le motif de censure fait également apparaître le type de cassation dont il s'agit. La cassation peut avoir lieu pour manque de base légale ou pour violation de la loi. En cas de violation de la loi, le paragraphe conclusif commence par les mots « Attendu qu'en statuant ainsi, la cour d'appel a violé le texte susvisé ». Ce motif de cassation constitue un indice pour évaluer la portée de l'arrêt.

2. Arrêt de rejet

Si les juges ont correctement appliqué la règle de droit qui s'imposait, la Cour de cassation rejette le pourvoi sans rien ajouter à la décision qui lui a été soumise, et l'affaire est terminée. Il peut aussi arriver que la Cour de cassation rejette un pourvoi, malgré l'erreur de droit commise par la cour d'appel, par le biais d'une substitution de ses motifs à ceux énoncés par la cour d'appel. L'analyse des moyens suit la structure suivante.

a. *Moyen de cassation*

En principe, un arrêt de rejet ne comporte ni visa, ni chapeau. L'exposé des faits présente les mêmes caractères que dans un arrêt de cassation, si ce n'est qu'il est d'usage d'y indiquer l'origine de l'arrêt attaqué.

En revanche, la décision reproduit in extenso le moyen de cassation proposé par l'auteur du pourvoi. Il faut prendre garde à ne pas attribuer la paternité de ce moyen à la Cour de cassation.

b. *Réfutation*

Suit la réponse de la Cour à ce moyen, en un ou plusieurs paragraphes de « réfutation », introduits par la formule « Mais attendu que... »

c. *Conclusif*

L'arrêt se termine par un paragraphe de conclusion, appelé « conclusif », affirmant le caractère non fondé du moyen.

3. Les indices sur l'importance d'un arrêt de la Cour de cassation

Différents indices permettent d'établir la portée d'un arrêt de la Cour de cassation. Confronté à un arrêt, l'étudiant doit se poser un certain nombre de questions qui lui permettront de mesurer la portée de la décision, dont la connaissance est indispensable pour établir une fiche, et *a fortiori* un commentaire. Certaines des réponses peuvent être obtenues rapidement car elles figurent dans le corps de l'arrêt. D'autres questions trouvent au contraire leur réponse dans des éléments extérieurs à l'arrêt.

a. *Quelle est la formation de la Cour qui a statué sur l'affaire ?*

La Cour de cassation statue différemment selon les affaires. La Cour peut statuer en **formation restreinte** dans les affaires qu'elle juge sans difficulté. L'arrêt n'aura alors qu'une faible valeur. La Cour statue ordinairement en « demi-chambre » et exceptionnellement en « **chambre** », selon la question en jeu. Hélas, la formation de la Cour est rarement indiquée dans l'arrêt. Elle figure dans les pages qui précèdent l'arrêt et qui ne sont pas publiées ! En revanche, une **chambre mixte** peut être constituée en cas de conflit entre deux chambres sur un point (mais ce peut être aussi en cas de litige conjoint à deux chambres ou de partage égal des voix dans une chambre). Une chambre mixte insuffle une valeur indéniable à la décision.

Enfin, un arrêt de la Cour de cassation réunie en **assemblée plénière** marquera une affaire importante qui soulève des divergences, au moins devant les juges du fond.

Depuis peu, la Cour de cassation rend des **avis** sur des points de droit nouveaux. Les avis de la Cour ont une portée discutée en doctrine. Les avis sont à prendre en considération car ils font l'objet de nombreux échos et portent toujours sur des questions nouvelles, susceptibles d'aboutir à un contentieux important.

b. *Est-ce une décision de cassation ou de rejet ?*

S'il s'agit d'un arrêt de cassation, on peut supposer qu'il s'agit d'un arrêt important, a fortiori si l'on est en présence d'une cassation pour violation de la loi. Pourtant, il ne faut pas se fier uniquement à cet indice très relatif. Tout d'abord, la cassation peut intervenir car un juge du fond a « mal fait son travail ». Comme l'arrêt est un arrêt de cassation, il comporte un visa. La Cour vise-t-elle un texte général, ou mieux un principe général du droit ? Dans ce cas, l'arrêt est promis à un bel avenir dans les gazettes. Au contraire, un texte de détail appelle à la méfiance.

L'arrêt contient-il un **chapeau**, exposant de manière générale et abstraite le principe sur lequel repose la censure opérée ? Dans l'affirmative, des présomptions sérieuses existent en faveur d'un arrêt important. En l'absence de chapeau, il convient de regarder le principe affirmé dans le motif de censure. Affirmé de manière générale et abstraite, il reflétera une volonté de détachement par rapport à l'espèce, donc probablement une plus grande portée. Si le motif de censure « colle » à l'affaire, on peut craindre un moins grand retentissement.

S'il s'agit d'un arrêt de rejet, cela ne signifie pas forcément qu'il est dépourvu de portée. Les décisions de rejet peuvent avoir aussi leur intérêt en cas de **substitution de motifs**, ou encore lorsque la Cour, dans le paragraphe de **réfutation**, énonce avec force un principe très général. Un motif bref a souvent plus de vigueur qu'un trop long attendu.

c. *La Cour de cassation attribue à ses décisions une plus ou moins grande valeur qui se trouve figurée dans la référence de publication*

Les arrêts de la Cour de cassation sont référencés par deux numéros. Le premier est le numéro de pourvoi. Il est représenté par une lettre suivie de deux numéros (ex. : Y 95-12890). Intéressant pour les recherches dans les banques de données, il n'a aucune valeur pour estimer la portée d'une décision.

La seconde référence, le numéro de publication, est beaucoup plus remarquable. C'est un numéro suivi d'au moins une lettre. Ces lettres sont des indices très importants. Voici la signification de quelques combinaisons de lettres usuelles :

PB, PF, PBF	Publié au *Bulletin* et au flash
PBR	Arrêt publié au *Bulletin* et faisant l'objet d'un approfondissement dans le rapport annuel de la Cour de cassation. C'est assurément un arrêt promis à un bel avenir dans les pages des gazettes !
I	pour informatique c'est-à-dire publication dans le *BICC*, le *Bulletin d'information électronique de la Cour de cassation*

FICHE D'ARRÊT N° 1

L'ABUS DE MINORITÉ

VOIR CHAPITRE VI

●●● ÉNONCÉ

Chambre commerciale de la Cour de cassation, 9 mars 1993

Flandin c/SARL Alarme service, *D.* 1993.363, note Y. Guyon; *Rev. Soc.* 1993, p. 403, note Ph. Merle; *RJDA* 1993, n° 323, p. 278, concl. Raynaud; *Bull. Joly* 1993, p. 547 ; *JCP G.* 1993, II.22107

LA COUR

- Sur le moyen unique pris en ses première et deuxième branches :

Vu l'article 1382 du Code civil;

- Attendu qu'après avoir retenu à bon droit que M. Flandin avait commis un abus de minorité en s'opposant à l'augmentation de capital à hauteur de 50000 F qui était légalement requise et nécessaire à la survie de la société, l'arrêt, pour décider qu'il y avait eu abus de minorité, retient également que l'augmentation de capital demandée à hauteur de 500000 F était justifiée par les documents produits, que le silence et l'absence de M. Flandin aux assemblées générales extraordinaires, bloquant une décision nécessaire de façon injustifiée, procédaient par leur caractère systématique d'un dessein de nuire aux majoritaires, et par là même, à l'intérêt social;
- Attendu qu'en se déterminant par de tels motifs, impropres à établir en quoi l'attitude de M. Flandin avait été contraire à l'intérêt général de la société en ce qu'il aurait interdit la réalisation d'une opération essentielle pour celle-ci, et dans l'unique dessein de favoriser ses propres intérêts au détriment de l'ensemble des autres associés, et alors qu'elle retenait que les résultats de la société étaient bons et que celle-ci était prospère, la cour d'appel n'a pas donné de base légale à sa décision;

Et sur le moyen unique pris en sa troisième branche :

- Vu les articles 58 et 60 de la loi du 24 juillet 1966;

- Attendu que pour sanctionner l'abus de minorité retenu, la cour d'appel a décidé que son arrêt valant adoption de la résolution tendant à l'augmentation de capital demandée, laquelle n'avait pu être votée faute de majorité qualifiée ;
- Attendu qu'en statuant ainsi, alors que le juge ne pouvait se substituer aux organes sociaux légalement compétents et qu'il lui était possible de désigner un mandataire aux fins de représenter les associés minoritaires défaillants à une nouvelle assemblée et de voter en leur nom dans le sens des décisions conformes à l'intérêt social mais ne portant pas atteinte à l'intérêt légitime des minoritaires, la cour d'appel a violé les textes susvisés :

PAR CES MOTIFS :

- Casse et annule.

●●● Proposition de correction

Cet arrêt émane de la Cour de cassation, en date du 9 mars 1993, sur le sujet d'un abus de minorité.

En l'espèce, M. Flandin, associé minoritaire, s'est opposé, par son silence ou son absence systématique, à l'augmentation de capital social, qui serait pourtant indispensable à la survie de la société SARL Alarme service.

Ladite société a en conséquence engagée une action contre M. Flandin. La décision des premiers juges n'est pas connue, mais il a été interjeté appel de celle-ci. La cour d'appel a retenu l'existence d'un abus de minorité. M. Flandin s'est donc pourvu en cassation. La chambre commerciale a prononcé, le 9 mars 1993, un arrêt de cassation.

La société SARL Alarme service souhaitait faire reconnaître que l'attitude de M. Flandin nuisait délibérément aux associés majoritaires et à l'intérêt social, et faire valider par là même la décision d'augmentation du capital. M. Flandin conteste l'existence d'un abus de minorité, dans la mesure où la société était prospère.

L'arrêt étudié porte donc sur la qualification d'abus de minorité.

La Cour de cassation ne retient pas en l'espèce cette qualification, en soulignant que la cour d'appel n'avait pas démontré que l'attitude de M. Flandin était effectivement contraire à l'intérêt général de la société. Elle décide par ailleurs que la décision finale d'augmentation de capital doit être prise en présence de mandataire représentant les associés minoritaires défaillants, afin de préserver les intérêts de ceux-ci.

FICHE D'ARRÊT N° 2

L'ABUS DE MAJORITÉ

VOIR CHAPITRE VI

●●● ÉNONCÉ

Cass. com. 22 avril 1976
SARL, Établissement Langlois et Peter c/Roizot

La COUR

Sur le moyen unique, pris en ses trois branches :

- Attendu qu'il est reproché à l'arrêt attaqué (Paris, 11 novembre 1974) d'avoir prononcé la nullité des décisions des assemblées générales de la Société à responsabilité limitée les établissements Langlois et Peters tenues le 30 juin 1970, 29 juin 1971, 29 juin 1972, 28 juin 1973 et 27 juin 1974 et qui ont affecté à la réserve extraordinaire les bénéfices des exercices sur lesquels elles ont respectivement statué et ainsi refusé leur distribution, alors, selon le pourvoi, d'une part, que dans ses conclusions demeurées sans réponses, la société avait fait valoir que ce n'est qu'à partir de 1966 qu'il n'avait plus été décidé à l'unanimité de ses membres d'affecter les bénéfices à la réserve extraordinaire et qu'à partir de cette date, Roizot, associé minoritaire et demandeur en nullité, n'avait pas émis de vote défavorable, mais s'étant simplement abstenu de voter, en sorte qu'il était irrecevable à critiquer des délibérations auxquelles il ne s'était pas opposé, d'autant plus que la question d'une éventuelle distribution de dividendes n'avait jamais été portée régulièrement à l'ordre du jour desdites assemblées, alors, d'autre part, que l'arrêt attaqué ne relève aucun élément constitutif d'un préjudice quelconque que résultant pour la société des délibérations litigieuses, la seule référence à l'opportunité plus ou moins favorable d'une politique de thésaurisation qui accroissait au contraire l'actif social, ne pouvant, à elle seule, justifier l'annulation des décisions de la majorité des associés pour abus du droit de majorité, et alors, enfin, que l'arrêt ne caractérise pas non plus l'avantage susceptible de résulter des délibérations annulées pour les associés majoritaires, et corrélatif à un préjudice subi par l'associé minoritaire, de nature à établir l'existence d'une discrimination entre les associés, celle-ci ne pouvant être recherchée dans les éléments extrinsèques à la délibération poursuivit en annulation pour abus du droit de majorité ;

- Mais attendu, d'une part que l'arrêt énonce que les décisions litigieuses ont été prises en assemblée générale par les deux associés majoritaires Peters et Tillinger sans aucun égard pour l'avis différent exprimé par Roizot, et que ce dernier avait saisi la société chaque année depuis 1969 d'une demande la distribution aux associés du montant de la réserve extraordinaire mais qu'il s'était vu imposer chaque année la loi de la majorité ; que l'arrêt a ainsi répondu aux conclusions de la société, régulièrement produites, qui soutenaient que Roizot ne s'était pas opposé formellement à l'affectation des bénéfices aux réserves et que l'ordre du jour n'avait jamais comporté l'examen de la distribution des réserves, mais qui ne prétendaient pas que la question d'une éventuelle distribution de dividendes n'avait pas été portée à l'ordre du jour ; que, dès lors, le premier grief est mal fondé et le second grief nouveau est donc irrecevable ;
- Attendu, d'autre part que l'arrêt constate que la société, sans distribuer pendant 20 ans aucun dividende, a mis en réserve des sommes considérables dont l'accumulation atteint chaque année depuis 1968 un chiffre supérieur aux deux tiers du chiffre d'affaires, et qu'à défaut de véritables investissements, ces sommes ont simplement été portées au crédit des comptes bancaires et chèques postaux de la société, que l'arrêt retient qu'en l'espèce cette affectation systématique de la totalité des bénéfices à la réserve extraordinaire a constitué une thésaurisation pure et simple, qu'elle a fait subir à toutes ces sommes, dont la société n'avait pas l'usage, les conséquences des fluctuations monétaires, et qu'ainsi elle n'a répondu ni à l'objet ni aux intérêts de la société ; que par ces motifs l'arrêt a relevé le premier l'élément dont l'existence est nécessaire, sinon suffisante, pour caractériser l'abus du droit de majorité ; que le moyen, pris en sa deuxième branche est donc sans fondement :
- Attendu, enfin, que l'arrêt déclare qu'à raison des décisions litigieuses qui lui étaient imposées par les deux associés majoritaires Peters et Tillinger, exerçant des fonctions de direction et recevant à ce titre chaque année de la société un salaire et des avantages substantiels, Roizot, seul associé minoritaire et étranger à la gestion des affaires sociales, s'est trouvé en l'absence de tout dividende, privé

du seul avantage que présentait sa qualité de porteur de parts, en même temps que celle-ci, au lieu d'être valorisée par la prospérité de l'entreprise, ont en fait perdu leur valeur; qu'en constatant par ces motifs que les décisions litigieuses favorisaient les deux associés majoritaires et nuisaient au contraire à Roizot, la cour d'appel a relevé le second élément caractéristique de l'abus du droit de majorité que la troisième branche doit être également écartée :

Par ces motifs. Rejette le pourvoi formé contre l'arrêt rendu le 21 novembre 1971 par la Cour d'Appel de Paris.

●●● Proposition de correction

Cet arrêt émane de la chambre commerciale de la Cour de cassation, il date du 22 avril 1976, et porte sur l'abus de majorité.

Pendant plus de 20 ans, les bénéfices de la SARL Les établissements Langlois et Peter n'ont fait l'objet d'aucune distribution, et ont été portés sur des comptes bancaires. Au cours des années 1970, la continuation de cette politique a été décidée par MM. Peters et Tilinger, associés majoritaires de la société, et y exerçant des fonctions de direction.

M. Roizot, associé minoritaire, privé de l'avantage le plus substantiel de sa qualité d'associé, décide de demander la nullité des décisions des assemblées générales successives.

La décision des premiers juges n'est pas connue. La cour d'appel de Paris, le 11 novembre 1974, a retenu l'existence d'un abus de majorité, donnant ainsi satisfaction à M. Roizot. Les établissements Langlois et Peter se sont pourvus en cassation. La chambre commerciale a rejeté leur demande.

M. Roizot se plaint d'être privé de sa part des bénéfices, dont l'affectation à des réserves n'aurait d'ailleurs pas servi les intérêts de la société. Les dirigeants de la société contestent l'existence d'un préjudice, et d'une contestation formelle de M. Roizot lors de la prise de décision.

La question est donc de savoir quels sont les critères constitutifs d'un abus de majorité.

La Cour de cassation confirme l'arrêt de la cour d'appel, en relevant deux éléments nécessaires et suffisants pour caractériser l'abus de majorité : d'une part, les décisions contestées n'ont pas été prises pour l'objet et dans l'intérêt de la société; d'autre part, l'associé minoritaire a subi un préjudice consistant en l'absence de dividendes, et la dévalorisation de ses parts.

L'ANALYSE D'ARRÊT

MÉTHODOLOGIE

Il s'agit ici d'extraire l'essentiel de l'arrêt proposé. Pour cela, il faut classer tout ce que l'arrêt contient. Il faut dès lors lire minutieusement tout le texte de l'arrêt. Puis l'on recommencera la lecture phrase par phrase. Les phrases longues seront scindées en sous-phrases.

L'on sait que tout arrêt retrace l'histoire d'un procès, il en est une sorte de synthèse qui répond à des règles très précises (voir *supra*).

L'on sait que tout procès repose, à l'origine, sur un ou une série d'événements ou de faits, à propos desquels sont apparues des prétentions, divergentes, auxquelles l'arrêt apporte une réponse.

Faits, prétentions, décisions, ces trois éléments sont confondus dans le texte qui vous est soumis. Il faut, En conséquence, il convient de les trier.

C'est pourquoi la préparation d'une fiche de lecture d'un arrêt consiste d'abord en trois feuilles séparées, où l'étudiant classe les divers éléments de l'arrêt.

1. La première feuille est la feuille des événements (faits), tenue par ordre chronologique : dans la marge à gauche ou à droite on notera les dates. À chaque date correspond un fait.
2. La deuxième feuille, que l'on appellera « la feuille des prétentions des parties » est divisée verticalement en deux parties.

- dans la colonne de gauche figureront les prétentions du demandeur, c'est-à-dire l'auteur du pourvoi pour un arrêt de la Cour de cassation, Ses arguments seront inscrits dans l'ordre dans lesquels il les présente ;
- dans la colonne de droite, les prétentions du défendeur – celui qui a vu ses prétentions satisfaites en appel.

3. La troisième feuille est la feuille des décisions. Elle comportera chronologiquement les diverses décisions intervenues en l'espèce en partant de la première instance puis la décision d'appel (s'il y en a une) puis l'arrêt de la Cour de cassation. On lira ainsi en marge : solution des juges de première instance, puis solution des juges d'appel, puis solution de la Cour de cassation. À chaque niveau, on notera, au plus bref, les motifs et le dispositif de la décision rendue.

NB : Le même renseignement peut parfois devoir être mentionné sur plusieurs feuilles.

Analyse d'arrêt

Le tribunal compétent

Voir chapitre III

●●● Énoncé

Arrêt : Cass. com. 20 juillet 1965

Source : *D.* 1965, Jurisprudence, p. 581

COUR DE CASSATION, (Ch. com.), 20 juillet 1965
(Soc. Lesieur C. Dupuy.) – ARRÊT

LA COUR

Sur le moyen unique ; pris en sa seconde branche :

- Vu les articles 1134 c. civ. et 631 c. com. : Attendu que dans les conventions de caractère civil pour une partie et commercial pour l'autre ; la partie non commerçante peut valablement s'engager ; pour les litiges ou elle serait demanderesse ; à n'assigner que devant la juridiction commerciale et devant un tribunal de commerce nommément déterminé :
- Attendu que par convention du 7 janvier 1958 ; Dupuy est devenu représentant mandataire de la Société Lesieur, dans les départements de Haute-Garonne et de l'Ariège ; que la convention comportait au cas d'un litige à son sujet, une clause attributive de juridiction exclusive au tribunal de commerce de la Seine : que la société ayant mis fin au mandat de Dupuy, celui-ci l'a assignée devant le tribunal de commerce de Toulouse, en paiement de différentes sommes et que les premiers juges et, sur contredit, l'arrêt attaqué, ont rejeté l'exception d'incompétence fondée par la Société Lesieur sur la clause attributive de juridiction au tribunal de commerce de la Seine ;
- Attendu que, pour en décider ainsi, l'arrêt (Toulouse, 6 février 1963) énonce que la convention du 7 janvier 1958 était civile du côté du représentant mandataire, commerciale du côté de la Société Lesieur, qu'était nulle la clause par l'effet de laquelle Dupuy, non commerçant, s'obligeait à reconnaître pour les procès

éventuellement engagés contre lui par la Société Lesieur, la compétence du tribunal de commerce, dont l'incompétence était absolue à son égard et que la nullité de la clause frappait celle-ci « indivisiblement dans son ensemble, soit *ratione materiae*, soit *ratione loci* et quelle que soit la position initiale respective des parties, au point de vue procédural » :

- Mais attendu que, s'agissant des litiges pouvant être engagés contre la partie au contrat commerçante par Dupuy, demandeur non commerçant, celui-ci avait renoncé valablement à sa faculté d'option entre la juridiction civile et la juridiction commerciale et accepté de même la compétence territoriale du tribunal de commerce de la Seine et qu'en refusant de donner exécution à l'engagement ainsi considéré, l'arrêt n'a pas respecté les textes susvisés et sans avoir à statuer sur la première branche.

Par ces motifs, casse...

Renvoie devant la cour d'appel de Pau.

Du 20 juillet 1965. – Ch. Com. – MM. Guillot. Pr. Bourdon. Rap. – Gégout, av. gén. – de Ségogne et de Chaisemartin, av.

••• Proposition de correction

1. Faits et procédure

M. Dupuy est représentant mandataire de la société Lesieur par convention contenant une clause attributive de compétence du tribunal de commerce de la Seine. La société met fin à son mandat, et M. Dupuy saisit les tribunaux. Le tribunal visé par la clause (non saisi) était-il compétent pour régler ce litige? Telle est la question posée devant la Cour de cassation.

M. Dupuy a saisi le tribunal de commerce de Toulouse en première instance, qui a rejeté l'exception d'incompétence. L'arrêt de la cour d'appel de Toulouse, en date du 6 février 1963, a confirmé cette position. La société Lesieur a alors formé un pourvoi devant la Cour de cassation, qui a rendu sa décision le 20 juillet 1965.

2. Litige

Les parties : en 1re instance, le demandeur était M. Dupuy, et le défendeur la Société Lesieur. Les rôles se sont inversés en appel et en cassation.

L'objet de la demande : la société Lesieur demande à la Cour de cassation de reconnaître l'incompétence du tribunal saisi par M. Dupuy.

Le fondement : l'article 1134 du Code civil exige l'application de la clause issue de la volonté des parties.

3. Arguments

Les juges du fond ont considéré que s'agissant d'un acte mixte, le demandeur non-commerçant a une option de compétence ; En conséquence, la clause prévoyant la compétence du tribunal de commerce de la Seine est nulle, et ce, indivisiblement (c'est-à-dire à la fois quant à la compétence « *ratione materiae* », du tribunal de commerce, qu'à celle « *ratione loci* », du tribunal de commerce de la Seine).

La Cour de cassation estime que le demandeur non commerçant peut valablement renoncer à cette option de compétence, ce que M. Dupuy a fait en acceptant la clause litigieuse. En conséquence, le tribunal de commerce de la Seine était effectivement compétent.

4. Décisions

Pour les juges du fond la clause ne s'applique pas ; les juges de Toulouse se reconnaissent donc compétents. La Cour de cassation casse et renvoie l'affaire devant la cour d'appel de Pau.

Bibliographie

I. Liste indicative d'ouvrages

Les ouvrages en droit commercial général et en droit des sociétés sont particulièrement nombreux. Nous n'avons retenu que les ouvrages récents qui nous semblaient de par leurs développements doctrinaux, compléter utilement nos propos.

Droit commercial

- Ballot-Lena A., Decocq G., *Droit commercial Actes de commerce, commerçants, fonds de commerce, baux commerciaux, concurrence, consommation*, Paris, Dalloz, coll. « HyperCours », 2011.
- Benillouche M., Berrebi J., *Leçons de droit commercial. Cours complet, sujets corrigés*, Paris, Ellipses, coll. « Leçons de droit », 2010.
- Giron P., *Droit commercial*, Paris, Foucher, coll. « LMD Parcours juridiques », 2011.
- Houtcieff D., *Droit commercial, Actes de commerce, commerçants, fonds de commerce, instruments de paiement et de crédit*, Paris, Sirey, coll. « Sirey université », 2011.
- Kenfack H., Pédamon M., *Droit commercial. Commerçants et fonds de commerce, concurrence et contrats du commerce*, Paris, Dalloz, coll. « Précis », 2011.

Droit des sociétés

- Fauchon A., Merle P., *Droit commercial Sociétés commerciales*, Paris, Dalloz, coll. « Précis », 2011.
- Dondero P., Le Cannu P., *Droit des sociétés*, Paris, Montchrestien, coll. « Domat – Droit privé », 2009.

II. Revues spécialisées à consulter

- *Bulletin Joly, Sociétés et Banque et Marchés financiers,* Joly.
- *Droit et Patrimoine,* Lamy.
- *Revue de l'Autorité des marchés financiers,* AMF.
- *Revue des sociétés,* Dalloz.
- *Revue trimestrielle de droit commercial,* Dalloz.
- *Revue de jurisprudence de droit des affaires,* Francis Lefebvre.

Lexique

Acte de commerce : acte juridique accompli par un commerçant.

Acte juridique : manifestation de volonté réalisée en vue de produire des effets juridiques (c'est-à-dire, tous les actes qui ont pour effet de créer, d'éteindre, de modifier ou de transférer des droits).

Acte mixte : acte conclu entre un commerçant et un non-commerçant, c'est-à-dire un acte qui est commercial pour une partie, et civil pour l'autre partie.

Apport en industrie : il consiste pour l'apporteur à consacrer son activité aux affaires sociales et à mettre à disposition de la société ses connaissances techniques ou professionnelles, son expérience et ses relations.

Apport en nature : les apports en nature sont constitués de tous les biens autres que l'argent qui sont apportés par une personne lors de la constitution d'une société. Il peut s'agir :

de biens corporels : immeubles, terrains, constructions, marchandises, matériel, immobilier;

et/ou de biens incorporels : fonds de commerce, clientèle, droit au bail, brevet, etc.

Apport en numéraire : somme d'argent (espèces ou non) versée lors de la constitution d'une société.

Billet à ordre : écrit par lequel une personne appelée souscripteur s'engage à payer, à une époque déterminée, une certaine somme à une autre personne appelée bénéficiaire.

Clause compromissoire : c'est le contrat par lequel les parties à un contrat s'engagent (avant tout litige) à soumettre à l'arbitrage tous les conflits qui pourraient naître de l'exécution du contrat. C'est une promesse de compromis si un litige vient à naître entre les parties.

Compromis : c'est un contrat par lequel les deux parties déjà en litige décident de s'en remettre à des arbitres pour trancher leur différend.

Conseil d'administration : organe collectif de gestion des sociétés anonymes de type classique.

Conseil de surveillance : dans les sociétés anonymes, c'est l'organe collectif de contrôle du directoire, composé de représentants des actionnaires.

Directoire : organe collectif de gestion des sociétés anonymes de type nouveau, dites « à directoire et à conseil de surveillance ».

Fonds de commerce : groupement de biens mobiliers incorporels et corporels variables, destinés à acquérir et à conserver une clientèle (les éléments incorporels du fonds de commerce sont la clientèle, le nom commercial, l'enseigne, le droit au bail, etc. ; les éléments corporels du fonds sont le matériel, les marchandises, etc.).

Jetons de présence (des administrateurs d'une SA) : somme globale fixée chaque année par l'assemblée générale et que le conseil d'administration répartit à sa guise entre ses membres. La répartition n'est pas nécessairement égalitaire.

Liquidation judiciaire : procédure destinée à assurer le paiement des créanciers d'une entreprise en difficulté par la cession (vente) des différents éléments de son actif.

Nantissement du fonds de commerce : contrat par lequel le titulaire du fonds de commerce l'affecte à ses créanciers en garantie de leurs créances. C'est une forme de mise en gage sans dépossession.

Nom commercial : appellation sous laquelle une personne physique ou une société exploite son fonds de commerce.

Parère : attestation écrite émanant d'une chambre de commerce et d'industrie ou d'un syndicat professionnel qui permet de prouver un usage.

Quorum : dans une assemblée, c'est la proportion des associés ou des voix présents par rapport au nombre d'associés ou de voix. Dans la SA de type classique : le quorum dans les assemblées générales ordinaires est d'un quart sur première convocation. Cela signifie que si moins d'un quart des associés est présent, l'assemblée générale ne peut pas se tenir, le quorum n'étant pas atteint.

Redressement judiciaire : procédure destinée à assurer la sauvegarde des entreprises en difficultés, le maintien de leur activité et de leurs emplois et le paiement de leurs dettes. Le redressement judiciaire peut comprendre deux phases : une période d'observation et une période d'application du plan de redressement.

Registre du commerce et des sociétés (RCS) : document centralisant toutes les informations concernant les commerçants et susceptibles d'intéresser les tiers à l'entreprise.

Société : acte juridique par lequel une, deux ou plusieurs personnes affectent des biens ou leur activité à une entreprise commune, en vue de partager les bénéfices et les pertes et de profiter de l'économie qui pourra en résulter. Le terme société désigne également la personne morale.

Société anonyme (SA) : société commerciale dont les associés, appelés actionnaires, ne sont tenus des pertes sociales qu'à concurrence de leurs apports et dont le capital est représenté par des titres négociables : les actions. La SA est administrée soit par un conseil d'administration et son président, soit par un directoire et un conseil de surveillance. La gestion est contrôlée par des commissaires aux comptes.

Société de capitaux : société dans laquelle les qualités de la personne des associés ne sont pas prises en considération et où seuls importent les capitaux apportés.

Société civile : société dont l'objet et la forme sont civils.

Société commerciale : société dont la forme ou l'objet sont commerciaux.

Société en nom collectif : société dans laquelle les associés ont tous la qualité de commerçant et répondent indéfiniment et solidairement des dettes sociales.

Société de personnes : société fondée sur la considération de la personne des associés.

Société à responsabilité limitée : société commerciale comprenant un ou plusieurs associés qui ne supportent les pertes qu'à concurrence de leurs apports. La société à responsabilité limitée formée d'un seul salarié est appelée entreprise unipersonnelle à responsabilité limitée (EURL).

Statuts (de société) : acte écrit déterminant les droits et les obligations des associés et les règles de fonctionnement de la société.

Tribunal de commerce : juridiction d'exception du premier degré de l'ordre judiciaire. Il est compétent en matière commerciale.

Index alphabétique

A

B

C

D

E

F

G

I

J

L

M

T

U

V

Table des matières

MÉTHODOLOGIE ET EXERCICES CORRIGÉS

CPI
AUBIN IMPRIMEUR

Achevé d'imprimer en juillet 2012
N° d'impression 1206.0353
Dépôt légal, juillet 2012
Imprimé en France